측정되지 않으면 개선되지 않는다

전략적 숫자 경영

전략적 **숫자경영**

2010. 8. 15. 1판 1쇄 발행
2010. 9. 15. 1판 2쇄 발행
2014. 12. 18. 개정판 1쇄 발행

검인

지은이 | 류철호, 신종섭
펴낸이 | 이종춘
펴낸곳 | 성안북스
주소 | 121-838 서울시 마포구 양화로 127 첨단빌딩 5층(출판기획 R&D 센터)
413-120 경기도 파주시 문발로 112(제작 및 물류)
전화 | 02)3142-0036
031)950-6300
팩스 | 031)955-0510
등록 | 1973.2.1 제13-12호
출판사 홈페이지 | www.cyber.co.kr
ISBN | 978-89-315-7828-7 (13000)
정가 | **18,000원**

이 책을 만든 사람들

책임 | 최옥현
교정 · 교열 | 신정진
본문 디자인 | 비엘플러스
표지 디자인 | 정희선
홍보 | 전지혜
마케팅 | 구본철, 차정욱, 나진호, 이동후, 강호묵
제작 | 김유석

※ 잘못된 책은 바꾸어 드립니다.

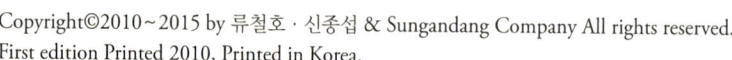

전략적 Strategic 숫자 경영 Management By Numbers

류철호 · 신종섭 지음

BM 성안북스

머 | 리 | 말

측정되지 않으면 개선되지 않는다

'측정되지 않으면 개선되지 않는다.'라는 말은 경영자라면 누구나 공감하는 말일 것이다. 그러나 CEO로서 실질적으로 어떤 도구를 활용하여 계량적으로 경영 관리를 할 것인지에 대해서는 뚜렷한 방향을 제시하기 힘든 것도 사실이다. 특히 공공의 이익이라는 계량적으로 측정하기 힘든 공공 부문의 특성을 고려해 보면 공공 부문의 성과 관리라는 것은 결코 쉬운 문제가 아니다. 때문에 혹자는 '공공 부문의 균형 성과 관리(BSC)가 새로운 거품이다.'라고 표현한다. 즉 성과 관리의 개념적 틀만 가지고 있고 경영 관리의 도구로서 조직 내에 스며들지 못하고 있다는 것이다.

민간 부문과 공공 부문의 가장 큰 차이는 치열한 경쟁의 유무이다. 민간 부문의 성과 측정은 재무적 가치, 즉 숫자로 표현되는 가치이다. 이는 또한 누구나 공감하고 수긍할 수 있는 공통적 지표이다. 이러한 민간 부문과 달리 공공 부문의 성과 관리를 고민해 보았을 때 가장 부족한 점이 계량화다.

전략적 숫자 경영은 기업의 전략적 경영을 위해 계량적으로 목표를 수립하고 성과를 측정하고 평가하여 다시 경영 현장에 반영하는 일련의 과정을 의미한다. 계량적이라는 것은 곧 수치화한다는 의미이다. 또한 숫자 경영은 원가 절감, 수익성 제고, 고객 만족도 향상과 같은 추상적인 목표를 지양하고 구체적인 숫자로 경영 목표를 설정하여 가시적인 성과를 창출하는 경영이며, 조직의 리더가 구성원에게 명확한 목표와 역할을 부여하고 개인의 업무 몰입도를 높이는 경영이라고 정의할 수 있다.

전략적 숫자 경영의 목표는 성과 관리의 개념적 틀을 확장하여 기업의 현장에 생생히 살아 있는 성과 관리 제도를 구현하는 것이다. 험난한 바다를 헤쳐 나가고 있는 구성원들에게 '목적지를 향해 남들보다 빨리 가자!'라는 모호한 구호만을 남발하는 것이 아니라 우리가 어디쯤 가고 있는지, 각자가 배의 속도에 맞게 노를 잘 저어 가고 있는지 한눈에 알게 함으로써 스스로가 평가하고 관리할 수 있도록 하는 것이다.

공공 부문에서 조직의 구성원들은 정성적인 제반 요소의 한계와 특성을 너무도 잘 알고 있어 수치화하는 것을 두려워하거나 적극적으로 나서지 않는 면이 크다. 따라서 이 책은 숫자 경영의 현장 적용을 위한 이론적 해석과 적용할 도구들을 살펴보는 것을 목적으로 이론적 배경보다는 실질적인 활용을 더 강조해 집필했다.

공공 부문에서 경영 목표는 은유적이고 구호적이기 쉽다. 때문에 성과를 구체적으로 측정하기도 어렵다. 성과를 측정할 수 없으면 잘못된 점을 반성해 보고 더 나은 방법으로 개선한다는 것은 더욱더 어려운 일이다. 그런 의미에서 공공 부문 혁신의 핵심은 어떻게 성과를 측정할 것이며 관리할 것인가에 있다고 하겠다. 각 공공 기관과 공기업이 각자의 상황에 맞는 숫자 경영을 통해 지속적 혁신을 꿈꿀 수 있기를 기대해 본다.

2010년 여름

류철호

| 목 | 차 |

제 1 부

전략적 숫자 경영의 이해

제 1 장 전략적 숫자 경영의 정의 및 프레임워크 015

들어가기 016
전략적 숫자 경영이란 018
전략적 숫자 경영으로 무엇을 기대하는가 020
전략적 숫자 경영에서의 의사 결정 027
전략적 숫자 경영의 프레임워크 029

제 2 장 전략적 숫자 경영의 사고 035

문제 인식과 해결의 중요성 036
숫자 경영과 전략적 사고 041
숫자 경영과 심리 함정 050

2 제 2 부 전략적 숫자 경영의 프로세스

제 3 장 전략 방향 설정 067

전략의 이해 068
기업의 방향 설정 070
미션 정립 072
비전 설정 076
SWOT를 활용한 전략 방향 설정 081
BSC와 전략 체계도를 활용한 전략 방향 설정 089

제 4 장 목표 설정 095

목표의 의의 및 설정 방법 096
비전 목표 설정 102
심화 비전 목표 설정 106
전략 목표 설정 107
연차별 성과 목표 110

제 5 장 지표 설정 112

지표 설정 관점 113
BSC 관점의 변형 117
로직 모델 관점 119
성과 지표와 핵심 성과 지표 123
핵심 성과 지표 도출 127
핵심 성과 지표 개발 프로세스 130

제 6 장 프로세스–전략의 실행 136

들어가기 137
전략 실행 계획 수립 138
전략 실행의 실패 140
전략 실행력 강화 방안 143

제 7 장 프로세스 – 관찰, 분석과 대응 147

실행의 관찰 148
분석과 측정 157
대응 171

제 8 장 프로세스–평가와 보상 176

성과 평가 177
정책 평가 181
성과 측정 이론 및 그 구조와 가치 판단 183
성과 보상 187
임금 제도의 공정성 197

제 3 부
전략적 숫자 경영의 도구

제 9 장 논리적 사고 도구 203

로직 트리 204
MECE와 LISS 206
So What & Why So 208

제 10 장 전략 수립·분석 도구 212

BCG 매트릭스 213
GE의 비즈니스 스크린 216
3C 분석 218

SWOT 220
산업 분석 224
가치 사슬 분석 226
7S 프레임워크 228
점유율 분석 232
고객 세분화 235
고객 만족 모델 239
벤치마킹 243

제 11 장 재무·관리 회계 도구 248

회계란 무엇인가 249
재무 회계 253
관리 회계 263
회계 정보 분석 272

제 12 장 통계 도구 283

통계의 중요성 284
숫자 경영과 통계 286
통계학의 이해 287
통계 분석의 활용 목적 289
통계 분석의 절차 292
숫자와 통계 해석의 주의 사항 298
숫자와 통계에 대해 빠지기 쉬운 함정 300

제 13 장 개선 도구 : 6시그마 305

6시그마의 역사 306
6시그마의 개념, 목표 및 특징 308
6시그마 로드맵 314
6시그마 프로세스 316
SIPOC를 이용한 DMAIC 318
6시그마와 다른 문제 해결 방법의 차이점 324

제 4 부
전략적 숫자 경영의 사례

제 14 장 한국도로공사의 전략적 숫자 경영 사례 329

계획 단계 - 전략 개발, 목표 및 지표 설정 330
실행, 모니터링, 분석, 대응 352
성과 평가와 보상 361

*인덱스 371

제 1 부

전략적 숫자 경영의 이해

제 1 장　전략적 숫자 경영의 정의 및 프레임 워크
제 2 장　전략적 숫자 경영의 사고

Strategic Management By Numbers

"측정 가능한 모든 것을 측정하라. 그리고 측정이 힘든 모든 것을 측정 가능하게 만들어라."

– 갈릴레오 갈릴레이

"당신이 말하고 있는 것을 측정할 수 있고 또 숫자로 나타낼 수 있다면, 당신은 그것에 대해 무엇인가를 알고 있는 것이다. 그러나 측정할 수 없고 숫자로 나타낼 수 없다면 당신은 당신이 말하고 있는 것을 잘 모르는 것이다. 그것이 지식의 시작일 수 있지만 아직 당신의 생각 속에 있을 뿐 과학의 무대로 나아가기에는 부족하다."

– 영국의 물리학자 캘빈 경

M E M O

제 1 장

전략적 숫자 경영의 정의 및 프레임워크

제1절 들어가기
제2절 전략적 숫자 경영이란
제3절 전략적 숫자 경영으로 무엇을 기대하는가
제4절 전략적 숫자 경영에서의 의사 결정
제5절 전략적 숫자 경영의 프레임워크

Strategic Management By Numbers

: 들어가기

오늘날 '경영(經營)'이란 단어는 실로 광범위하게 쓰일 뿐 아니라 투명 경영, 윤리 경영, 지식 경영, 녹색 경영, 가정 경영 등 다양한 모습으로 변화, 발전해 왔다. 먼저 경영의 의미를 사전에서 찾아보면 "1) 기업이나 사업 따위를 관리하고 운영함. 2) 기초를 닦고 계획을 세워 어떤 일을 해 나감. 3) 계획을 세워 집을 지음."이라고 풀이되어 있다.

동양 역사에서 그 어원을 찾아보면 경영이란 국가의 도읍을 정하면서 성곽, 사당, 궁궐, 시장 등의 위치를 미리 계획에 따라 측량(經)하여 공사를 시행(營)하는 것을 뜻하는 말이었다고 한다. 이와 같이 국가 운영에서도 다양한 활동을 숫자로 대응시키려는 노력은 예전부터 행해져 왔다.

숫자를 경영에 활용하려는 시도는 합리적 · 경험적 · 이성적 · 확률적 사고를 하려는 인류의 정신 발전에 그 기원을 두고 있다. 피타고라스(기원전 570~496)는 수(數)를 정의하면서 만물을 설명하는 기본 원리로 보고 "수는 우주의 궁극적 요소로서 그 자체는 아무런 영향을 받지 않으면서 다른 사물에 형식을 부여한다."라고 하였다. 아리스토텔레스는 삼단논법을 사용한 논리적 전개로 귀납법의 기초를 마련하여 이를 근대의 실증주의자에게 전달하였다.

독일의 데카르트, 영국의 데이비드 흄 등의 실증주의자들은 아리스토텔레스의 전통을 따라 관찰에 의한 객관적 사실에 기초하여 문제를 정의하고 이의 해결 방안을 강구하였다. 즉 이들은 데이터에 기반을 둔 사실 증명을 과학에 도입하였고, 이는 이후 연구자들이 데이터와 숫자에 의하여 연구를 하는 과학적 혁명의 기반이 되었다.

경영을 연구라는 관점에서 보면, 연구란 측정하고 수를 세워 보고 무게를 재는 등의 프로세스를 지닌다. 숫자와 연관한 경영 기법들은 목표 관리, 성과 관리 등 다양한 형태로 전개되어 왔다. 특히 품질 관리 분야에서는 품질 관리(QC ; Quality Control), 전사적 품질 관리(TQC ; Total Quality Control), 무결점(ZD ; Zero Defect) 운동, 가치 분석(VA ; Value Analysis), 가치 공학(VE ; Value Engineering) 등에서는 숫자를 사용한 관리 방식이 사용되어 왔다. 각 기법들은 제한적 범위 내에서 고유한 가치를 지니고 있다. 그러나 이러한 부분적인 기법들이 통합되어 경영의 형태로 나타난 부문은 아직 약한 것 같고, 더욱이 이러한 관점들이 전략적 측면과 연결되어 활용된 사례는 거의 없는 것 같다.

그러므로 숫자를 사용하는 방식이 전략적으로 사용되는 구조를 모델링하여 현장에 적용하는 방식은 기존의 숫자와 연관한 경영 기법을 종합하는 의미를 가지게 된다. 이때 전략적이라는 말의 의미는 기업이 당면하고 있는 환경에 적합하게 대응하는 방식을 말한다. 각 기업이 직면하는 환경이 다르므로 각 기업은 적합한 환경 대응 방식을 가져야 한다는 의미이다. 그러나 환경에 대응하는 기본 방식을 숫자를 사용하는 경영 방식으로 사용한다면 실행의 프로세스 측면이나 실행에 참여하는 직원과의 소통 측면에서도 유용한 방식을 제공할 수 있을 것이다.

: 전략적 숫자 경영이란

우리는 전략적 숫자 경영(Strategic Management by Number)을 모델 구축과 실행을 위하여 다음과 같이 정의하고자 한다.

전략적 숫자 경영이란 조직 목표 달성을 위하여 전략적으로 숫자를 활용한 성과 지향적인 경영 활동을 의미한다. 이를 위해 전략적 사고, 성과 창출 프로세스, 전략과 숫자 활용 도구에 기반하고, 조직의 리더는 효과적 경영 활동으로 이끌 리더십을 필요로 한다.

전략적 숫자 경영에 대한 좀 더 구체적인 내용을 살펴보면서 다음과 같다.

전략적 숫자 경영은 조직의 목표 달성을 목적으로 한다. 조직의 목표는 단기와 장기로 구분할 수 있는데 전략적 숫자 경영은 단기적인 목표뿐만 아니라 장기적인 목표를 달성하는 것을 목적으로 한다. 사기업은 성과가 기업의 존립 여부와 관련이 있어 매출 및 이익 등의 지표를 매우 중요하게 생각한다. 그러나 공기업이나 공단과 같은 공공 조직은 구체적인 성과를 측정하기 어렵기 때문에 과정을 중시하고 성과에 대해서는 의식적인 노력을 기울이지 않는 경우가 많다. 그러므로 숫자 경영은 공공 조직 등 성과에 대하여 명료한 마인드가 없는 조직에 있어 필수적인 경영 방식이다.

전략적 숫자 경영은 전략적으로 숫자를 활용한다. 전략적으로 숫자를 활용하기 위해서는 우선 참여자의 전략적인 사고를 필요로 한다. 경영자는 전략적 관점에서 기업의 방향을 제시하고, 이를 실행하는 직원들도 목표 설정 및 실행에서 전략적 마인드를 가지고 일을 수행하여야 한다. 그러므로 전략적 태도 형성은 전략적 숫자 경영의 기본적인 사고가 된다.

전략적 숫자 경영은 계량적 도구를 사용하여 자료를 수집하고 이를 분석하는 과학적인 경영 기법이다. 주먹구구식의 경영이 아니라 분석을 통한 실행과 예측에 기반하는 숫자 경영은 다양한 계량적 도구를 필요로 한다. 이와 같이 전략적 숫자 경영은 추상적 목표나 일상적 경영의 범주를 벗어나 구체적인 성과 향상을 위한 계량적 접근에 초점을 맞추게 된다.

전략적 숫자 경영은 프로세스를 가진 시스템이다. 이는 기업이 목표를 달성함에 있어 목표 수립부터 실행, 분석, 대응책 설정, 모니터링을 통한 성과 평가 및 성과에 따른 보상이라는 일련의 과정을 거친다는 의미이다. 그러므로 숫자 경영은 주먹구구식의 단회적인 행사나, 단순히 구호만 제창하고 끝나는 요식적 행위가 아니라 프로세스를 가지고 반복적으로 실행하는 시스템이다.

전략적 숫자 경영은 리더십을 필요로 한다. 리더는 숫자에 관심을 가지고 숫자에 대해 질문하여야 한다. 직원이 숫자에 익숙해질 때까지 교육시키고 실적을 숫자로 확인하여야 한다. CEO는 자신을 대신할 변화 리더들을 구성하고 현장에서 이들이 활동할 수 있도록 권한을 위임하고 격려하여야 한다.

: 전략적 숫자 경영으로 무엇을 기대하는가

기업의 경영 전략을 보면 그 기업의 목표를 알 수 있는데, 그렇다면 전략적 숫자 경영을 선택하는 기업은 이를 통해 무엇을 기대하는 것일까?

기업의 문화를 바꾼다

숫자 경영은 단순히 숫자를 사용하는 경영이 아니라 변화 경영의 출발점이다. 경영의 모든 프로세스를 숫자로 표현하는 방식은 생각하는 방식의 변화를 가져온다. 즉, 목표를 숫자로 세우고 실행함으로써 권한 위임과 자발적 업무를 추진하는 시발점이 된다. 또한 목표 달성에 원가 개념을 연관시키기 시작하는데, 이는 사업 자금의 효율적 배분에 대한 중요성을 생각하게 한다. 더 나아가 사업에서 개인의 노동 비용을 산정하여 개인의 노동 시간당 임금이 얼마인지 고려하는 마음의 변화는 시간을 돈과 연관시켜 생각하게 하고 업무에서 내가 쓰는 시간의 중요성을 느끼게 한다.

이와 같이 숫자 경영은 경영 성과를 측정하는 지표를 수치화함으로써 객관적인 관점에서 경영 성과를 파악하게 해준다. 이러한 개관적인 데이터를 바탕으로 분석이 결합되면 경영의 문제점을 개선하는 도구가 된다. 그러므로 전략적 숫자 경영은 모든 업무를 주먹구구식으로 처리하던 기존의 방식에서 계량하는 방식으로 변환함으로써 개인의 사고방식, 조직의 문화를 바꾸는 변화 경영이다.

예를 들어 보겠다. 일본의 닛산자동차는 숫자 경영을 통해 기적적으로 회생한 대표적 기업이다. 1999년 2조 1,000억 엔의 부채와 연간 1,000억 엔의 이자 부담에 시달리고 있던 닛산자동차에 새로 부임한 CEO 카를로스 곤(Carlos Ghosn)은 획기적이고 과감한 리바이벌 플랜을 제시했다. 비용 삭감, 수익성 제고, 흑자 달성과 같은 두루뭉술한 경영 목표 대신 구체적 수치를 제시해 사원들의 의욕을 고취시켰다. 여기에는 영업 이익률 4.5%, 유이자 부채 50% 삭감, 신모델 22종 발매 등이 포함됐는데, 일 년이 지나기도 전에 그 목표를 달성했다. 카를로스 곤 사장은 첫 번째 계획을 성공으로 이끈 뒤 '닛산 180' 프로젝트를 발표했는데, '180'은 반드시 달성해야 할 목표 수치(커미트먼트)를 숫자로 간결하게 나타낸 것이다. 각 숫자의 의미를 살펴보면, '1'은 판매 대수의 100대 증가, '8'은 영업 이익률의 8퍼센트 상승, '0'은 부채를 제로로 만들겠다는 목표가 담겨 있다.

또한 세계 최대의 인터넷 도서 판매점인 아마존의 제프 베조스(Jeffrey Prestom Bezos) 회장은 "모든 실마리는 수치로부터 나온다."는 신념을 갖고 있다. 그는 고객 접촉 횟수, 평균 운영 비용 등 명확한 수치를 바탕으로 경영을 펼쳤고, 그 결과 아마존을 세계 최대의 인터넷 서점으로 성장시켰다.

숫자에 강한 하이 퍼포머를 육성한다

성공한 기업 뒤에는 자사의 경영 전략을 확실히 이해하고 이를 효율적으로 이끌어온 능력 있는 인재가 있다. 따라서 모든 기업은 성과를 내는 인재를 필요로 하며, 자사에 맞는 인재를 육성하기 위해 온갖 노력을 기울인다. 그 이유는 기업의 장래를 좌우하는 것은 인재라는 것을 알기 때문이다. 숫자 경영을 통해서는 숫자에 강한 하이 퍼포머(High Performer)를 육성할 수 있다. 숫자 경영은 말 그대로 숫자를 경영에 사용하는 과정이므로, 모든 경영 활동과 과정을 수치로 표현하고 그 결과 역시 수치로 분석하고 판단한다. 따라서 숫자 경영에서 요구하는 인재는 숫자에 강한 사람, 즉 하이 퍼포머이다. 하이 퍼포머의 특징은 다음과 같다.

숫자에 대해 지속적인 관심을 가진다

숫자에 강한 하이 퍼포머는 숫자에 관심이 높다. 특히 대부분의 CEO들은 회사의 매출, 원가, 영업 이익 등 회계 관련 사항과 포괄적인 지표들에 관심을 갖고 그 지표가 어떻게 변하는지를 관찰한다. 이는 주식에 투자한 사람이 그날그날의 주가 및 종합 주가를 체크하고 그 지표가 어떻게 변하는지 관심을 갖는 것과 마찬가지이다.

논리적으로 생각한다

하이 퍼포머는 자신의 주변에서 일어나는 현상들에 대해 숫자의 논리로 생각하는, 즉 숫자 사고를 하는 사람이다. 숫자 사고란 단순히 학교에서 배우는 수학이나 회계학을 잘 아는 것이 아니라 숫자를 사용하여 현상을 좀 더 논리적으로 파악하고 추론하는 힘이다.

숫자의 이면에 있는 의미를 파악한다

숫자에 강하다는 것은 숫자에 내재되어 있는 의미를 잘 파악하는 것이다.

경영을 잘하는 경영자는 숫자에 강해서 잘못된 수치를 금방 파악한다. 그들은 '잘 팔린다', '대충 그 정도다.'라는 막연한 표현을 사용하는 것을 싫어한다.

숫자 사이의 연관성을 파악한다

숫자 사이의 연관성을 파악한다는 것은 한 숫자와 다른 숫자를 연계하여 생각한다는 것을 의미한다. 숫자 사이의 연계성은 매출과 임금을 연결한 노동생산성, 직원 수와 회사 매출의 상관관계 등 특정 원인과 결과를 연결하는 힘이다. 숫자 경영에 강한 경영자는 이러한 연관성을 파악하여 대응을 잘하는 사람이다.

숫자로 측정 가능한 목표를 세운다

목표를 달성하기 위해서는 무엇보다 명확한 목표를 세우는 것이 우선순위이다. 이는 다시 말해 구체적인 목표를 설정해야 한다는 뜻이다. 여기서 구체적인 목표란 숫자로 명시된 목표를 말한다. 숫자로 정하지 않은 목표는 목표가 아니라 구호일 뿐이다. 목표는 수치화·계량화되고 측정 가능할 때 목표 달성 여부와 그 결과를 평가할 수 있다. 숫자로 표현되어 있지 않으면 현재의 목표 대비 진행 상황이나 결과에 대한 측정이 어렵거나 불가능하다.

감성적인 자신을 숫자로 보완한다

사람들은 의사 결정을 할 때 꼼꼼히 비교해 보고 결정하기보다는 감각이나 느낌을 따르는 경향이 있다. 하지만 이러한 의사 결정은 후회스런 결과를 가져오는 경우가 많다. 현명한 선택을 하기 위해서는 의사 결정 시 숫자로 사용함으로써 자신을 객관화시킬 필요가 있다. 숫자에 강한 사람은 일을 처리하는 과정마다 수치를 명시해 막연한 목표를 구체화하고, 시간이 지나면 해결될 것이라는 안일한 생각을 막는 사람이다.

높은 성과를 내는 조직을 만든다

일반적으로 한국의 기업들은 전략을 세우고 그 전략과 연계된 성과 측정 지표를 설정, 관리해 가는 역량이 부족하다. 전략을 수립해도 지표가 없으면 그 전략이 바르게 진행되고 있는지 알 수 없다. 그러므로 전략에 따른 성과를 달성하기 위해서는 핵심 성과 지표를 설정하여 숫자로 관리하고 측정해야 한다.

측정(Measurement)은 무언가를 관리하는 데 있어 절대적으로 기초가 되는 요소이다. 하버드 경영대학의 교수인 로버트 캐플란(Robert S. Kaplan)은 균형 성과 지표(BSC ; Balanced Scorecard)에 관한 논문을 발표하면서 서두에 다음과 같이 성과 측정에 관한 이슈를 기술한 바 있다. "무엇이든 측정을 하면 반드시 성과가 향상된다." 그의 이러한 견해는 '숫자 경영을 통해 조직의 개선 및 학습을 도모하자.'는 의도를 내포하고 있다.

숫자로 과정을 평가하기 위해서는 특정 시점에 특정 기준으로 그 진행 상황을 평가하는 절차를 마련하여야 한다. 연중에 목표와 관련한 점검을 할 때 실적에 대한 평가, 향후 사업 전망 및 대응의 순으로 평가가 이루어져야 한다. 예를 들어 7월 초 월간 회의를 할 때 6월까지의 실적을 점검하고 3/4분기 목표 달성도를 예측하여 그에 대한 대응 전략을 수립하여야 한다. 숫자 경영은 높은 성과를 내는 조직을 만듦으로써 고객이 만족하는 기업, 튼튼한 기업, 성장하는 기업, 꾸준히 이익을 내는 기업으로 자리 잡는 것을 목표로 한다. 그리고 목표 달성의 방법으로서 전략 개발, 목표 설정, 지표 설정, 실행과 관찰, 분석, 대응, 모니터링(실적을 집계하는 과정을 포함), 성과 평가 및 보상이라는 프로세스를 거친다. 숫자 경영이 목표로 하는 기업 이미지와 이를 측정하는 지표에 대해 살펴보면 다음 표와 같다.

〈대표 측정 지표〉

개념	대표 측정 지표
고객이 만족하는 기업	고객 만족도
이익이 튼튼한 기업	ROE(자기 자본에 대한 당기 순이익 비율) ROIC(영업에 투입된 자본에 대한 이익 비율) 영업 이익률(매출액 대비 영업 이익의 비율) 순이익률(매출액 대비 당기 순이익)
성장하는 기업	매출액 증가율 영업 이익 증가율 주당 순이익(EPS) 증가율 주당 순자산(EPS) 증가율
안정성 있는 기업	주가 순자산 비율(PBR) 부채 비율 당좌 비율 영업 이익률 배당 수익률

커뮤니케이션을 강화한다

조직 내 커뮤니케이션에서도 사람과 사람 간의 가장 일반적인 커뮤니케이션 수단인 '언어'가 사용된다. 그러나 언어는 두 가지의 치명적 단점을 지니고 있다. 하나는 불완전하고 추상적 특징을 지닌다는 점이며, 두 번째는 휘발성의 속성을 갖는다는 점이다. 어떠한 현상에 대해 설명할 때 추상적인 단어만 사용한다면 듣는 사람이 정확하게 내용을 이해하지 못하기 쉽다. 또한 언어는 의미 전달이 명확하지 않은 상태에서 시간이 지나면서 그냥 잊혀진다는 것이다.

이러한 문제를 해결하는 가장 좋은 방법은 명확한 의미 전달이 가능한 숫자를 활용하는 것이다. 그 이유는 개념적인 표현보다 숫자로 이야기하는 것이 논리적 설득력을 갖기 때문이다. 무엇보다도 숫자는 판단 기준을 명확히 한다. 다음의 예시와 같이 숫자를 사용한 경우와 사용하지 않은 경우를 보면 숫자를 사용함으로써 언제 판단을 내려야 할지를 명백하게 한다는 것을 알 수 있다. 이는 숫자가 이성 중심, 결과 중심의 의사 결정을 내리게 한다는 것을 의미한다.

예시 1 숫자 미사용	· 수익의 움직임을 보면서 투자액을 판단한다. · 고객센터의 수가 부족하다.
예시 2 숫자 사용	· 수익성이 전년 대비 95% 수준 이하이면 현행의 투자 계획을 재검토한다. · 고객센터의 수가 경쟁사 36개, 자사 15개로 나타나 자사는 00% 부족하다.

〈예시 1〉처럼 '고객센터 수가 부족하다.'라는 표현으로 현상을 논의하는 것에 그치는 것이 아니라 〈예시 2〉처럼 명확한 수치를 활용하여 발언을 구체화함으로써 사람들의 이목을 집중시킴은 물론 정보성, 즉 전체적인 신뢰도를 높일 수 있다. 정확한 수치를 뽑아내기 위해서는 확실한 조사가 필요하다는 것을 알기 때문이다. 경험이나 직감으로 만들어낸 데이터는 아무리 논리적으로 포장해도 숫자라는 확실한 데이터를 뛰어넘을 수 없다. 숫자는 직감을 확신으로 바꿀 만한 커다란 힘을 가졌다.

: 전략적 숫자 경영에서의 의사 결정

경영자와 관리자는 경영에 대한 모든 사항에 대하여 의사 결정을 내려야 한다. 이러한 의사 결정에 있어 관리자는 복잡하고 불확실한 상황하에서 특정 대체안을 선택하여야 한다. 의사 결정을 하는 방식은 경험에 의존하는 방식, 업무 표준에 따르는 방식, 데이터에 기반한 숫자 경영 방식 등으로 구분할 수 있다. 전략적 숫자 경영에서는 데이터에 기반한 통찰적 의사 결정을 중요시한다.

경험 의존형 의사 결정

일부 관리자들은 경험이 최고의 스승이라고 말한다. 이들은 과거에 시행한 다양한 업무 경험에서 의사 결정의 방식을 배우고 현장에 적용한다. 하지만 이러한 의사 결정 방식은 환경의 변화가 거의 없는 일상적 사안에 대해서는 어느 정도 유용성이 있으나 변화하는 환경에는 대처하지 못하는 단점이 있다.

업무 표준에 따른 의사 결정

지속적으로 성공하는 기업에서는 경험을 매뉴얼화해 의사 결정에 사용하기도 한다. 예를 들어 대손상각은 매출의 3%로 설정한다든가, 광고 비용은 판매비의 5%로 한다는 식이다. 즉, 의사 결정에서도 업무 표준을 정하듯이 일정

기분을 정해 운영하는 것이다.

데이터에 기반한 숫자 경영 의사 결정

데이터에 기반한 숫자 경영 의사 결정이란 객관적인 데이터를 사용하여 분석하고 이에 의미를 더한 통찰력을 가지고 의사 결정을 하는 방식을 의미한다. 관찰 및 수집을 통하여 추출한 데이터는 의사 결정의 객관성을 제공해 준다. 통찰력은 데이터와 정보에 의미를 부여하는 것인데 관리자로 하여금 상황에 대한 이해를 돕는다. 데이터와 정보에 관리자가 가지고 있는 지식, 경험이 결합할 때 통찰력은 더욱더 증가한다. 그러므로 전략적 숫자 경영에 있어 의사 결정의 접근법은 주어진 환경의 객관적 데이터를 관리자의 지식 및 경험과 결합하여 의사 결정과 실행으로 변환시키는 과정이다.

: 전략적 숫자 경영의 프레임워크

앞 절에서 우리는 전략적 숫자 경영의 의미와 목적, 그리고 숫자 경영에 필요한 인재인 하이 퍼포머에 대해서 살펴보았다. 이 절에서는 전략적 숫자 경영을 실행하는 데 갖춰야 할 사고, 프로세스, 도구라는 프레임워크(Framework)에 대해 살펴본다.

〈전략적 숫자 경영의 프레임워크〉

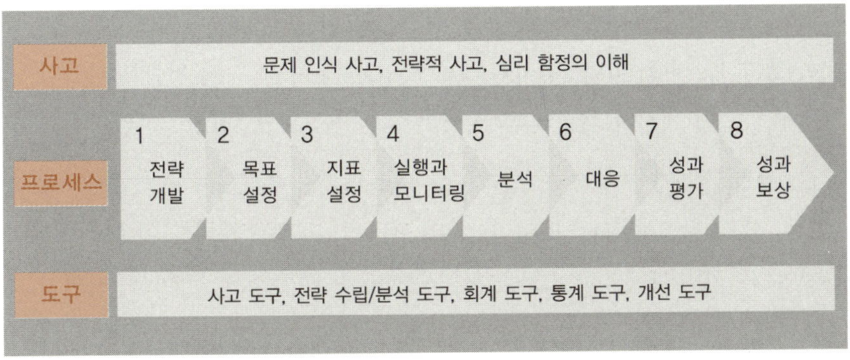

전략적 숫자 경영의 사고(思考)

전략적 숫자 경영은 전략적으로 조직의 목표 달성을 위한 경영이다. 조직의 목표 달성이란 조직의 장기적 문제를 해결하는 과정이며 이를 위해서는 문제 해결을 위한 능력이 필요하다. 결국 문제 해결은 사람의 능력에 의존하며 사람들이 어떻게 인식하고 생각하는가에 의존한다. 전략적 숫자 경영에서 필요한 사고는 여러 가지가 있을 수 있으나 우선 개념적으로 편견 없는 사고, 일관된 사고, 그리고 효과적인 사고가 필요하다. 편견이 없다는 것은 한쪽으로 치우침이 없는 것이며 사실에 부합한 사고의 방식을 말한다. 일관된 사고는 의사 결정자가 일관성을 갖고 행동하는 사고이다. 상황에 따라 변하는 방식이 아니라 일정한 방향과 일정한 패턴을 가진 사고를 의미한다. 효과적 사고는 기업의 목표를 달성하기 위하여 의사 결정을 할 때 성과 지향적이고 결과 지향적으로 사고하는 것이다.

편견 없이 일관성을 지닌 효과적인 사고를 하기 위해서는 먼저 인간에 대한 이해가 있어야 하고 이를 바탕으로 한 경영에서의 적용 활동이 필요하다. 인간은 스스로 합리적이라고 생각하지만 비합리적인 편견을 가지고 사물을 보고 의사 결정을 하는 경우가 많다. 이러한 비합리성에 대한 사례는 행동경제학에서 많이 제시하고 있다. 우리는 다음 장에서 행동경제학에 기반한 다양한 편견과 비합리적 의사 결정의 사례를 통해 편견 없는 의사 결정, 일관된 의사 결정에 대한 방안을 강구할 것이다. 한편 의사 결정이 효과적이기 위해서 우리는 전략적 사고라는 개념에 의존해야 한다. 전략적 사고는 좌뇌를 이용한 논리적 사고와 우뇌를 이용한 창의적 사고가 결합된 사고의 형태를 가진다. 전략적 사고는 사업 및 일의 논리 전개에 도움을 주고 문제 해결을 위한 창의적 아이디어 개발에 도움을 준다.
결국 전략적 숫자 경영의 사고는 인간에 대한 이해를 바탕으로 한 전략적 사고를 필요로 한다. 이러한 사고는 태어나면서 획득하는 것은 아니며 꾸준한 학습과 연습을 통해 발전 가능한 분야이다. 우리는 제 2장에서 전략적 숫자 경영의 사고 증진 방안에 대하여 학습할 것이다.

전략적 숫자 경영의 프로세스

목표 달성은 개인 및 조직의 의지와 역량에 달려 있는 경우가 많다. 의지는 있으나 역량이 부족한 것도 문제이고, 역량이 있지만 의지가 없을 때도 문제이다. 이러한 조직과 개인의 약점을 극복하기 위하여 숫자 경영은 프로세스를 활용한다. 프로세스는 일련의 과정과 피드백을 가진다. 전략적 숫자 경영의 프로세스는 전략 개발, 목표 설정, 지표 설정, 실행과 모니터링, 분석, 대응, 성과 평가 그리고 성과 보상의 단계로 구성된다.

전략 개발

전략 개발은 미션, 비전 등으로 구성되는 가치 체계 정립과 기업의 가치 체계에 기반하고 기업 환경 분석을 통한 전략적 방향성 설정으로 구성된다. 전략 개발을 위한 전제 조건은 기업의 가치 체계 정립이다. 가치 체계는 조직의 존립 목적인 미션, 조직의 장래상인 비전, 조직 운영의 근간을 형성하는 핵심 가치 그리고 직원들의 행동 양태를 결정하는 행동 규범으로 구성된다. 이러한 가치 체계를 바탕으로 기업이 설정한 장기 목표를 이루기 위한 전략적 방향 설정이 이루어진다.

목표 설정

목표 설정은 조직이 구체적으로 달성해야 하는 목표를 세우는 것을 의미한다. 그런데 숫자 경영에서 지향하는 목표는 구체적이고 계량적인 것이다. 따라서 가급적 비계량적 요소를 줄이고 정성적 목표도 보다 구체적이고 상세히 정의하여 성과 평가에 대한 오해나 이견을 줄이도록 하여야 한다.

지표 설정

목표는 구체적인 핵심 성과 지표(Key Performance Indicator)를 통해서 구체화된다. 즉, 목표는 성과 지표에서 구체적인 의미를 가지게 되는데 목표에 대해서 어떻게 성과를 측정할 것인지, 어떤 시기에 성과를 측정해야 하는지, 성과의 책임은 어느 조직 누구에게 있는지, 관련된 데이터는 어디에서 생성되고 관리 책임은 누구에게 있는지, 성과 평가의 기준은 어떻게 설정되는지와 같은 것들을 정의하게 된다. 따라서 지표의 설정은 성과를 견인하는 중요한 도구가 되며 조직 구성원들이 일하는 방식을 결정하게 된다.

실행과 모니터링

목표를 실행하는 과정은 각 담당 조직과 구성원의 강한 성과 달성 의지와 역량에 의지한다. 비록 목표 설정과 지표 설정이 잘 이루어지더라도 조직 차원에서, 개인 차원에서 목표에 대한 인식이 제대로 공유되지 못하면 실행의 효과는 기대하기 어렵다. 또한 실행 과정에서 많은 환경 요소가 변동되고 애초에 설정한 목표가 무의미해지거나 목표를 조정해야 하는 경우도 발생한다.

한편 실행 과정에서 적절한 관찰은 성과를 향상하는 도구가 된다. 예를 들면 월별, 분기별 목표 대비 달성도를 관찰하고 그 차이(Gap)을 관찰하여야 원래의 목표대로 실행되고 있는지를 확인할 수 있으며, 그 차이가 발생한 원인을 분석할 수 있다. 모니터링은 최종 실행 결과를 정리하고 애초에 설정한 목표대로 진행되었는지를 검증하는 것이다. 따라서 정확한 결과 자료를 수집하는 것과 서비스의 품질을 측정하는 행위가 동시에 이루어진다. 정확한 모니터링이 이루어져야 성과 평가가 이루어질 수 있다는 측면에서 숫자 경영의 중요한 단계 중의 하나이다.

분석

숫자 경영의 프로세스는 분석을 강조한다. 경영 관리의 과정에서 분석은 매우 중요한 역할을 한다. 즉 숫자 경영에서는 목표 대비 달성도의 분석, 진척도의 분석, 성과 갭의 원인 분석, 성공 사례 분석, 실패 사례 분석과 같은 분석의 개념들을 장려한다.

대응

대응이란 목표 대비 실적의 차이에 대한 원인을 분석하여 대응책을 수립하는 것을 의미한다. 대응의 방식은 목표 자체를 수정하는 것, 실행 방법을 수정하는 것, 일정을 조정하는 것과 같은 다양한 접근 방식이 포함된다. 또한 대응 단계에서는 조직원에 대한 적절한 변화 관리를 수행하는 것이 포함되어야 한다. 모든 일은 사람이 하는 것이므로 사람들이 변화에 잘 적응하게 하는 것이 목표 달성을 위한 중요한 견인차이다.

성과 평가

핵심 성과 지표의 평가 기준에 따라 성과를 평가하는 단계이다. 객관적이고 공정한 평가를 진행하기 위한 제반 여건을 사전에 조성하여야 한다.

성과 보상

성과 평가 결과에 따라 보상을 실시하는 단계이다. 조직 성과와 개인 성과를 보상으로 연결하는 과정이며 과도하거나 과소한 보상 차별이 발생하지 않도록 조직 특성과 조직 문화를 면밀히 분석하여야 한다.

전략적 숫자 경영의 도구

전략적 숫자 경영은 참여 주체의 사고와 프로세스를 기본으로 한다. 사고와 프로세스를 개발하고 도와주는 도구는 다음을 포함한다.

- 논리적 사고 도구 : 참여자들이 논리적으로 사고할 수 있도록 도와주는 도구이다. 논리적 사고 도구는 로직 트리, MECE(Mutually Exclusive and Collectively Exhaustive), LISS(Linearly Independent Spanning Set), So what & Why so 등을 포함한다.
- 전략 수립 및 분석 도구 : BCG 매트릭스, GE의 비즈니스 스크린, 산업 분석, 가치 사슬 분석, 점유율(Sizing) 분석, 고객 세분화, 고객 만족 모델(Customer Satisfaction Model), 벤치마킹 등을 포함한다
- 기타 분석 도구 : 회계학에 기반한 분석, 통계학에 기반한 분석, 6시그마 분석 도구가 있다.

제 2 장

전략적 숫자 경영의 사고

제1절 문제 인식과 해결의 중요성
제2절 숫자 경영과 전략적 사고
제3절 숫자 경영과 심리 함정

Strategic Management By Numbers

: 문제 인식과 해결의 중요성

조직을 만드는 이유는 문제 해결에 있어 개인보다 우월하기 때문이다. 개인이 해결할 수 없는 문제를 조직은 시스템을 통해 해결한다. 그러므로 조직이란 효율적 구성 체계를 가지고 문제 해결을 하기 위한 시스템이라고 해도 무리가 없을 듯하다.

조직 시스템이 문제 해결을 하기 위해서는 문제를 인식하는 능력과 해결하는 능력이 모두 필요하다. 우선 조직의 목표를 달성하고 혁신하기 위해서는 철저한 문제의식이 필요하다. 문제를 빨리 인식하느냐, 어떻게 인식하느냐에 따라 해결책이 달라지고 해결책의 효과도 달라진다.

문제는 무엇인가?

문제는 인류가 이 세상에서 생활하면서 발생하기 시작했고 지금도 발생하고 있고 미래에도 발생할 것이다. 이러한 문제에 대하여 다음과 같은 특성을 발견할 수 있다.

- 문제는 언제나 생긴다.

- 문제는 어디에서나 항상 생긴다.
- 문제는 누구에게나 항상 생긴다.
- 문제는 생성되어 진행하고 발전하고 소멸한다.
- 문제를 해결하고 있는 동안에도 관련된 문제가 또 생긴다.
- 모든 문제를 다 해결할 수는 없다.
- 문제가 문제를 만든다.
- 문제에는 반드시 원인과 과정 그리고 결과가 있다.
- 문제에는 구조와 특성이 있다.
- 문제가 사람에게 해결을 요구하기도 하지만 사람이 문제를 이용하여 자신의 개인적 목적을 달성하기도 한다.

조직도 다양한 문제를 가지고 있다. 이러한 문제를 전략적 관점에서 나열하면 다음의 사항들이 포함될 수 있을 것이다.

- 기업 활동의 범위: 어디에서 운영할 것인가? (지리적 영역/ 제품과 서비스 영역 등)
- 기업 환경과 기업 활동을 어떻게 대응시킬 것인가? : 적합성으로 표현한다.
- 기업 활동과 기업의 자원을 어떻게 조화시킬 것인가?
- 변화가 기업에 주는 의미는 무엇인가?
- 기업의 자원을 어떻게 배분 및 재배분할 것인가?
- 전략에 영향을 주는 가치, 기대는 무엇인가?
- 우리 조직은 어디로 갈 것인가? 10년 후에도 살아남으려면 어떻게 해야 하는가?

문제의 인식 유형

앞에서 살펴보았듯이 모든 조직은 문제를 가지고 있다. 그리고 그 문제는 현재의 문제일 수도 있고, 잠재적 문제일 수도 있고, 내가 설정한 목표로 인하여 발생하는 문제도 있다. 문제를 인식하는 방식에 따라 해결책은 매우 다른 양태를 보이는데 발생한 문제 인식, 탐색 문제 인식, 창조 문제 인식으로 문제 인식의 유형을 분류해 볼 수 있다.

발생 문제 인식

발생 문제 인식은 문제가 발생하였을 때에야 문제를 인식하는 수동적이고 일반적 문제 인식 유형이다. 자동차를 타고 가다 고장이 났다, 종업원들의 직무이고 만족도가 낮다, 매출 성장률이 줄었다와 같은 문제에 대해서는 누구나 인식할 수 있다. 이런 예들은 모두 구체적인 증세가 있기 때문이다. 누구나 특별한 노력이 없이도 알아차릴 수 있는 수동적인 문제 인식 방법으로 전략적 사고에는 도움이 되지 않는다. 발생 문제 인식에서 중요한 것은 문제의 인식보다 인식된 문제의 전달과 대응이다. 즉 인식된 문제가 커뮤니케이션 장애로 인하여 제대로 조직 내에 전달되고 전파되지 않아 제때에 필요한 조치를 하지 못하는 경우가 발생할 수 있기 때문이다.

탐색 문제 인식

탐색 문제 인식은 잠재적으로 발생할 수 있는 문제를 미리 찾아서 없애려는 문제에 대한 인식 방식이다. 예를 들면 몸에 이상이 없는지 미리 건강 검진을 받으려고 하는 경우나 자동차를 사전에 점검받는 경우가 탐색형 문제 인식이다. 이러한 탐색 문제 인식을 하려면 많은 지식이 필요하다. 예를 들면 특정 시기가 되면 엔진 오일을 교환해야 하므로 엔젠 오일 상태를 점검한다든지, 골다공증 예방을 위해 골밀도 검사를 받는 사람은 탐색형으로 문제를 인식하고 있는 것이다. 탐색형 문제 인식은 문제를 비교적 능동적으로 인식하는 방법이라고 할 수 있다.

창조형 문제 인식

창조형 문제 인식은 현재 상황에서는 특별히 문제라고 할 수 없으나 스스로 목표를 높게 설정함으로써 문제를 만들고 이를 문제로 인식하는 방식이다. 매우 능동적인 문제 인식 방법이라고 할 수 있다. 예를 들어 현재 회사의 시장 점유율이나 매출 성장률은 좋은 편인데 해당 산업의 1등 업체가 되겠다고 목표를 세우고 목표 달성의 측면에서 문제가 무엇인지를 도출하는 경우는 창조형 문제 인식이 된다.

문제에 대한 태도

사람들은 문제에 직면하게 되면 다양한 반응을 보이는데 문제에 적극적으로 대응하는 경우, 문제를 회피하는 경우 등으로 구분된다. 문제에 대한 반응 양태를 구분해 본다.

문제 집착형

문제에 직면하면 그 문제가 발생한 원인과 배경을 찾는 데 거의 모든 시간을 쏟는 경우를 보게 된다. 정확하고 광범위한 자료의 수집과 분석만이 올바른 해결책을 만들 수 있다고 생각하는 경우이다. 그런데 문제 해결책은 항상 적정한 타이밍을 요구하기 때문에 이러한 문제 집착형은 문제 해결을 위한 시간이라는 가용 자원을 낭비하는 결과를 초래한다.

원칙을 중요하게 생각하고 결과보다는 과정이 더 중요하다고 생각하는 경우에 이런 문제 집착에 빠질 가능성이 높아진다. 예를 들면 시험을 앞두고 열심히 공부만 하면 된다고 생각하는 학생의 경우 시험에 나올 만한 중요한 부분에 대한 요점을 정리하고 정확히 이해하는 전략적 접근을 하지 못하는 경우가 생긴다. 좋은 성적이라는 결과를 만들기 위한 해결책은 만들어내지 못하고 막역한 공부 시간 투입을 통해 문제 자체에 집착한 결과이다.

문제 기피형

문제가 되는 이슈를 가급적 피해 가고자 하는 것이 문제 기피형이다. 다양한 핑계로 문제 해결의 행위를 피해 가는 경우가 해당한다. 직장에서 자기 개발이 필요함은 알지만 시간이 없다고 핑계를 대는 경우나 신규 사업을 준비해야 한다고 항상 강조하지만 자금 부족으로 추진할 수 없다고 주저하는 경영자나 다이어트가 필요하다고는 스스로 알고 있지만 강한 식욕 때문에 도전할 엄두가 나지 않는 사람들의 경우가 각각 이런 문제 기피형이라고 볼 수 있다.

문제 해결형

어떡해서든 문제를 해결하려고 달려드는 경우가 문제 해결형이다. 이런 유형의 사람들은 '이렇게 하면 될 것 같다.' '뭔가 새로운 방법이 있을거야!' '한꺼번에 해결하기 어려우니 세분화하여 순차적으로 해결해 보자'와 같은 접근 방식을 사용한다. 문제 해결형은 과정보다 결과를 더 중시하는 경향이 있는데, 그렇다고 과정 자체를 무시하는 것은 아니며 짧은 시간 내에 효과적인 결과를 도출하기 위한 과정만을 중시한다. 결국 문제를 해결하는 것은 문제가 발생했을 때 어떻게 대처하느냐 하는, 즉 문제를 대하는 사람의 태도에 따라 달라지므로 해결 지향적 사고를 익히고 습득하면 문제 해결형의 태도로 발전하게 된다.

: 숫자 경영과 전략적 사고

전략적 사고의 중요성

경영자가 숫자 경영을 통해 이루려는 목표는 장기적으로 높은 성과를 내는 조직을 만들려는 것으로, 이를 위해 우선 필요한 것은 사람, 특히 전략적 사고를 가진 사람이 전략적 숫자 경영을 성공적으로 이끌기 위해서는 전략적 사고를 비롯해 다양한 역량을 가진 인재를 확보해야 함과 동시에 전략적 숫자 경영의 사고를 조직에 전파시키는 것이다. 경영자의 리더십에서 인재 육성은 매우 중요한 이슈이며, 조직의 규모가 커질수록 경영자 스스로 모든 업무를 다 처리할 수 없기 때문에 업무를 위임할 수 있을 만큼 믿음직한 조직원의 필요성이 커진다. 특히 전략적 숫자 경영을 추구하는 경영자라면 전략적 사고를 가진 인재가 더욱 절실한 것이다.

전략적으로 사고는 중요하고 복잡한 의사 결정 상황에서 효과적으로 활용할 수 있는 생각의 방식이다. 전략적 사고는 현대 경영에 있어서 경영자의 기본적인 사고방식이 되어야 하는 생각하는 방식이다. 이러한 전략적 사고는 분석력과 통합력, 논리력과 직관력의 균형 있는 작용에 의하여 완성되는 것으로 그 특징은 다음과 같다.

- 전략적 사고는 문제의 핵심을 명확히 파악하는 능력이다.
- 전략적 사고는 사실에 입각한 객관적인 분석과 논리적인 사고를 전제로 한다.
- 전략적 사고는 기존의 고정 관념을 깨고 새로운 발상의 전환을 추구하는 혁신적인 자세로서 논리적이고 분석적인 '좌뇌'뿐만 아니라 창의적이고 직관적인 '우뇌'를 적극 활용한다.
- 전략적 사고는 추상적인 이론이 아니라 매우 현실적이고 실용적인 문제 해결 과정이다. 그러므로 조직의 전략 방향을 수립하고 다양한 문제를 해결하는 데 매우 유용한 사고의 틀을 제공한다.

이상 살펴본 바와 같이 전략적 사고는 문제를 해결하는 사고이며 여러 가지 사고방식으로 구성되어 있다. 전략적 사고는 각각의 사고방식, 지식과 스킬 측면의 개념과 도구들이 두루 갖추어져야 가능한 종합적인 사고 체계이다. 일반적으로 전략적 사고는 좌뇌의 논리적 사고와 우뇌의 창조적 사고를 통하여 발전해 간다. 지식을 습득하는 일과 그것을 실제로 사용하는 일에는 어느 정도 간극이 있다. 전략적 사고를 기르는 방식도 동일하다. 결국 학(學)을 통하여 배우고 습(習)을 통하여 현장에서 활용함으로써 발전하게 된다. 심리학자들은 어떤 일이든 습관이 되면 그 일을 하는 데 소요되는 에너지가 훨씬 줄어든다고 한다. 우리가 학습하는 전략적 사고도 습관이 되면 쉽게 할 수 있는 일이 될 것이다.

전략적 사고의 기본 구성

논리적 사고

논리적 사고(Logical thinking)의 기본 자세는 열린 마음과 비판적 마음이다. 내 주장이 틀릴 수 있다는 생각이 열린 마음이며, 다른 사람의 주장이 틀릴 수 있다는 생각이 비판적 마음이다. 결국 논리적으로 생각한다는 것은 우리가 어떤 태도와 자세를 갖느냐의 문제이다. 논리적으로 사고하는 능력과 기술은 그 다음의 문제이다.

논리적 사고의 기초는 아리스토텔레스의 논리학에 근거한다. 첫 번째 논리는 아리스토텔레스의 논리학에서는 A=B, B=C이고 따라서 A=C라는 로직을 사용한다. 그리고 두 번째 논리는 전체를 T라고 하면 그것은 A와 B로 구성되어 있고 그 외에는 누락도 중복도 없는 논리를 구축한다. 이렇게 첫 번째와 두 번째의 논리를 사용하여 문제를 분석하고 해결하는 구조를 가지는 것이 논리적 사고의 기초가 된다.

논리적 사고는 좌뇌에 기반을 둔다. 이러한 논리적 사고는 인과 관계를 정확하게 파악해 문제 해결책을 찾는 사고방식이다. 단, 피상적으로 보이는 인과 관계를 기준으로 하면 정확한 판단을 하지 못하는 경우가 빈번히 발생하므로 주의해야 한다. 예를 들어 외모와 성격의 관계에 대해 살펴보자. '잘생긴 외모를 가진 사람이 성격도 좋다.'라고 한다면 '잘생긴 외모 때문에 성격이 좋다.'라는 인과 관계로 해석된다. 그러나 잘생긴 외모 덕에 주위의 호감을 쉽게 사고 좋은 대접을 받다 보니 본인도 상대방에게 매너 있는 행동을 자연스럽게 하게 되는 경우도 상정해 볼 수 있다. 즉 외모와 성격은 상관관계는 있을 수 있지만 인과 관계가 있는 것은 아니다. 따라서 정확한 인과 관계를 파악하기 위해서는 피상적으로 판단하지 않고 정확한 원인을 지속해서 찾는 습관이 필요하다. 그리고 왜(Why)를 되풀이함으로써 진정한 원인을 찾아내는 것이 인과 관계를 제대로 파악하는 첩경이다.

창의적 가설 사고

가설 사고는 우뇌를 활용하여 풍부한 상상력을 가동시킨다. 문제 해결 과정의 핵심은 문제에 대한 가설을 수립한 뒤 객관적인 분석을 통해 가설을 검증하고 수정해 나가는 것이다. 가설을 세우게 되면 분석해야 할 정보의 방향성을 잡기가 용이하고 가설과 관련된 정보 및 데이터 수집에 초점을 맞출 수 있기 때문에 필요 없는 조사나 분석에 소모되는 시간을 줄일 수 있다. 가설은 각종 추정과 경험적 판단을 통해 도출되는 예비적인 답으로서, 객관적인 분석을 통해 검증되거나 기각될 수 있다. 따라서 초기 가설에 너무 집착하지 말고 항상 유연하고 열린 마음으로 새로운 사실을 받아들일 수 있어야 한다.

따라서 가설 지향적 사고는 가설을 기반으로 검증하고 가설을 수정하는 과정을 되풀이하여 가장 정확한 결론에 도달하고자 하는 것이다. 그런데 이런 가설이 반드시 적중할 수는 없으므로 가급적 적중도가 높은 가설을 수립하는 것이 좋다. 적중도 높은 가설을 수립하기 위해서는 지식과 경험, 창의적 사고의 3가지 요소가 필요하다. 먼저 지식과 정보가 많을수록 적중도 높은 가설을 세울 수 있다. 지식과 정보가 많다는 것은 이미 어느 정도 결론을 도출하기 위한 지식과 정보가 쌓여 있다는 것을 의미하므로 평소 다양한 지식과 정보를 축적하기 위해 노력하여야 한다. 풍부한 경험 또한 선입견을 벗어나게 하고 편향된 가설을 수립하는 것을 방지함으로써 가설의 현실성과 실행 가능성을 높이는 효과를 가진다. 마지막으로 창의적 사고는 통찰력 있는 가설을 수립하게 하는 바탕이 된다.

〈가설 지향 사고〉

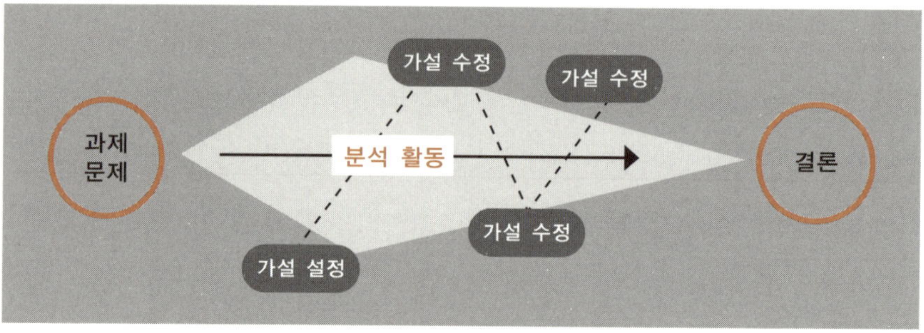

가설을 수립한 이후에는 이를 검증하기 위한 분석을 수행하게 되는데, 정확한 분석을 위해서는 정보와 자료(데이터)가 필요하다. 이때 자료 수집의 양과 분석의 깊이는 의사 결정의 중요성과 가용 자원에 따라 달라진다. 의사 결정 사항이 매우 중요하고 가용 자원이 많다면 가능한 한 폭넓은 데이터를 수립하는 것이 바람직하다. 그러나 의사 결정이 중요하더라도 가용 자원이 부족하면 문제를 구성하는 여러 가지 이슈 중 핵심적인 이슈에 대한 자료를 먼저 수집하고 나서 다른 이슈에 대한 자료를 수집하도록 한다. 즉 가용 자원의 중요도와 시급성을 기준으로 배분하는 것이다. 반면에 의사 결정의 중요성은 낮지만 가용 자원이 충분한 경우에는 가용 자원의 적절한 배분을 통하여 다른 문제 해결책을 강구하는 것이 바람직하다.

전략적 사고의 경쟁력

전략적 사고는 전략적 숫자 경영의 기본 사고를 형성한다. 유능한 경영자가 갖춰야 할 기본 요소가 전략적 요소라면 과연 어떠한 요소들이 전략적 사고를 업그레이드시킬 수 있을까? 전략적 사고가 경쟁력을 갖추기 위해서는 4가지 역량–프레임워크 역량, 콘셉트 역량, 로직 역량, 포지셔닝 역량을 필요로 한다. 그러나 프레임, 콘셉트, 로직, 포지셔닝은 서로 독립적으로 존재하는 것이 아니라 상호 연관되어 문제 해결과 전략의 구성 능력을 향상시킨다. 그러므로 이러한 4가지 역량을 갖추어 문제 해결을 추구하는 것이 문제 해결의 질을 향상시킨다.

프레임워크 역량

프레임워크 역량은 문제의 범위를 정확하게 파악하고 짚어내는 판단력이다. 즉 프레임워크 역량은 말 그대로 하나의 분석 틀로서 자료와 정보의 수립 및 분석 결과를 구조화시키는 역량이다. 따라서 프레임워크 역량은 정보를 체계적으로 정리하고 객관적으로 이해하는 능력이며, 다양한 관점에서 해석할 수 있는 능력이다.

문제를 어떠한 프레임으로 보느냐에 따라서 동일한 과제가 다르게 보일 수 있다. 문제를 정면에서 파악하는지, 위쪽에서 파악하는지, 아니면 측면에서 파악하는지에 따라 문제 해결의 출발점이 달라진다. 프레임은 어떤 사물을 보는 '틀'을 의미한다. 이것은 보는 관점, 보는 범위 등에 따라 달라진다. 그러므로 다음의 4가지 사항으로 과제를 분해하는 것이 추천되고 있다(사이토 요시노리, 2005).

- 어떤 관점에서 파악하는가? (프레임의 관점)
- 어디까지 파악하는가? (프레임의 범위)
- 얼마나 크게 보는가? (프레임의 확대율)
- 프레임의 제약 조건과 전제 조건은 무엇인가? (프레임의 전제 조건)

보통 우리는 시장에 대한 판단을 할 때 제한적 인식의 프레임에 갇혀 잘못된 판단을 하는 경우가 많다. 이러한 제한적 인식의 프레임은 그 기업이 속해 있는 산업에 대한 프레임을 제한적으로 본 결과일 때가 많다. 하버드 비즈니스의 테오도로 레빗(Theodore Levitt) 교수는 '근시안적 마케팅(Marketing Myopia)'이라는 논문에서 미국의 철도 산업이 퇴보한 것은 철도를 운송 사업이 아닌 철도 사업으로 생각했기 때문에 고객을 다른 산업으로 내쫓아버렸다고 설명하고 있다. 과연 '철도 산업이 운송 사업에 제한된 사업일까?'라는 의문을 가지고 좀 더 넓은 프레임으로 보아야 한다는 것이다. 이러한 프레임의 확대는 도로 사업, 전기 사업 등에도 동일하게 해당한다고 볼 수 있다. 도로 사업은 운송 사업일까? 전기 사업은 전기 생산 사업일까? 등등 프레임에 대한 새로운 인식은 그 산업의 범위를 확대하여 다르게 볼 수 있는 배경이 된다.

시장에 대한 프레임, 사업에 대한 프레임은 항상 변한다. 그러므로 전략가는 구조 변화, 상황 변화, 니즈 변화에 대하여 항상 관심을 가지고 있어야 한다. 변화하는 프레임에 대해 체계를 가지고 변화를 관찰하면 사업에 대한 좋은 아이디어를 많이 만들어낼 수 있다.

프레임을 규정하는 요소인 관점, 범위, 확대율 등을 사용하여 새롭게 만들어낸 프레임의 사례를 살펴보자.

〈프레임의 요소와 적용〉

프레임의 요소	새로운 사업 개발 사례 〈업체〉
관점	– 안경 수건에서 세안용 타월로 〈도오레〉
범위	– 업소용 전자레인지에서 가정용 전자레인지로 〈샤프〉 – 상용차에서 레저차로 〈도요타〉
확대율	– 야구장 내야석에서 익사이트석으로 〈도쿄돔 야구장〉 – 치약은 하루 한 번에서 식후 한 번으로 〈치약사〉

물론 이러한 프레임 역량을 단기간에 향상시키기는 어렵다. 그러나 우리가 흔히 만나는 젊은 컨설턴트들은 프레임 역량이 강해 보이는 인상을 풍기고 있다. 어떻게 단기간에 프레임 역량이 강화된 것일까? 그 답은 기존에 개발된 프레임워크를 사용하고 있기 때문이다. 다음은 많이 쓰이고 있는 몇 가지 프레임워크에 대한 설명이다. 물론 이 책에서도 사용하고 있다.

- 민츠버그 전략 5P : 관점(Perspective), 위치 선정(Position), 계획(Plan), 파워(Power), 패턴(Patrern)
- SWOT : 강점(Strength), 약점(Weakness), 기회(Opportunity), 위협(Threat)

- 3C : 고객(Customer), 경쟁사(Competitor), 자사(Company)
- 포터의 5가지 힘 이론(M. Porter 5 Force Theory) : 업계 내 경쟁사, 신규 진입자, 대체재, 공급자의 협상력, 구매자의 협상력
- 마케팅의 4P : 상품(Product), 가격(Price), 장소(Place), 촉진(Promotion)
- 조직의 7S : 공유 가치(Shared Value), 전략(Strategy), 구조(Structure), 시스템(System), 인적 자원(Staff), 기술(Skill), 스타일(Style)

콘셉트 역량

콘셉트 역량은 새로운 가치를 만들기 위한 기본을 구상하고 전개 방향을 제시하는 힘이다(사이토 요시노리, 2005). 경영에서 콘셉트는 구체적인 의미를 가지며 미래 행동의 지침이 된다. 구체적으로 제품 또는 서비스의 차별화된 가치를 제시하여 소비자에게 구매 가치를 설명할 수 있는 것이 콘셉트가 된다. 이러한 콘셉트의 예를 살펴보자. 음식업에서 '맛있다, 싸다, 빠르다'라고 콘셉트를 잡으면 음식의 제조, 유통 및 서비스에서 어떻게 사업이 영위되어야 할지 누구나 이해할 수 있을 것이다. 또한 한국도로공사에서 사용하고 있는 콘셉트 중 하나는 '빠르고, 안전하고, 쾌적한 고속도로'이다. 이러한 콘셉트가 고속도로에 대한 정책으로 정착된다면 조직원 모두가 이를 염두에 두고 일함으로써 업무 효율성이 높아질 것이다.

김근배 숭실대학교 경영학 교수는 콘셉트의 5요소로 언어, 이해, 통합, 가치, 설득을 제시하고 있다.(2009) 이렇듯 콘셉트 역량은 언어로 이해 가능한 통합 가치를 제시하여 이해 당사자를 설득하는 능력이다. 따라서 콘셉트에 대한 개념이 약할 경우 콘셉트화된 정책 및 서비스를 만들 수 없다. 이러한 콘셉트 능력은 사업의 아이템을 정할 때 필수적인 요소가 되며, 이는 곧 기업의 경쟁력을 강화하는 수단이 된다.

로직 역량

로직 역량은 사물의 인과 관계를 파악하는 통찰력과 스토리를 만드는 창의력이다(사이토 요시노리, 2005). 이러한 로직 역량은 원인과 결과의 인과 관계를 파악하고 미래에 대한 대책을 세울 수 있는 역량이다. 앞에서 설명한 콘셉트를 일관되게 유지하기 위해서는 더욱더 로직 역량이 요구된다.

포지셔닝 역량

포지셔닝 역량이란 상대적으로 유리한 상황을 구상하고 그 위치를 행위 대상자에게 인지시키는 능력이다. 즉 우위에 있는 상황을 생각할 수 있는 능력이며, 경쟁 상대와의 위치 관계를 설정할 수 있는 능력이다. 또한 포지셔닝 역량은 조직의 상품과 서비스를 어디에다 두고 전략을 구성할 것인가와도 연결되어 있다. 전략적 환경에서는 누구나 자신의 포지셔닝을 모색한다. 자신의 조직이 다른 조직과 어떻게 다르게 인지되는지를 파악하는 것이 전략에서 자연스러운 것이다. 이렇듯 뛰어난 포지셔닝은 타자와의 차이를 명확히 제시하고, 상대적 우위성이 대상자에게 인식되고, 지속적인 우위성이 유지되고, 전체 포트폴리오를 고려하는 특성이 있다.

: 숫자 경영과 심리 함정

숫자 경영은 객관적 사실에 대한 합리적 판단을 강조한다. 그러나 최근 행동경제학의 연구 결과에 의하면 인간이 의사 결정을 내릴 때 비합리적으로 행동한다는 것이다. 사람들은 정보나 데이터를 각자의 시각으로 해석한다. 다시 말해 각자의 심리 모델을 가지고 현상을 인식하거나 이해한다는 것이다. 심리 모델은 복잡한 환경에 대한 이해를 단순화시켜 빠른 의사 결정을 가능케 하는 장점이 있지만 고정된 사고, 편견된 사고를 유도할 가능성이 크다.

불확실한 환경에서 의사 결정을 하는 경영자는 자신의 심리 모델이 무엇인가 인식할 필요가 있다. 최근 행동경제학에서 다루는 인간의 심리 문제는 우리에게 많은 시사점을 제시해 준다. 행동경제학에 따르면 사람들은 스스로를 합리적이라고 믿으면서 동시에 어리석은 판단을 한다고 한다. 일반적으로 똑똑하다고 하는 사람들이 잘못된 판단을 내리는 사례를 곳곳에서 찾아볼 수 있다. 예를 들면 노벨경제학상을 수상한 사람이 2명이나 포함된 전문가 집단이었던 미국의 롱텀 캐피털 매니지먼트는 1998년 파산하였는데, 이는 대규모 자산 가치의 변동을 고려하지 않은 결과였다. 또 다른 사례는 2003년에 발사된 미국의 우주 왕복선 컬럼비아호는 나사 기술자들이 대수롭게 여기지 않은 발포제의 조각이 문제가 되어 지구 대기권 진입 중에 폭발하여 7명의 우주비행사가 사망하였다.

행동경제학은 합리적인 인간에 대하여 의문을 제기한다. 또한 행동경제학은 기존의 경제학에서 말하는 경제적 인간에 대하여 반론을 제기한다. 즉 인간은 완전히 합리적이지도 않고 완전히 이기적이지도 않다는 것이다. 행동경제학은 최근에 발전한 학문이지만 일부 학자는 애덤 스미스가 그 출발자라고 말하기도 한다. 애덤 스미스는 『국부론(1776)』을 통해 경제학의 창시자로 자리매김했지만 그가 『국부론』보다 먼저 쓴 책 『도덕감정론(1759)』에 다음과 같은 구절이 있다.

> "우리는 상황이 나빴던 것에서 더 좋은 것으로 바뀔 때의 기쁨보다 좋았던 것에서 더 나쁜 것으로 바뀔 때의 고통을 더 크게 느낀다."

이는 뒤에 설명할 행동경제학의 준거 이론과 동일한 개념이다. 애덤 스미스 이후 주류 경제학의 합리적 인간관에 대하여 비판한 최초의 학자는 1978년에 노벨 경제학상을 수상한 허버트 사이먼이다. 인간이란 존재가 완전히 합리적일 수 없음을 간파한 그는 "제한된 합리성 아래에서 인간의 의사 결정은 최적화가 아니라 만족화에 따른 선택을 해야 한다."는 '제한된 합리성(Bounded Rationality)'을 주장했다. 행동경제학의 실질적 주창자는 대니얼 카너먼(Daniel Kahneman)과 아모스 트버스키(Amos Tversky)이다. 이들은 1979년 『Econometrica』지에 '전망(Prospect Theory) 이론: 리스크하에서의 결정'을 발표하면서 행태 경제학의 종을 울렸다. 이후 이들의 공적이 인정되어 카너먼은 2002년에 노벨 경제학상을 받았다. 트버스키는 그 전에 세상을 떠났기에 수상자로 선정되지는 못했다.

그러므로 전략적 사고를 다루기 전에 인간이 가지고 있는 심리적인 약점을 이해하고 이를 극복하기 위한 방안에 대해 먼저 이야기해 보자.

편향

편향(Biases)은 다른 말로 편견으로 해석될 수 있다. 행동경제학에서 주로 논의하는 편향에 대한 이론은 과신, 과도한 낙관주의, 확정의 편견 등이 있다. 각각에 대해 간단히 살펴보면 다음과 같다.

과신

과신(Overconfidence)은 자신의 능력과 지식을 지나치게 믿는 것을 의미한다. 보통 사람들은 스스로를 평균보다 더 낫다고 믿는다. 다음의 질문에 여러분은 어떻게 대답할 것인가.

- 나의 운전 실력은 평균 이상이다. → 그렇다( ), 아니다( )
- 나의 유머 감각은 평균 이상이다. → 그렇다( ), 아니다( )
- 직장에서 나의 실적은 회사에서 상위권에 속한다. → 그렇다( ), 아니다( )

보통 사람들은 3가지 질문 모두에 '그렇다'라고 대답한다고 한다. 자신의 능력에 대해 과신하는 사람들은 실제보다 자신이 똑똑하다고 생각하며, 이는 과거의 성공에 기인하는 경우가 많다. 사람들이 자신을 얼마나 과신하는지에 대한 재미있는 조사가 있다. 미국에서 헬스클럽 이용자를 대상으로 조사를 했는데, 월간 정기권을 구입한 사람들의 평균 헬스클럽 이용 횟수는 월 4.3회에 그쳤다. 이러한 결과는 정기권을 구입한 사람들 대부분이 자신은 매일 또는 정기적으로 헬스클럽을 찾아 운동할 수 있다고 과대평가했기 때문이라는 것이다. 심리학자들은 대부분의 사람들이 스스로를 과소평가하는 것에 대해 불안감을 가질 수 있으며, 그러한 불안감을 해소하기 위해 자신을 과대평가하는 것이라고 분석한다.

과도한 낙관주의

대부분의 사람들은 미래에 대하여 긍정적인 결과를 경험할 것이라고 낙관한다. 일반적으로는 같은 상태로 지속되거나 더 나빠지는 경우에도 경제적인 상태를 두 배 더 낙관적으로 본다고 한다. 이를 과도한 낙관주의(Excessive Optimism)라 한다. 예를 들면 MBA 학생들은 졸업 후 자신의 미래를 장밋빛으로 보고, 증권회사의 애널리스트조차도 미래를 너무 낙관적으로 본다는 것이다. 이러한 낙관주의는 대부분의 경영자들도 가지고 있는 것으로 알려져 있는데, 사업이 답보 상태에 있어도 곧 긍정적인 결과를 가져올 것이라고 과대평가하며 부정적인 결과를 가져올 것에 대해서는 과소평가하는 경우가 많다는 것이다.

확정의 편견

확정의 편견(Confirmation Bias)은 자신에게 불리한 증거에 대해서는 트집을 잡고, 유리한 정보만을 받아들임으로써 자신의 확신을 더욱 강화하려는 심리적 왜곡 현상을 말한다. 사람들은 자신의 의견에 상대적으로 대립되는 정보보다는 자신의 관점을 지지하는 정보에 매우 큰 비중을 둔다. 때문에 확정의 편견에 사로잡힌 사람들은 다른 대안에 대해서는 전혀 눈을 돌리지 않고, 특정 신념이나 가설을 뒷받침하는 증거들만 찾는다. 이런 증거들을 통해 자신의 잘못된 판단을 정당화하려는 것이다. 투자자들이 주식을 매입한 회사에 대해 자신이 입수한 정보를 과신함으로써 반대 정보를 고의적으로 배척하는 경우가 여기에 해당된다. 이런 투자자는 자신이 산 주식이 폭락하는데도 자신의 실수를 인정하기 싫어 끝까지 보유하고 있다가 결국 큰 손실을 입고 나서야 매도하는 경우가 많다.

추단

추단(Heuristics)은 문제를 해결하거나 결정을 내리는 데 간단하고 경제적인 방법으로 해결하도록 도와주는 방법이다. 휴리스틱을 우리말로는 발견적인 방법 또는 추단으로 옮길 수 있다. 추단은 복잡한 현실의 문제를 단순화하는 방식으로, 지적 능력과 정보의 부족함을 메워주는 장점이 있는 반면 사물에 대한 객관적 인식을 방해하는 단점도 가지고 있다.

이용 가능성 추단

사람들은 당장 사용 가능한, 이용 가용한, 이미 알고 있는 정보들을 이용하여 의사 결정을 한다. 이를 이용 가능성 추단(Availability Heuristic)이라 한다. 어떤 사건의 확률을 판단할 때 그 사건이 발생했던 최근의 사례에 기초하여 판단하는 경우가 많다. 즉 사용할 수 있는 기억이나 자신의 머릿속에 떠오르는 사건과 상황을 이용하여 판단하는데, 이런 방법은 현실에 대한 오판의 가능성이 있다.

또한 이용 가능성 추단으로 판단할 경우 계획의 오류가 나타나기 쉽다. 사람들은 보통 계획을 세울 때 자신을 과대평가하고 시간과 경비를 과소평가하는 경향이 있기 때문이다. 계획의 오류가 발생하는 또 다른 원인은 사람들이 내부 관점을 선호하기 때문이다. 사물을 판단하기 위해서는 외부 관점과 내부 관점이 모두 필요한데 대부분의 사람들은 문제를 고려할 때 특정 문제에만 초점을 맞추고, 가까이 있는 정보만 이용한다는 것이다.

대표성 추단

대표성 추단(Representativeness Heuristic)은 어떤 특징이나 대상이 특정 직업이나 사람이 속한 그룹을 대표할 것이라는 생각에 기초하여 판단을 하는 경우를 말한다. 예를 들어 어떤 사람에 대한 묘사를 듣고 그 사람의 직업을 판단하라고 했을 때, 그 묘사가 특정 직업의 전형적 특성을 얼마나 잘 반영하는지에 따라 판단을 하는 방법이다. 대표성 추단은 정보량을 감소시켜 빠른 판단을 하는 데 도움을 준다. 그러나 지나친 단순화로 인해 판단의 오류를 가져오기도 쉽다.

닻 내림 효과 및 조정

닻 내림 효과 및 조정(Anchoring and Adjustment)은 판단을 할 때 어떤 기준점이나 가치를 설정하고 그다음 단계로 조정을 통해 예측치를 결정하는 것을 말한다. 즉 사람들은 자신의 가치가 반영된 어떤 숫자(Initial number)를 정하고, 그 후 새로운 정보나 상황을 반영하는 조정 절차를 거쳐 평가를 한다. 그러나 최종적인 예측치가 처음 설정한 기준이나 가치에 경도되어 편견이 발생할 수 있다.

감정 추단

감정 추단(Affect Heuristic)은 감정과 기분에 따라 직관적으로 의사 결정을 내리는 것을 말하며, 특히 최상위 결정권자들이 범하기 쉬운 오류이다. 그렇다고 하여 감정 추단이 무조건 나쁜 것만은 아니다. 어떤 경우에는 연륜과 경험, 지식이 쌓인 직관적인 판단이 빛을 발하기도 한다. 직관을 성공으로 이끌기 위해서는 의사 결정을 내릴 때 순현재 가치(Net Present Value) 기법 등을 사용하여 분석하는 것이 필요하다.

프로스펙트 이론

프로스펙트(Prospect)는 희망 또는 기대를 나타내는 말이지만 행동경제학에서는 그 단어 자체로는 큰 의미는 없다. 대니얼 카너먼(Daniel Kahnemam)과 아모스 트버스키(Amos Tversky)는 큰 의미 없이 그냥 그들의 이론에 프로스펙트라는 이름을 붙였다고 말하고 있다. 사람들은 환경을 주관적으로 인지할 뿐 아니라 그것에 대하여 판단하는 것도 주관적이다. 즉 인간은 온도, 맛 등에 대해 절대치가 아니라 상대적으로 반응한다. 이러한 원리를 설명하기 위하여 프로스펙트 이론에서는 가치 함수를 사용한다. 다음은 가치 함수에서 도출할 수 있는 이론이다.

준거 가치

가치는 준거점으로부터의 변화와 비교하여 측정된다. 기존의 경제학에서는 사람이 느끼는 만족감은 소득의 크기에 의해 결정된다고 보았다. 즉 소득이 많을수록 만족감이 커진다는 것이다. 그러나 이러한 가정은 현실과 동떨어져 있다. 행동경제학에서는 사람들의 만족감이 소득의 변화 양상에 따른다고 본다. 사람들은 재산의 어떤 기준점을 설정하고 재산이 그보다 늘었는지 아니면 줄었는지에 큰 관심을 갖는다는 것이다.

이러한 준거 가치는 사람들이 공정성을 판단하는 데 매우 중요한 요소로 작용한다. 따라서 기업은 의사 결정을 내릴 때 거래 상대방이 그 결정이 공정하다고 판단할지 여부를 고려해야 한다.

다음의 질문에 대하여 여러분은 어떤 판단을 내릴 것인지 생각해 보라.

질문 1	질문 2
작은 커피숍에 종업원이 1명 있다. 그 가게에서 6개월간 시급 9달러를 받고 일하고 있다. 근처 공장이 문을 닫아 실업자가 증가하자 이웃 커피 가게에서는 시급 7달러에 종업원을 고용했다. 그러자 그 작은 커피숍 주인도 시급을 7달러로 내렸다. 그 주인의 행동은 공정한가?	작은 커피숍에 종업원이 1명 있다. 그 가게에서 6개월간 시급 9달러를 받고 일하고 있다. 근처 공장이 문을 닫아 실업자가 증가하자 이웃 커피 가게에서는 시급 7달러에 종업원을 고용하였다. 그때 마침 그 작은 커피숍에서 일하던 종업원이 그만두었기 때문에 커피숍 주인은 종업원을 신규 채용하면서 시급 7달러를 제공하기로 했다. 그 주인의 행동은 공정한가?

이는 대니얼 카너먼(Daniel Kahneman)과 잭 크네시(Jack. L. Knetsch)가 캐나다에서 실험한 내용이다. 이에 대한 설문 조사 결과를 보면 〈질문 1〉에 대해서는 수용할 수 있다 17%, 불공정하다 83%로 나타났고, 〈질문 2〉에 대해서는 수용할 수 있다 73%, 불공정하다 27%로 나타났다. 결국 〈질문 1〉에서는 기존 종업원의 임금이 준거점이 되어 그 커피숍 주인이 공정한지 아닌지를 판단하지만, 〈질문 2〉에서는 기존 종업원의 임금이 준거점이 되기에는 부적합한 것이다. 이와 같이 준거점은 공정한 판단을 내리는 데 중요한 근거가 된다.

민감도 차감성

민감도 차감성은 이익이나 손실의 가치가 적을 때는 변화에 민감하나 이익이나 손실의 가치가 커짐에 따라 가치의 민감도는 감소한다는 것이다. 다음의 그림에서 가치 곡선을 보면 이익이나 손실 규모가 커짐에 따라 기울기가 점점 완만해진다.

〈가치 곡선〉

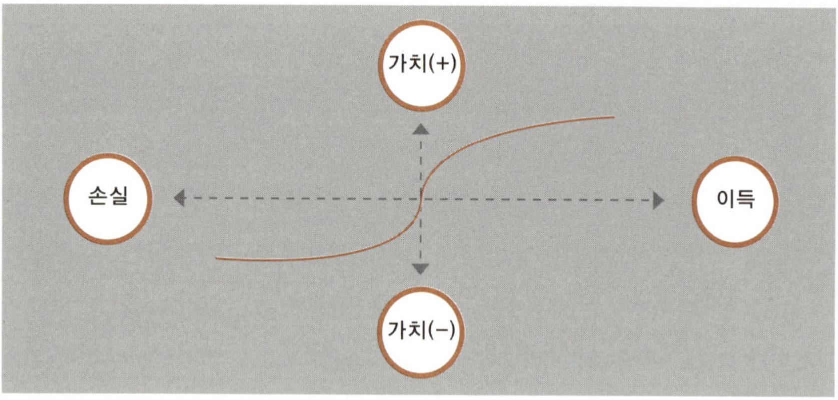

손실 회피

손실 회피(Loss Averse)성은 똑같은 금액의 이익보다도 손실이 더 강하게 평가된다는 이론이다. 사람들은 심리적으로 같은 크기의 양을 얻는 것보다 잃는 것을 더욱 격렬하게 느낀다. 예를 들어 주식 투자로 100,000원을 벌었을 때 느끼는 기쁨보다 100,000원을 잃었을 때 느끼는 괴로움이 2.5배 정도 크다고 한다. 다른 예를 들어보면 기업들은 분기나 연말의 실적 발표 전 기업의 실적에 대한 부정적 정보를 미리 알리려고 하는 경향이 있는데, 이는 투자자의 기대 수준을 낮추려는 의도적인 행동이다. 이렇게 하는 것이 높은 기대에서 낮은 실적을 내는 것보다 주가에 더 큰 도움이 된다고 보기 때문이다.

손실 회피성이 사람의 행동에 미치는 영향은 두 가지가 있는데, 부존 효과와 현상 유지 바이어스이다.

부존 효과란 어떤 물건을 갖고 있는 사람은 그것을 갖고 있지 않은 사람에 비해 그 물건의 가치를 더 높게 평가하는 경향을 말한다. 이는 자신이 갖고 있는 물건을 포기하기 싫어하는 태도, 즉 손실 회피성과 관련이 있다. 코넬대학에서 부존 효과에 대해 재미있는 실험을 했다. 머그잔을 받은 학생과 받지 못한 학생 간의 거래에 대한 실험으로, 참여한 학생 중 절반에게만 머그잔을 나누어 주고 각자 그 머그잔에 대한 가격을 생각하게 한 후 실제로 머그잔이 얼마에 거래되는지를 조사했다. 그 결과 이상한 현상이 발견되었다.

머그잔을 가지고 있는 학생이 받고자 하는 가격은 머그잔이 없는 학생이 사고자 하는 가격보다 더 높게 나타났다. 머그잔을 갖고 있는 학생이 받고자 하는 평균 가격은 5.25달러였으나 머그잔을 사고자 하는 학생들이 지불하고자 하는 평균 가격은 2.75달러였다. 이에 대한 여러 가지 해석이 있었으나 행동경제학적 해석으로는 갖고 있는 사람이 그것을 포기하기를 꺼려하기 때문이라는 것이다. 그렇기 때문에 더 높은 가격을 주어야만 그것을 포기하겠다는 의지의 발로였다.

현상 유지 바이어스는 사람들이 현재 상태에서 변화되는 것을 회피하는 경향이다. 현재 상황이 특별히 나빠지지 않는 한 변화를 시도하면 사람들은 현 상태를 유지하고자 하는 경향이 높다는 것이다.

구조화 효과

사물을 판단하거나 선택할 때 작용하는 사고의 일정한 틀을 프레임(Frame)이라고 하는데, 프레임의 변화에 따라 판단이나 선택 역시 달라지는 것을 구조화 효과(Framing Effect)라고 한다.

다음은 크와트론(G.A. Quattrone)과 아모스 트버스키(Amos Tversky)가 구조화 효과를 조사하기 위해 사용한 설문 조사이다. 여러분이라면 어느 정책을 선택할지 한번 결정해 보라.

질문 1	질문 2
정책 A는 실업률 10%, 인플레이션은 12%가 되고, 정책 B는 실업률 5%, 인플레이션 17%가 된다. 어느 정책을 희망하는가?	정책 A는 고용률 90%, 인플레이션은 12%가 되고, 정책 B는 고용률 95%, 인플레이션 17%가 된다. 어느 정책을 희망하는가?

〈질문 1〉과 〈질문 2〉는 실업률과 고용률이라는 표현만 다를 뿐 같은 질문이다. 〈질문 1〉은 A 정책에서 B 정책으로 이동함에 따라 실업률이 10%에서 5%로 감소하였지만, 〈질문 2〉는 고용률이 90%에서 95%로 증가하였다. 설문 조사를 통해 〈질문 1〉은 정책 A 36%, 정책 B 64%의 결과를 얻었고, 〈질문 2〉는 정책 A 54%, 정책 B 46%의 결과를 얻었다. 이를 통해 같은 내용이라도 질문의 프레임을 어떻게 하느냐에 따라 결과가 달라지는 것을 알 수 있다.

구조화 효과와 관련한 프레임 효과의 또 다른 주요한 사례는 심적 회계(Mental accounting)이다. 리처드 H. 세일러(Richard H. Thaler)는 사람들이 금전에 대한 의사 결정을 할 때 프레임을 만들어 그 틀 속에서 의사 결정을 한다고 주장한다. 이러한 심적 회계의 대표적인 사례는 도박 등으로 딴 불로소득이다. 사람들은 불로소득을 정기적으로 받는 월급 소득과는 다르게 지출하는 경향이 있다. 쉽게 얻은 소득은 쉽게 지출한다는 것이다.

분석의 함정

경영 전략을 실행하는 분석가는 다음과 같은 분석의 함정에 빠지기 쉽다고 한다. 아무리 분석 기술이 많다고 하더라도 이러한 함정에 빠지면 전략과 실행은 불완전해질 수밖에 없다. 분석의 함정에 빠지면 어떤 일에 대한 정의를 내리는 것을 어렵게 하고(모호성), 객관적인 판단을 어렵게 만든다. 다음은 분석의 함정에 빠진 예를 설명한 것이다.

가중되는 투입

이것은 사람들이 무엇인가 잘못되어 가고 있다는 증가가 드러남에도 불구하고 프로젝트에 점점 더 많은 자원을 투입할 때 발생한다. 이런 경우 개인적 책임감이나 실수를 인정하기 어렵다든지 아니면 처음에 생각한 가정이 변화할 수도 있다는 것을 인정하지 않기 때문에 합리성이 상실된다.

집단적 사고

한 그룹의 결정권자들이 의사 결정에 대한 철저한 고려 없이 행동에 돌입할 때 생긴다. 흔히 강력한 리더십과 문화를 가진 조직에 만연되어 있는 현상으로 객관적이 아닌 주관적 가정을 토대로 사고할 때 발생한다.

통제에 대한 환상

사건을 통제하는 개인의 능력을 과대평가하는 데서 비롯한다. 이는 앞에서도 설명한 것과 같이 과신에 근거한다. 상급 경영자들이 자신의 능력을 과대평가할 경우 빠지기 쉬운 함정이다.

가설의 편향성

가설의 편향성은 앞에서 설명한 확정의 편견과 유사한 개념이다. 어떤 현상에 대하여 강한 믿음을 가지고 있는 사람은 그것에 반대되는 증거가 제시될 때에도 자신의 믿음에 근거하여 의사 결정을 내리는 경향이 많다. 이러한 사람들은 데이터가 그들의 믿음과 부합될 때만 이용하고 그렇지 못한 경우에는 데이터를 무시한다.

유추에 의한 추론

개인이 복잡한 문제를 해결하기 위하여 단순히 유추를 사용할 때 발생한다. 복잡한 문제를 지나치게 단순화하려는 경향을 가지며, 이 같은 단순화는 의사 결정에 위험을 수반하기도 한다.

의사 결정 오류의 극복

지금까지 우리는 인간의 비합리성이 의사 결정에 어떤 영향을 미치는지에 대해 살펴보았다. 전략적 숫자 경영은 이러한 비이성적 판단을 억제하는 경영 수단이지만 경영자도 비이성적인 판단을 내릴 가능성이 크다. 그러므로 의사 결정의 오류를 줄이는 방법에 대해서 알아보자.

준거 집단의 선택

판단에 도움을 줄 유의미한 통계 등의 자료를 확보하거나 판단을 분석하는 데 도움을 줄 수 있는 연관성 있는 또는 비교 가능한 준거 집단을 찾아서 활용해야 한다. 벤치마킹 사례라든가 동일 산업의 비교 통계치를 사용하는 방법들이 준거 집단 활용의 좋은 방법이 될 것이다. 이러한 준거 집단을 활용하여 성공률과 실패율의 자료를 비교·분석하여 평균과 분산에 대한 자료를 확보하여 판단한다면 판단의 실패를 줄일 수 있을 것이다.

장기 계획 수립 및 실행

단기적인 시각으로 해결책을 찾다 보면 임시방편의 결과를 가져오기 쉽다.

그러므로 장기적인 계획을 세우고 그것을 함부로 변경하지 않는 것이 잘못된 의사 결정을 막는 방법이다. 보통 단기적인 목표에 지나친 중요성을 부여하면 손실을 피하려는 인간의 성향으로 인하여 사고가 왜곡될 가능성이 높아진다. 반면 장기적인 시각을 취하면 현재의 단기적인 손실은 그다지 대수롭게 여기지 않게 된다.

과거를 흘려 보내기

실패할 가능성이 높은 프로젝트인 줄 알면서도 쉽게 포기하지 못하고 집착하는 경우가 있다. 이미 너무 많은 자금이 투입되어 돌이키기 어려운 공공 사업을 예로 들 수 있다. 하지만 침몰하는 배 위에 계속 있는 것은 현명하지 못한 선택이다. 그러므로 이미 투자한 자금이 아깝더라도 매몰 비용으로 이해하고 포기할 줄 아는 지혜도 필요하다. 매몰 비용이란 과거에 이미 투자되어 회수할 수 없는 비용을 말한다. 어떤 계획을 진행하다 보니 실패할 가능성이 높은 줄 알면서도 사람들이 도중에 중지하지 못하는 이유는 계획을 중지하면 과거 자신이 내린 의사 결정이 잘못됐음을 시인하는 것이기 때문이다. 그리고 이는 자신의 평판 유지를 어렵게 만들기에 쉽게 포기하지 못하는 것이다.

편견 줄이기

편견을 줄이는 방법은 그 편견이나 잘못에 대한 이해를 전제로 한다. 이러한 편견에 대한 이해의 증진은 인식의 변화를 가져온다. 그러나 인식의 변화만으로는 이를 개선하는 속도가 느리기 때문에 경영자의 부단한 노력이 요구된다.

제 2 부

전략적 숫자 경영의 프로세스

제 3 장 전략 방향 설정
제 4 장 목표 설정
제 5 장 지표 설정
제 6 장 프로세스 – 전략의 실행
제 7 장 프로세스 – 관찰, 분석과 대응
제 8 장 프로세스 – 평가와 보상

Strategic Management By Numbers

"BSC(Balanced Scorecard)는 조직의 비전, 전략을 기반으로 하여 엄선된 성과 지표들의 균형된 조합이다. 조직의 리더들은 BSC를 통하여 조직의 전략을 전 조직원에 걸쳐 공유하고, 조직의 변화를 이끌어 낼 수 있다."

– 데이비드 노튼(David P. Norton) & 로버트 캐플란(Robert S. Kaplan)

M E M O

제 3 장

전략 방향 설정

제1절 전략의 이해
제2절 기업의 방향 설정
제3절 미션 정립
제4절 비전 설정
제5절 SWOT를 활용한 전략 방향 설정
제6절 BSC와 전략 체계도를 활용한 전략 방향 설정

Strategic Management By Numbers

: 전략의 이해

전략은 기업이 환경에 대응하는 내용이라고 정의할 수 있다. 환경과 관련하여 전략을 좀 더 구분하여 생각해 보면 경쟁 환경에 대응하는 것을 경쟁 전략으로 정의하고 성장 환경에 대응하는 것을 성장 전략으로 구분할 수 있을 것이다. 또한 환경은 개인, 조직 및 국가에 영향을 미치는 바 이러한 환경 영향에 대한 영역별로 보면 개인 전략, 조직 전략, 기능별 전략, 사업 전략, 전사 전략, 산업 전략 및 국가 전략으로 구분도 가능하다.

이렇게 전략을 환경에 대응하는 내용이라는 관점에서 볼 때 환경의 불확실성은 결국 대응의 내용에도 영향을 미치게 된다. 환경의 변화가 없는 상황에서는 전략이 기업의 계획 수립에서 목표와 동일하게 간주되었으므로 전략은 중장기 목표와 동일한 형태로 설정되어 운영할 수 있었다. 그러나 환경이 동태적으로 변화함에 따라 전략과 목표는 환경이 요구하는 내용과 차이가 발생하게 된다.

이러한 차이는 2가지로 나타나는데 첫째로 설정 목표와 성과 목표의 차이, 둘째로 환경과 목표의 차이로 구분된다. 첫 번째 차이인 설정 목표와 성과 목표의 차이는 환경이 변함에 따라 기업의 대응이 적절하지 않은 경우 발생하게 된다. 그러므로 기업 대응이 전략적 측면에서 중요하다. 두 번째 환경과 목표의 차이는 근본적으로 환경에 맞지 않는 목표를 설정한 전략 오류의 결과이다.

근래에는 전략을 환경에 대응하는 개념에서 확장하여 그 범위를 넓게 생각하는 경향과 더불어 목적을 설정하는 것까지도 포함시킨다. 그리고 전략의 수단 혹은 하위 개념인 전술까지 포함시키고 있다. 전략이 전쟁을 승리로 이끌기 위한 계획이라면 전술은 전투를 승리로 이끌기 위한 계획이라고 할 수 있다. 그러나 근래에는 개별적인 계획들까지 실행 전략, 기능별 전략 등의 이름으로 전략의 개념 범주 안에 넣기도 하는데, 이처럼 그 범위를 넓혀 '정교한 계획'과 비슷한 의미로 사용하기도 한다.

〈전략의 범위〉

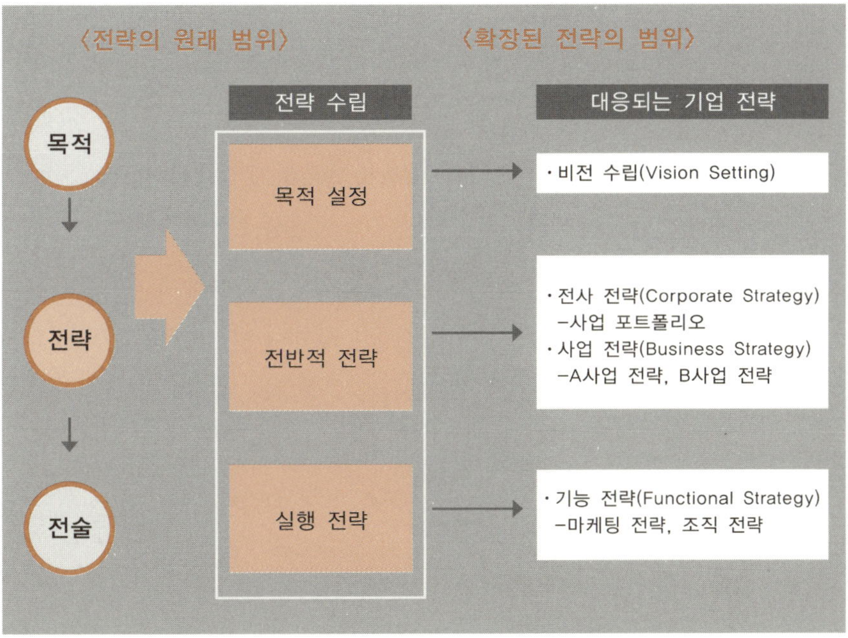

(전략의 범위가 목적 설정과 전술에 이르기까지 확대되어 계획과 유사한 의미로 사용되고 있다.)

: 기업의 방향 설정

변화하는 환경 속에서 성공을 추구하기 위해서는 기업이 나아갈 방향을 설정 해야 한다. 그러기 위해서는 기업의 미래상, 주력 사업 영역, 사업 수행 방법, 사물이나 사건을 생각하는 방법을 분명히 전해야 한다. 또한 기업의 미래를 위해 필요로 하는 역량도 개발해야 한다. 이렇게 기업의 방향성을 부여하는 방법은 크게 세 가지이다.

첫째, 기업의 경영 이념이나 미션, 비전을 명확하게 표명한다. 경영 이념은 기업의 기본 자세를 명확히 한 것이고, 비전은 기업이 추구하는 장래의 구체적인 모습을 표명한 것이다. 올바른 경영 이념을 정하고 그것을 지키려고 노력하는 것이 중요하다. 그러나 아무리 좋은 경영 이념이나 비전이라고 해도 상이할 수 있기에 시대의 변화에 맞추어 이를 새롭게 설정하는 노력이 필요할 것이다.

둘째, 사업 분야를 구체적으로 나타낸다. 사업 분야는 고객, 기술 및 기능적인 측면에서 고려해야 한다. 과거 미국의 철도회사가 사업의 영역을 '철도'만으로 정의하고 '수송'이라는 기능을 정의하지 않았기 때문에 도로 운송이나 비행기와의 경쟁에서 뒤지고 말았다. 미국의 철도회사가 '수송'의 기능을 주목했다면 수송업계의 판도가 달라졌을 것으로 판단된다.

셋째, 기업이 장래에 필요한 역량을 분명히 한다. 이는 기업의 능력을 장기적으로 개발해 나가는 방법으로 핵심 역량을 강화해 가는 방법을 의미한다. 핵심 역량이란 고객에게 타사가 흉내 낼 수 없는 자신만의 가치를 제공하는 기업의 핵심적인 힘이다. 그러므로 기업이 나아갈 길은 핵심 역량을 강화하는 쪽으로 표명된다.

: 미션 정립

미션의 의의

하늘에 있는 별은 여행자가 길을 잃고 방황할 때 바른 방향을 찾도록 빛을 비추어 준다. 이와 같이 먼 길을 가는 여행에서 길잡이 역할을 하는 별과 같은 요소를 존재 이유라고 한다. 모든 조직이 가장 먼저 해야 할 질문은 "왜 우리가 존재하는가?"이다. 조직이 어떤 목적을 위해 존재하는지 알기 전까지는 사업의 의미나 동기를 발견할 수 없기 때문이다. 그 무엇도 목적을 앞설 수는 없다. 존재 이유를 찾기 위해서는 '왜'라는 질문에서부터 출발해야 한다. " 왜 우리 조직이 존재하는가, 조직으로서 우리는 무엇이 되어야 하는가, 조직으로서 우리는 무엇을 해야 하는가?"라는 질문을 하여야 한다.

『손자병법』 시계편(始計篇)은 다음과 같이 시작된다.

故經之以五事 校之以計 而索期情 一曰道 二曰天 三曰地 四曰將 五曰法……

전쟁의 결과를 예측하기 위해서는 쌍방의 상황을 다섯 가지 측면에서 비교해야 한다: 도(道), 하늘(天), 땅(地), 장(將), 법(法).

김언수 고려대학교 교수는 도를 미션으로, 천을 외부 환경으로, 지는 시장 환경으로, 장은 리더십, 법은 전략으로 해석하고 있다(2007). 구체적으로는 도(道)를 어느 쪽의 목적이 도덕적으로 명분이 있는가로 보고 이 도가 건전할 때 군사의 투지와 헌신을 이끌어 낼 수 있다는 것이다.

미션(사명/존재 이유/존재 가치/조직 이념)은 조직이 존재하는 이유와 존재 목적으로 정의된다. 미션은 기업이 추구하는 가치 또는 정체성(Identity), 수행하는 업(業)의 개념을 정의하고 국가 · 사회 · 고객에게 이렇게 기여하겠다고 설득력 있게 선언하는 것이다. 그러므로 미션은 향후 조직이 나아갈 바람직한 방향을 제시할 뿐만 아니라 조직과 기능의 구조 및 관리 포인트 설정에 있어서도 중요한 역할을 수행한다. 임무는 조직의 목적과 실체를 나타내는 선언인 것이다. 이러한 미션은 다음과 같은 특징이 있다.

- 사업의 범주를 넘어 조직의 존재에 대한 깊은 이유를 나타낸다.
- 조직원들이 일에 부여하는 중요성을 의미한다.
- 길을 찾게 해주는 별과 같이 영원히 추구하지만 결코 닿지는 못한다.
- 단순히 조직의 제품 또는 목표 고객을 묘사하는 것이 아니다.

미션은 '누구를 위하여 왜 무엇을 어떻게 하여야 하는가?'에 대한 것이다(박홍윤, 2008). 그러므로 미션이 이러한 조건을 충족하기 위해서는 다음의 물음에 답을 줄 수 있도록 작성되어야 한다(Bryson & Alston, 1996).

- 우리는 누구인가?
- 우리는 누구를 위하여 일을 하는가?
- 우리는 무엇을 어떻게 하는가?
- 왜 그것을 우리가 하는가?
- 왜 그것을 하는 데 자원을 사용해야 하는가?

미션 구성의 요소

각 조직이 서비스를 통해 고객에게 제공할 수 있는 가치는 기능 가치, 사용 가치, 정서 가치로 구분할 수 있다. 이 중에 미션을 구성하는 가치의 내용은 '정서 가치'라 할 수 있다.

"우리 조직은 ~~서비스를 제공한다."라고 하는 것은 조직이 제공하는 서비스의 물리적 속성을 표현하는 것으로 '기능적 가치'라 할 수 있으며, "~~을 제공하여 고객이 ~~을 누리도록 한다."라고 하면 제공하는 서비스를 통해 한 차원 위의 혜택을 얻는 '사용 가치'를 표현한다고 볼 수 있다. 진정한 미션은 조직이 제공하는 서비스를 통해 국민(고객)의 가치관이나 생활까지도 변화시키는 '정서적 가치'를 표현해야 한다.

〈미션 구성의 요소〉

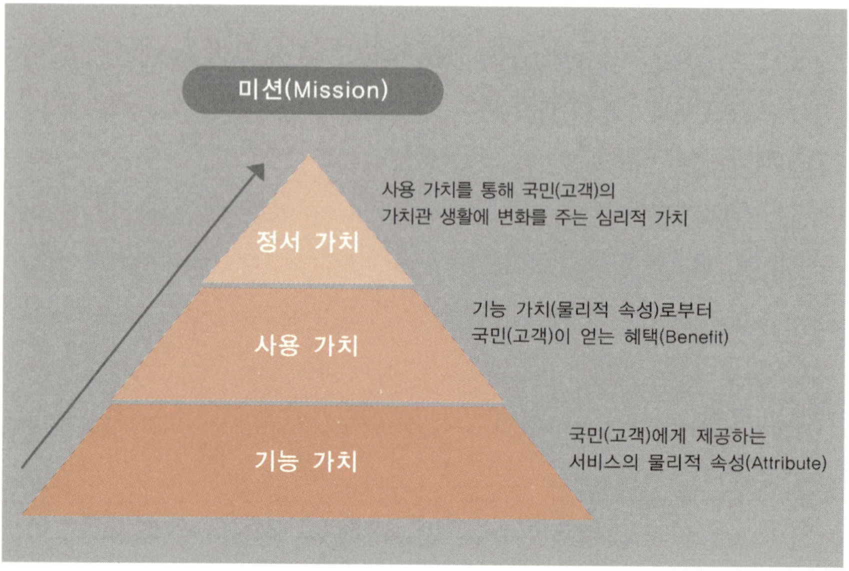

다음에 제시되어 있는 해외 기업의 미션 구성 요소 발굴 사례를 보면 기존의 기능 가치 개념에서 탈피해서 본질적인 정서 가치를 재발견하여 회사의 진정한 미션을 설정할 수 있는 요소를 발굴하였음을 알 수 있다.

유명한 사무용 기기를 생산하는 제록스는 '복사기를 생산하는 회사'라는 기능적 가치에서 '사무 생산성 향상에 도움을 주는 회사'라는 정서적 가치를 재발견하였고, 유명한 냉온풍기 제조 회사인 캐리어는 '냉온풍기를 생산하는 회사'라는 기능적 조직 가치에서 '기후 조절 장치를 제공하는 회사'라는 정서적 조직 가치를 발견하였다.

〈미션 구성 요소 발굴 사례〉

회사명	변경 전(기능 가치)	변경 후(정서 가치)
Xerox	복사기를 만든다.	사무실의 생산성을 돕는다.
Standard Oil	기름을 판다.	에너지를 공급한다.
Columbia Picture	영화를 만든다.	오락을 만든다.
Carrier	에어컨 난로를 만든다.	가정용 기후 통제 장치를 공급한다.

: 비전 설정

비전이란 환경의 변화를 고려한, 조직이 미래에 도달해야 할 바람직한 모습, 즉 미래상이라고 할 수 있다. 비전은 조직이 추구하는 단순한 꿈이 아니다. 비전은 장기적인 시각에서 현실과 미래를 연결시켜 주는 전략적 구상이다. 비전에서는 조직이 미래에 어떤 모습으로 보여져야 하는지를 나타내야 한다. 보통 한번 정해 놓은 비전은 오랫동안 변하지 않지만 그래도 정기적으로 변하는 요소로서 '언제까지 어떤 회사가 된다.'라는, 어떻게 보면 기업 전략, 경쟁 전략, 기능 전략, 그리고 그것을 숫자로 표현한 재무적인 목표까지도 종합적으로 포괄한다.

비전을 수립하는 목적은 조직에 목표의식과 의미를 부여하고, 사업의 전략 방향과 조직 운영의 행동 기준을 제공하고, 조직 구성원에게 동기 부여와 참여의식을 유발함으로써 조직 활성화에 기여한다. 이러한 비전은 전략의 측면에서 보면 전략을 효과적으로 수립하고 실행하는 데 있어서 가장 중요한 것은 조직 전체의 몰입(Commitment)을 이끌어내는 것이다. 자신을 희생해 가면서까지 조직을 위해 맡은 일에 최선을 다해 열성적으로 일하는 것을 몰입이라 하는데, 조직원을 이처럼 몰입하게 하는 동력으로서 비전이 결정적인 역할을 한다.

비전은 한 조직이 여러 활동을 통해 도달해야 하는 종착지로 현재보다 성공적이고 더 바람직한 미래상을 기술해 놓은 것으로서 다음 그림과 같은 구조를 가진다. 우선 비전은 핵심 이념과 비전화된 미래의 두 가지 주요소로 구성된다. 핵심 이념은 조직의 핵심 가치와 존재 이유를 정의하는 것이다. 이와 더불어 핵심 이념을 보완하는 겉으로 드러나는 모습이 비전화된 미래이다. 비전화된 미래는 조직이 되고자 성취하고자 열망하는 것인데 담대한 목표와 목표가 달성되었을 때 모습으로 구성된다.

〈BHAGs : Big(크고), Hairy(어려우며), and Audacious(대담한), Goals(목표)〉

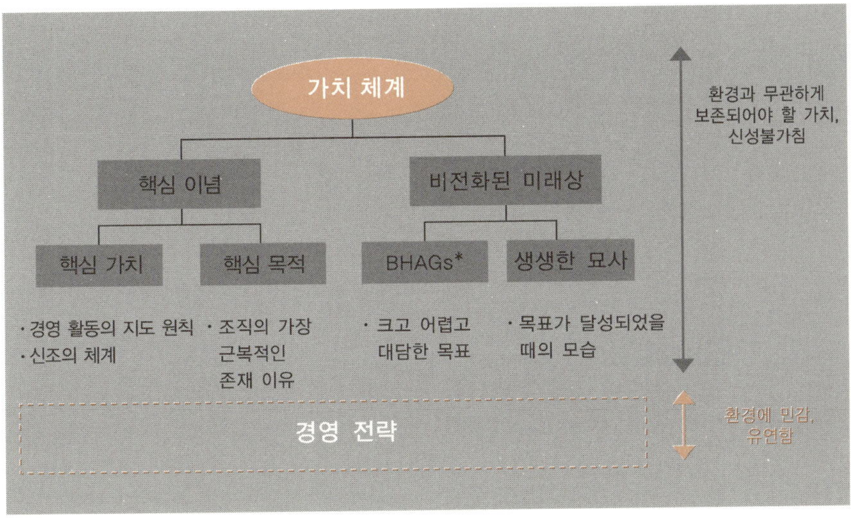

다음의 해외 우수 기업의 비전 사례를 보면 비전들이 크고 어려우며 대담한 목표(Big Hairy Audacious Goals : BHAGs)인 데다 미래에 대한 '생생한 묘사'를 포함하고 있음을 알 수 있다. 또한 특정한 유형이 있는 것이 아니라 각 기업의 특성을 반영하여 다양한 유형으로 비전을 수립하고 있음을 알 수 있다.

〈BHAGs 사례〉

목표화(Targeting) 비전 -양적 or 질적 비전	스타벅스	2000년까지 2000개의 점포
	월마트	2000년까지 매출액 1,250억 달러의 기업이 된다(1990년).
	포드	자동차를 대중화한다(1916년).
	3M	5~10년 후 매출액의 50% 이상을 신규 사업에서 달성
공동의 적(Common Enemy) 비전 -대결 사고적 비전	나이키	아디다스를 격파하자(1960년)!
역할 모델(Role Model) 비전 -진취적 비전	스탠포드 대학	서부의 하버드 대학이 된다(1940년).
내적 변화(Internal Transformation) 비전 -혁신 비전	GE	우리가 경쟁하는 모든 사업에서 업계 1위 또는 2위가 되고, 소기업의 속도와 기민함을 가질 수 있도록 회사를 혁신시킨다(1980).
	록웰	방위 산업에서 세계적으로 가장 다각화된 하이테크 기업으로 변화시킨다(1995).

※자료 : James C.Collins & Jerry I.Poras, "Building Your Company's Vision", Harvard Business Review, September-October, 1996.

효과적인 비전은 다음과 같은 특징을 갖추어야 한다.

첫째, 조직에 대한 바람직한 미래상, 즉 미래에는 우리 기관이 어떻게 될 것이라는 그림을 보여 주어야 한다.

둘째, 모든 이해 관계자에 대한 호소력, 즉 우리 기관에 이해관계를 갖고 있는 고객(국민), 관련 기관, 구성원들 모두에게 의미가 있어야 한다.

셋째, 공유 가능성으로 간결하고 명료해야 한다. 즉 모든 구성원이 비전을 기초로 의사 결정을 하고 행동하기 위해서는 간단하고 기억에 남게 만들어야 한다. 또한 쉽게 전파하고 공유할 수 있어야 한다.

넷째, 실행 가능성이 있어야 한다. 현재의 여건으로는 쉽지 않지만, 변화와 혁신을 통하면 충분히 달성할 수 있는 목표여야 한다.

비전은 공식적 및 비공식적 커뮤니케이션을 통하여 전달되어야 한다. 공식적으로는 비전 선포식으로 알리고 교육을 통하여 전달하는 방식이다. 그러나 경영진은 일상적인 의사 결정에서 개별 문제 해결 방식이 기업의 비전에 비추어 타당한지 지속적으로 관심을 가지고 검토하여야 한다. 특히 중요한 것은 비전은 말만 하는 것으로 그쳐서는 안 되며 의식적으로 변화를 행동으로 옮기는 노력이 필요하다.

문근찬 한국사이버대학교 교수는 비전 경영이 성공되기 위해서 다음의 조건을 제시하고 있다(2006).

- 장기적으로 일관성 있게 추진한다.
- 왜 우리가 지금 이러한 일을 해야 하는지에 대한 공감대를 형성해 구성원들의 참여 폭을 넓힌다.
- 중간 관리층의 지지를 얻는다.
- 과거부터 개선을 해야 한다는 공감대가 어느 정도 형성되어 있고 비교적 파급 효과가 큰 제도나 직무부터 생활화를 시도한다.
- 가능한 한 구체화시키고 주변에서부터, 작은 것에서부터 다듬고 생활화시키도록 한다.
- 평가와 보상제도가 적절히 뒷받침되도록 한다.
- 중요한 계기를 마련한다.

비전을 제시하는 것은 조직 리더의 첫 번째 임무이다. 리더는 조직 미래의 모습을 제시함으로써 구성원들이 꿈과 희망을 공유할 수 있도록 하여야 한다. 비전은 수립도 중요하지만 실천은 더 중요하다. 기업의 비전은 모든 구성원의 공감대가 필요하고 CEO의 리더십을 중심으로 전 구성원에 공유되어야 한다.

: SWOT를 활용한 전략 방향 설정

전략적 방향 설정이란 '우리가 어디로 가기를 원하는가?'를 결정하는 미래 지향적 단계이다. 조직이 나아갈 방향을 모르면 모두 열심히 노를 저어서 산으로 가는 결과를 가져오기도 한다. 그러므로 전략적 방향 설정은 조직이 나아갈 방향을 정하는 목표 의식적인 행동이다. 실제로 조직의 방향 설정은 기업의 임무에서는 추상적으로, 기업의 비전에서는 장기적으로 표현되고 있다. 그러나 이 장에서 설명하는 방향 설정은 전략적인 측면의 방향 설정에 집중하고자 한다.

미국의 이고르 앤소프(H.Igor Ansoff) 교수는 전략이 성공하기 위해서는 전략이 환경에 대응되어야 하고, 능력이 전략과 대응되어야 한다(Strategy should be aligned with the Environment. Capability should be aligned with the Strategy.)고 했다. 이를 '앤소프의 전략 성공 가설'이라고 한다. 전략 성공 가설은 전략에 있어 환경과 역량이 전략 성공의 핵심적 요소라는 것을 말하고 있다.

전략적 방향 설정의 프로세스는 이러한 전략 성공 가설에 기반하고 있다. 즉 환경으로부터 오는 기회 요인과 위협 요인을 파악하고, 이에 대한 조직 내부의 대응 역량을 파악하기 위한 강점과 약점을 분석한 후에 이들의 결합을 통해 조직이 나아갈 전략적 방향의 대안을 수립, 그리고 전략적 방향을 정하는 것이다. 하지만 전략 수립은 반드시 한 방향으로만 진행되는 것은 아니다. 가설과 검증을 거듭하면서 이미 진행한 과정을 다시 반복하여 진행하기도 한다. 그리고 한번 수립된 전략은 환경의 변화에 따라 다시 수정해야 한다. 그러므로 전략 수립 과정은 사이클적인 반복 순환을 지닌다고 이야기할 수 있다.

외부 환경 분석

외부 환경 분석은 경영 전략에 영향을 미치는 요인을 분석하고 진단하는 과정이다. 외부 환경을 분석함으로써 기업의 기회 요인을 발견하고 위협 요인을 사전에 분석함으로써 위험을 제거할 수 있다. 외부 환경으로부터 파악된 변화 형태나 추이가 조직에 대해 어떻게 영향을 미칠 것인지를 체계적으로 파악하기 위하여 분석을 실시한다.

외부 환경 분석은 보통 다음의 순서에 따라 이루어진다. 첫째, 이미 파악된 환경 변화로부터 도출된 시사점을 기초로 조직에 긍정적인 기회 요인과 조직에 부정적인 위협 요인이 조직에 미치는 효과를 파악한다. 둘째, 기회 요인과 위협 요인으로 분류된 항목에 대해 중요도를 평가하여 A, B 등급에 해당하는 것만 전략 방향 설정에 활용한다. 단, A는 해당 요인의 영향도가 매우 큼, B는 해당 요인의 영향도가 보통임, C는 해당 요인의 영향도가 작음으로 분류하여 판단한다. 셋째, 기회 요인과 위협 요인의 성격을 모두 보유하고 있는 요인의 경우 역장 분석(Force Field Analysis)을 통해 이를 판정하되 그것이 어려운 경우는 한 단계 하부 단위로 세분화하여 분석 · 평가한다. 넷째, 외부 환경 분석의 결과물과 시사점을 요약하고 기회 요인과 위협 요인을 명확히 정리한다.

다음 표는 이러한 외부 환경 분석에 적용한 분석 프레임 사례이다.

〈외부 환경 분석 프레임 사례〉

유형	주요 분석 항목	영향을 미치는 요인
거시 환경 분석	• 세계 경제 • 국내 경제 • 사회/정치 • 기술 환경	• 세계 경제 성장(국가별, 권역별), 금융 시장, 유가 변동 • 국내 경기, 국내 교역 조건 • 한미 FTA 영향, 남북 경협 동향, 항만 환경, 관련 법규 • 항만 관리의 IT 적용 변화
산업 환경 분석	• 일반 시장 환경 • 물류 환경	• 국제 해상 물동량 추세, 동북아 경제와 역내 물동량 추세, 한미 FTA와 물동량 • 물류 산업의 환경 변화, 세계 물류 동향 변화, 물류 기술의 변화, 해운 · 항공 물류 환경, 연안 해운의 물류 현황, 물류 배후 단지의 확보 및 이용, 항만 클러스터 추진, 한 · 중 · 일 물류 네트워크 협력
고객 분석	• 고객 부문	• 선박과 선사의 트렌드, 선사의 항로 개편 현황 • 선사 서비스의 차별화
경쟁자 분석	• 국외 • 국내	• 북중국 항만의 운영 정책 분석, 북중국 항만의 발전과 물량 유치 가능성, 항만 개발 현황 • 국내 경쟁 항만(평택항)의 비전 및 전략, 양항(Two-ports) 정책의 시사점, 철도 수송 현황, 항만 운송과 타 운송과의 경쟁력 비교
공급자 분석	• 항만 운영 업체 • 기타 공급자	• 외국 항만업체의 진입, ICT 운영 • 예선 · 도선업, 항만 노조 상용화

내부 역량 분석

내부 역량 분석은 조직이 보유하고 있는 자원이나 역량 측면에서 경쟁력이 있는 부분과 그렇지 못한 부분을 체계적으로 파악함으로써 그에 대한 적절한 대응 전략을 구사하는 것을 목적으로 한다. 따라서 능력의 분석은 현재 우리가 무엇을 확보하고 있는가에 초점을 두는 것이 아니라 환경에 대응하기 위하여 필요한 것이 무엇이고 그러한 관점에서 볼 때 어떤 능력이 확보되어 있고 어떠한 능력을 보완하여야 할 것인가에 대한 관점이 필요하다. 이를 능력 분석의 관점이라고 하며 다음과 같다.

첫째, 현재 능력을 중심으로 분석하는 관점
둘째, 장래의 환경에 필요한 능력을 중심으로 분석하는 관점

내부 역량 분석은 다음의 순서로 수행한다.

〈전략적 방향 설정의 도출 과정〉

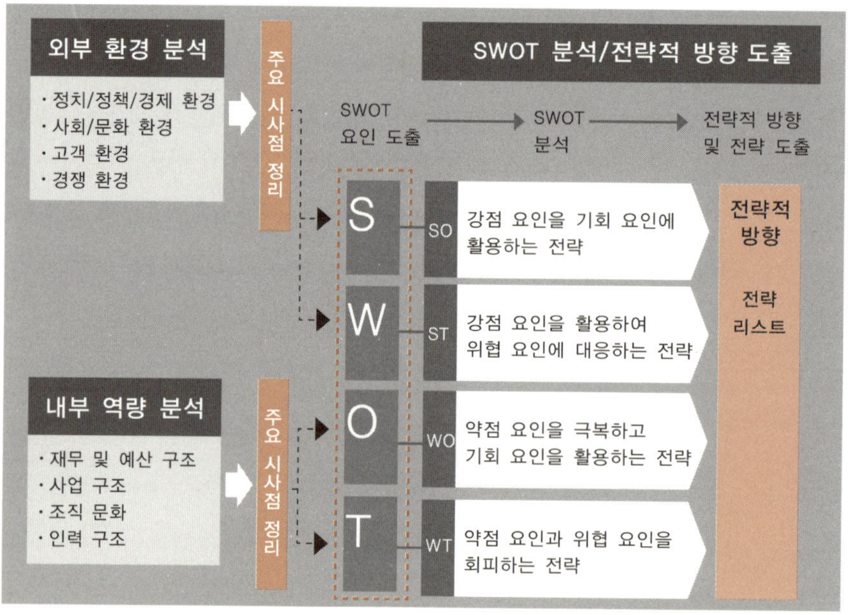

첫째, 이미 파악된 내부 환경으로부터 도출된 시사점을 기초로 상대적으로 우수한 강점과 상대적으로 열세인 약점을 선별한다.

둘째, 강점 요인과 약점 요인으로 분류된 항목에 대해 중요도를 평가한다.

셋째, 분석 결과 강점 요인과 약점 요인의 성격을 모두 보유하고 있는 요인이 나타나는 경우 역장 분석을 통해 이를 판성하되 그것이 어려운 경우는 한 단계 하부 단위로 세분화하여 분석한다. 이는 외부 환경 분석과 동일한 방법이다. 또한 5단계 척도법을 활용하여 강점과 약점의 크기를 명확히 하는 것이 강약점을 도출하는 데 도움이 된다.

SWOT 정리 및 우선 순위 도출

내부 역량 분석의 분석 결과와 시사점을 요약하고 강점 요인과 약점 요인을 명확히 정리한다.

〈SWOT 사례〉

Strength(강점)	Weakness(약점)
• 황해권 관문항으로서의 유리한 입지 및 항만 인지도(수도권 관문항/대중국 교역의 거점항) • 다수의 항만 배후 산업단지 분포(접근성 경쟁력 확보) • 경영 성과 흑자 전환을 통한 재무 건전성 제고 • 항만 배후 부지 개발의 핵심 역량 보유 • 다양한 재원 조달원을 통한 신규 사업 추진 가능 • 정온수역 보유로 인한 차별화 물류 서비스 제공 가능 • 혁신 경영, 윤리 경영 체계 등 효율화 경영 기반 구축	• 항만 개발의 노하우 부족 • 인프라의 생산성 하락으로 인한 재개발 필요성 확대(항만 시설의 노후화와 갑문의 비효율성 등) • 전체 공사 비용 중 항만 유지 보수 비용의 높은 비중(개발 및 신규 사업 추진 여력 부족) • 항만 인프라의 낮은 수익성 • 이해 관계자의 복잡성으로 사업 추진 의사 결정 지연 • 항만 개발의 민간 시행 증가로 인한 IPA 역할 확대 한계
Opportunities(기회)	**Threats(위협)**
• 한미 FTA 및 남북 경협에 따른 물동량 추가 수요 전망 • 다극화 체제 확대에 따른 신규 항로의 증가세 지속 • 한중 항로 개설 등으로 인한 IPA의 역할 증대 • 수도권 교통망 개선으로 지리적 여건 강화 • 송도 신도시 개발 및 자유 무역 지역 확대 지정 등 정부의 단계적인 인천항 역할 증대 가능성 가속화 • 부두관리공사 혁신을 통한 관리 여력 증대 • 부족한 배후 부지로 물류 단지 수요층의 확대	• 세계 경기 침체로 인한 황해권 물동량 감소세 전망 • 美 신정부와의 FTA 관련 통상 마찰 가능성 대두 • 중국 교역 의존성의 심화 추세 지속 • 국내 경제 저성장 전망으로 인한 물류 서비스 차별화 및 고부가가치화 필요성의 증가 • 국내 경쟁 항만 급부상(평택항, UPA 설립) • 대형 선사 위주의 물류 시장 권한 증대 • 수도권 규제에 따른 생산 기지 해외 이전 가속화 • 투기장 확보를 위한 과다 경쟁 현상

SWOT 매트릭스 구성

SWOT 매트릭스에서는 SO(강점-기회) 전략, WO(약점-기회) 전략, ST(강점-위협) 전략, WT(약점-위협) 전략 등 4가지 유형의 전략이 제시된다. SWOT 매트릭스에서는 그동안 작업된 내용을 정리해 당면하고 있는 그리고 당면할 환경에 대하여 조직의 강점 및 약점 요인을 중심으로 어떻게 대응할 것인지를 분석하는 표이다.

〈SWOT 매트릭스 구성〉

구분		내부 역량 분석	
		강점(Strengths)	약점(Weaknesses)
외부 환경 분석	기회 (Opportunities)	SO 전략 기회 요인을 적극적으로 수용하는 전략	WO 전략 기회를 이용해 약점 요인을 보완하는 전략
	위협 (Threats)	ST 전략 강점 요인을 최대한 살려 경쟁 우위를 확보하는 전략 위협을 최소화하는 전략	WT 전략 약점 요인을 신속히 보완하고 대응하는 전략 약점을 극복하는 전략

위협 → 기회

	Vulnerable	Competitive Advantage
강점	• 다양한 신규 사업 추진을 통한 수익원 다각화 • 고효율 물류 서비스 제공을 통한 항만 차별화	• 지속적인 항만 개발을 통한 인프라 경쟁력 강화 • 항만 운영의 선진화를 통한 부가가치 확대
	Troubled	**Constrained**
약점	• 고객 만족 경영 체계의 정착 및 고도화 • 전략적 사업 환경 대응 체제 구축 • 종합적 조직 역량의 강화를 통한 핵심 역량 축적 • 정보화 기반의 확대를 통한 운영 효율성 제고	• 항만 유지 관리 효율화를 통한 항만 경쟁력 제고 • 글로벌 마케팅 역량 강화

첫째, SO 전략은 조직의 강점을 외부의 기회를 활용하기 위하여 사용하는 전략이다. 이 전략은 외부 환경이 주는 기회가 많고 내적인 장점이 있는 경우에 내적 강점을 활용하여 기회를 극대로 이용하는 전략을 취하게 된다.

둘째, WO 전략은 조직의 능력은 부족하지만 유리한 외부 환경을 이용하는 전략이다. 이 경우 전략은 조직의 약점을 극복하고 외부 환경의 기회를 최대한 활용하는 전략을 사용하게 된다.

셋째, ST 전략은 조직이 장점을 가지고 있지만 외부 환경의 위협이 심한 경우에 사용한다. 이 전략은 조직의 강점을 활용하여 위협을 줄이는 전략을 사용한다.

넷째, WT 전략은 내부 능력도 부족하고 외부 상황도 좋지 않을 때 사용한다. 이 경우에는 조직 외부의 위험을 줄이고 약점을 극복하는 전략을 사용하게 된다.

전략 방향 대안 도출

전략 방향 대안을 구성하는 기본적 고려 사항은 내외부 환경 분석에서 도출된 기업의 당면 핵심 이슈에 대한 잠정적 개선안, 자사의 전략적 위치 분석으로부터의 시사점과 선진 기업 또는 유사 기업의 사례이다.

이러한 요소를 고려하여 전략 방향의 대안을 구성하면 되는데, 이때 대안의 구성 항목, 범위 및 대안의 수에 한계를 두지 않고 다수의 대안에 대한 리스트를 만들고 그룹핑(Grouping) 및 필터링(Filtering)을 통하여 최종 대안을 선정하게 된다.

전략 방향 도출

환경과 조직 내부를 분석한 후 목표를 달성하기 위해서는 전략적 방향을 선택해야 한다. 외부 환경이 주는 요인과 조직이 활용할 수 있는 능력을 활용하여 어디에 집중하고 투자할지를 결정하는 것이다. 전략적 방향은 조직의 비전을 이루기 위해 어떤 사업을 중점적으로 해야 하는지, 자원을 어디에 우선적으로 배분해야 하는지, 어떻게 인력 구조를 가지고 가야 하는지에 대한 방향을 설정하는 것을 말한다.

통상 전략의 방향 설정은 이미 설명한 대로 다음 몇 개의 과정을 따른다. 첫째, 조직의 비전을 검토한다. 존재 이유, 핵심 가치, 비전을 명확하게 이해해야 한다. 둘째, 외부적인 환경을 철저히 평가한다. 이는 항해를 위해 바다에 대한 정보를 살펴보고 기상 조건을 알아보는 것과 같다. 셋째, 조직의 내부적인 능력을 냉정하게 평가한다. 이는 항해를 하기 전에 능력과 자원을 점검하는 것과 같다. 넷째, 내부 능력과 외부 환경을 고려하여 전략적 방향을 설정한다.

전략 방향은 회사의 장기적 방향을 설정하는 의사 결정이다. 방향 설정에 있어 사업 대상, 사업의 우선 순위 및 비중, 자원의 배분 방향 등에 대한 의사 결정이 필요하다. 예를 들면 건설 위주의 회사로 갈 것인지, 서비스 위주의 회사로 갈 것인지, 도로 사업에만 전염할 것인지 아니면 장기적으로 도로 사업의 비중을 축소하고 지식 사업의 비중을 증가시킬 것인지 등에 대한 방향 설정이 필요한 것이다.

: BSC와 전략 체계도를 활용한 전략 방향 설정

1992년 미국 하버드 대학 비즈니스 스쿨의 로버트 S. 캐플란 박사와 컨설턴트인 데이비드 P. 노튼에 의하여 균형 성과 지표(BSC:Balanced Scorecard)가 발표되었다. BSC는 재무 관점, 고객 관점, 프로세스 관점, 학습과 성장 관점이라는 전략의 4가지 관점을 보여준다. 이 4가지 관점을 통해 '우리 조직의 가치는 과연 어디에서 나오는 것인가? 그리고 그 가치의 원천들을 어떻게 지속적으로 유지시킬 수 있을 것인가?'에 대한 답을 얻을 수 있다. BSC는 전략 맵의 등장으로 더욱 체계를 갖추게 되었다.

전략 체계도(또는 전략 맵)란 전략을 관점과 목표 사이의 명확한 인과 관계에 근거하여 구성한 도표이다. 전략 맵은 조직의 전략을 잘 묘사해 줄 뿐만 아니라 각 관점, 목표의 인과 관계를 명확하게 보여주는 도구이다. 따라서 전략 맵은 BSC에서 관점과 함께 중요한 구성 요소이다. 기업은 궁극적으로 수익을 추구하고 있기 때문에 가장 후행이 되며 전략의 최종 목표가 되는 지표가 재무 관점 지표일 것이다. 따라서 이러한 예를 전략 맵으로 작성하면 다음 그림과 같다.

〈전략 체계도 예시〉

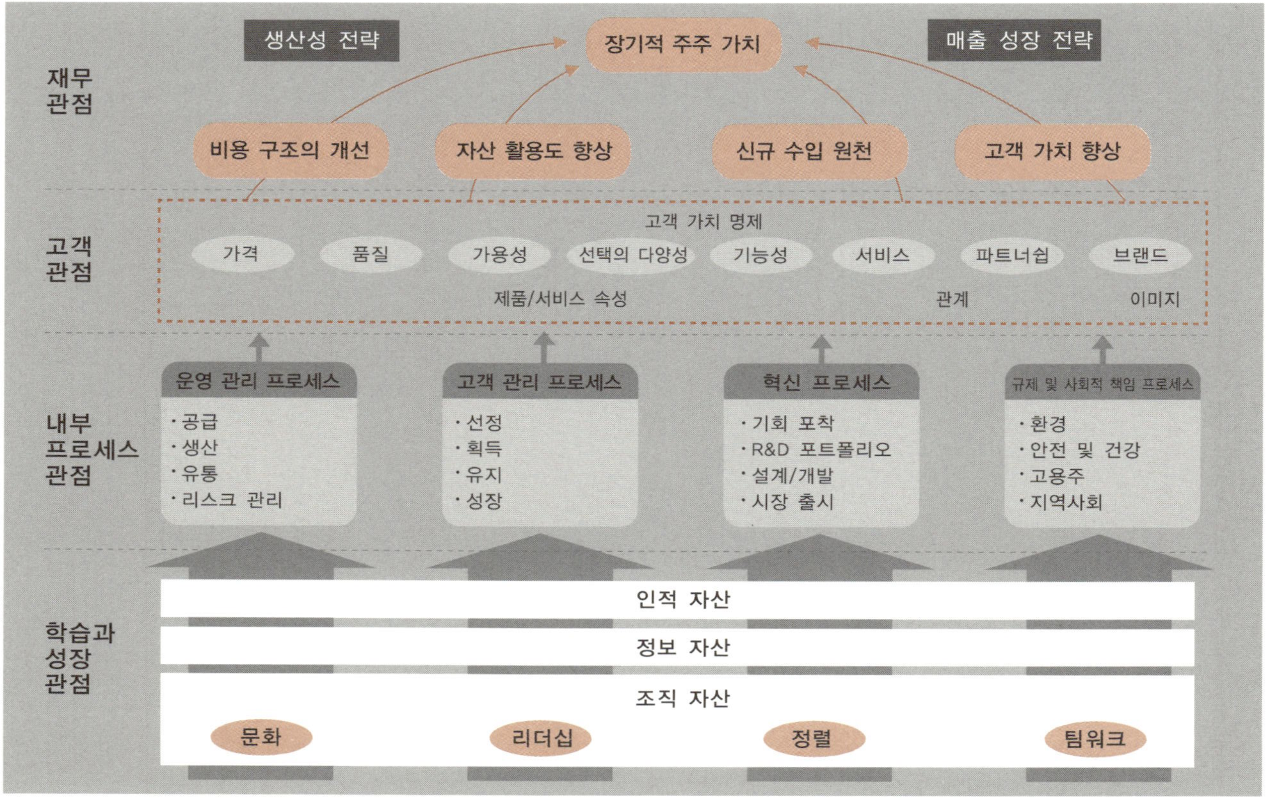

재무 관점
고객 관점
내부 프로세스 관점
학습과 성장 관점
생산성 전략
장기적 주주 가치
매출 성장 전략
비용 구조의 개선
자산 활용도 향상
신규 수입 원천
고객 가치 향상
고객 가치 명제
가격
품질
가용성
선택의 다양성
기능성
서비스
파트너쉽
브랜드
제품/서비스 속성
관계
이미지
운영 관리 프로세스
·공급
·생산
·유통
·리스크 관리
고객 관리 프로세스
·선정
·획득
·유지
·성장
혁신 프로세스
·기회 포착
·R&D 포트폴리오
·설계/개발
·시장 출시
규제 및 사회적 책임 프로세스
·환경
·안전 및 건강
·고용주
·지역사회
인적 자산
정보 자산
조직 자산
문화
리더십
정렬
팀워크

BSC의 인과 관계는 실질적으로 조직 활동의 모호한 관계들을 분명하게 드러나게 한다. 이러한 인과 관계의 중요성은 BSC의 개념을 정립한 데이비드 노튼과 로버트 캐플란에 의해서도 강조된 바 있다. 그러나 조직 활동에 있어서의 인과 관계는 때로는 원인과 결과의 위치가 서로 바뀌기도 하고, 하나의 결과가 또 다른 요소의 원인이 되기도 하기 때문에 현실적으로 인과 관계를 설정하는 것은 매우 어려운 일이다. 인과 관계의 연결 방법은 8가지 정도로 구분해 볼 수 있다.

- 비전에서 전략으로 : 비전의 달성은 전략 달성에서 시작된다는 기본적인 가정
- 전략에서 전략으로 : 조직 내에서 수립되는 전략은 조직 수준에 따라 수직적으로 정렬되거나 조직들의 전략 간에 수평적으로 정렬되어야 한다.
- 관점에서 관점으로 : 재무적 관점과 다른 관점들은 인과 관계를 가지고 있으며 학습과 성장 관점은 내부 프로세스 관점에 영향을 미치고 내부 프로세스 관점은 고객 관점에 영향을 미친다.
- 관점에서 전략으로 : 관점은 전략의 묶음이다.
- 전략에서 핵심 성공 요인으로 : 핵심 성공 요인은 전략을 달성하기 위한 근본적인 설정이라는 인과 관계를 가진다.
- 핵심 성공 요인에서 핵심 성과 지표로 : 핵심 성과 지표가 핵심 성공 요인을 가장 잘 대변한다.
- 핵심 성과 지표에서 핵심 성과 지표로 : 개별 핵심 성과 지표들 간에 인과 관계가 형성된다. 인과 관계는 프로세스의 진행에 따라 형성될 수도 있고 선행 지표와 결과 지표 간의 관계로 형성되기도 한다.
- 핵심 성과 지표에서 목표로 : BSC 구축의 마지막 단계인 목표 설정에서 파악되는 인과 관계란 각 지표들에 설정되는 목표들이 상위 목표를 달성할 수 있도록 형성되어야 한다.

〈BSC 인과 관계〉

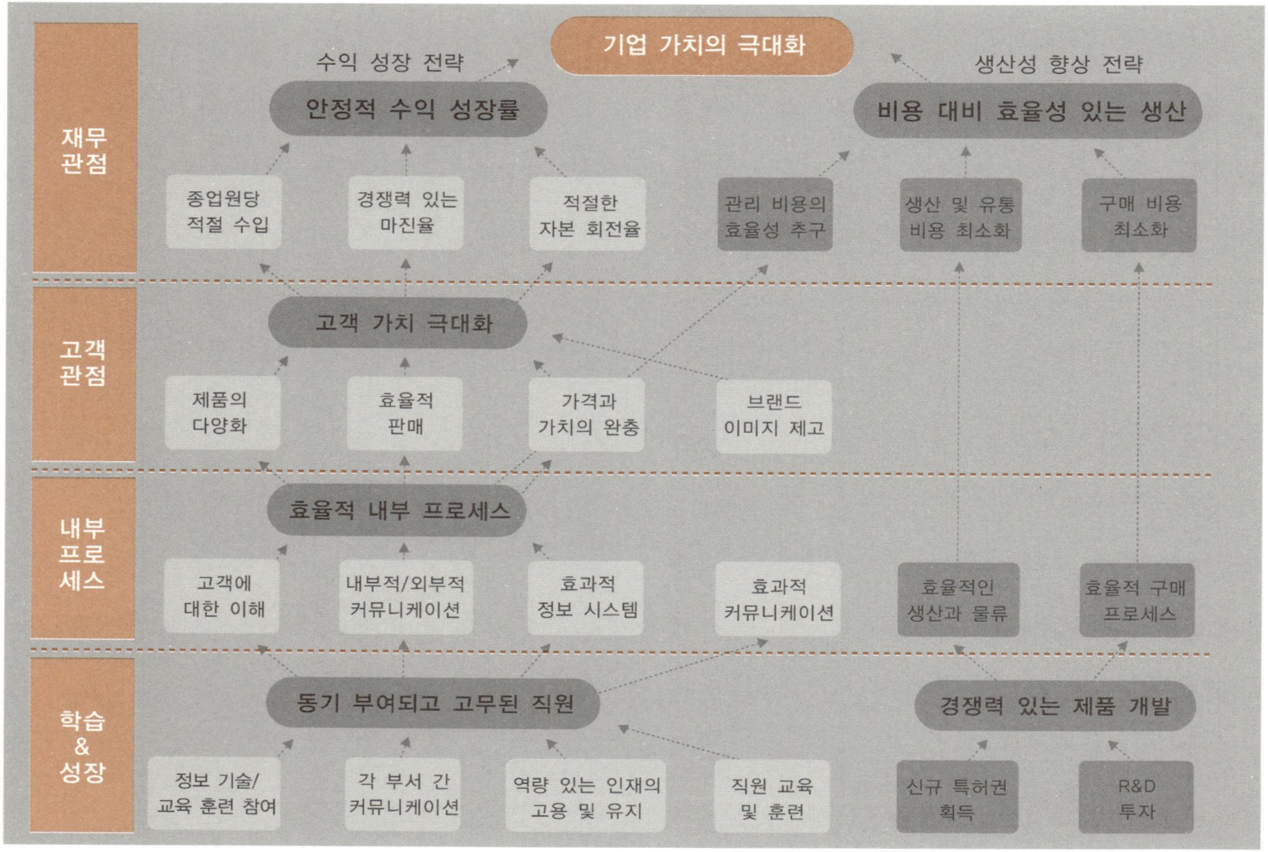

기업 가치의 극대화
수익 성장 전략
생산성 향상 전략
재무 관점
안정적 수익 성장률
비용 대비 효율성 있는 생산
종업원당 적절 수입
경쟁력 있는 마진율
적절한 자본 회전율
관리 비용의 효율성 추구
생산 및 유통 비용 최소화
구매 비용 최소화
고객 관점
고객 가치 극대화
제품의 다양화
효율적 판매
가격과 가치의 완충
브랜드 이미지 제고
내부 프로세스
효율적 내부 프로세스
고객에 대한 이해
내부적/외부적 커뮤니케이션
효과적 정보 시스템
효과적 커뮤니케이션
효율적인 생산과 물류
효율적 구매 프로세스
학습 & 성장
동기 부여되고 고무된 직원
경쟁력 있는 제품 개발
정보 기술/교육 훈련 참여
각 부서 간 커뮤니케이션
역량 있는 인재의 고용 및 유지
직원 교육 및 훈련
신규 특허권 획득
R&D 투자

조직 리더의 전략 평가

전략의 성공 여부는 원칙적으로 실행 결과에 의하여만 판단할 수 있다. 즉 전략을 실행하고 나서 그 결과에 따라서 전략 수립의 정확성을 판단할 수 있다는 것이다. 그러므로 전략은 효율적으로 실행하는 것이 더욱 중요하다. 그러나 조직 리더의 입장에서 전략 실행 전에 수립된 전략에 대한 판단을 하지 않을 수 없다. 왜냐하면 전략 실행에는 많은 비용과 인원이 투입되어야 하기 때문이다. 그러므로 조직의 리더는 전략을 평가하여야 하는데 그 판단이 어려운 점이 있다. 그러므로 전략에 대하여 판단 시 전략이 좋다 나쁘다 하는 평가보다는 조직 목표를 달성하기 위해서 어떠한 점이 더 보완되어야 하는지, 어떠한 점에 대하여 더 유의하여야 하는지에 초점을 맞추는 것이 더 유용한 의사 결정 기준이 될 것이다.

박동준 엔소프 코리아 대표는 수립된 전략에 대하여 전략 리더가 평가해야 할 항목에 대하여 다음과 같이 기술하고 있다(1994).

첫째, 전략 대안들을 모두 전개하였을 경우 변화하는 환경하에서 목표를 달성할 수 있을 것인가?

둘째, 각 전략 대안들은 우리의 힘과 능력으로 실천할 수 있을 것인가에 대한 현실성 평가.

셋째, 전략 대안 전개에 필요한 전략적 투자액을 추산하고 그 현실적 조달 가능성 평가.

넷째, 제시된 전략 대안들이 현재 인적 자원으로 추진할 수 있는 것인가 점검.

다섯째, 현재의 경영 방식하에서 새로운 전략 대안이 제대로 실행할 수 있는 것인가 판단.

전략 수립에 필요한 사고

전략 수립을 위해서는 논리성과 창조성이라는 두 가지 사고를 기본으로 한다. 논리성이 빛을 발하기 위해서는 합리적이라는 관점이 필요하고 창조성은 혁신성을 포함하여여 한다. 합리적이고 논리적인 관점은 사실에 대한 객관적 파악, 이론적 논리 전개, 그리고 추론과 사실을 조합한 문제 발견 등이 요구된다. 창조적이고 혁신적인 사고는 기업을 움직이기 위한 꿈이 있는 방향 제시, 위험에 대한 도전으로 직원의 열정 도출, 기존 조직 풍토를 혁신적인 조직으로의 변화를 꿈꾸는 사고가 필요하다.

제 4 장

목표 설정

제1절 목표의 의의 및 설정 방법
제2절 비전 목표 설정
제3절 심화 비전 목표 설정
제4절 전략 목표 설정
제5절 연차별 성과 목표

: 목표의 의의 및 설정 방법

우리는 왜 목표를 설정해야 하는가. 무언가를 이루기 원한다면 구체적으로 그것이 무엇인지에 대한 목표를 세워야 한다. 개인이든 기업이든 국가든 매일, 매달, 매년 해야 할 목표를 설정하고 이를 달성하기 위해 노력한다. 그리고 그 노력들이 모여 성공하는 미래를 만든다. 따라서 목표 설정은 성공적인 삶을 살기 위해, 성장하는 기업을 만들기 위해, 살기 좋은 국가를 만들기 위해 필요하다.

의미 있는 목표는 그 자체로서 강력한 동기 부여가 될 수 있다. 기업들이 목표 설정을 너무 당연시하다 보니 목표를 왜 설정해야 하는지 그 의미는 간과한 채 단지 달성해야 할 수치를 설정해 두고 최선을 다해서 노력하는 정도로 본다. 이렇다 보니 조직의 구성원들은 그것이 얼마나 절실히 달성해야 하는 지표인지 가슴 깊이 인식하지 못하는 것이다. 이런 의미에서 목표에는 도달해야 할 수치 외에 도달하여야 할 '이상향'이 포함되어야 한다. 즉, 예를 들어 단순히 '매출 20억 원 달성'이라는 수치만을 제시하는 것이 아니라 왜 매출 20억 원을 올려야 하는지 그 자체에 대한 절실한 고민이 필요하다. 대부분의 기업들은 그저 습관적으로 목표를 설정한다. 그러나 제대로 목표를 설정하려면 다음의 질문을 던지고 이에 대한 고민과 면밀한 검토가 이루어져야 한다. 현재의 시장 점유율을 유지하는 것이 궁극적으로 시장에서의 지위를 유지하는 것인가? 기획력을 강화할 것인가? 생산성을 강화할 것인가? 매출 증대에 집중할 것인가?

핵심 목표 및 방향 설정

핵심 목표와 방향 설정(Establish Purpose & Direction)은 고객의 요구, 조직의 목표, 그리고 경영 환경 및 기술 변화 등을 고려하여 부서에서 달성하여야 할 업무 추진 목표와 방향을 설정하는 것이다.

핵심 목표 및 방향 설정의 중요성은 다음과 같다.

- 관리자 의사 결정의 배경이 된다.
- 조직 구성원들의 팀워크를 증진시킴으로써 각 부문의 기능을 효율적으로 조화를 이룰 수 있다.
- 목표에 대한 공동 인식을 가짐으로써 조직의 기대 수준을 명확히 하며 목표 달성을 위한 동기 부여를 제공한다.
- 관리자가 강한 신념과 추진력을 갖고 일관성 있게 업무 수행을 할 수 있다.

또한 목표를 세우더라도 현재의 역량을 초과하는 목표를 달성하는 것은 어렵다. 그러므로 현재의 역량보다 높은 역량을 필요로 하는 목표를 달성하기 위해서는 역량도 키워야 한다. 더욱이 성장하는 회사라면 회사가 그들에게 요구하는 역량도 증가하기에 직원의 역량도 함께 성장해야 한다.

목표 설정을 위한 사전 준비

목표를 설정할 때에는 다음 항목에 대한 사전 준비가 필요하다.

- 고객에 관한 연구(Communicate with Customers)
- 조직의 내외적 환경 연구(Situation Analysis)
- 상위 조직의 목표와 일치시킴(Align with Organization Objectives)
- 개선 의지(Be willing to Innovate)
- 수집한 자료의 분석과 종합(Analyze and integrate Date)

1. 고객 분석

조직 및 구성원의 고객이 누구인지를 정확히 파악하며, 그들의 요구 사항이 무엇인지를 분명히 파악한다.

- 나의 고객은 누구인가?
- 고객이 필요로 하는 것은 무엇인가?
- 고객 만족을 위해 내가 제공할 수 있는 제품 및 서비스는 무엇인가?
- 이러한 제품 및 서비스에 대한 고객의 기대 및 평가 기준은 무엇인가?
- 나의 제품 및 서비스가 고객의 기대를 충분히 만족시키는가?
- 고객 만족을 위하여 더욱 개선하여야 할 사항은 무엇인가?

2. 조직 내외부의 환경 분석

조직이 처해 있는 경제적·정치적 여건, 경영 여건 및 기술의 변화 추이, 그리고 경쟁자의 동향 등에 관한 분석을 실시하며 단위 조직과 각 구성원들은 자신들이 이와 같은 환경 속에서 해야 할 임무 및 업무의 방향을 결정할 수 있다.

3. 조직의 목표와 일치

현 조직 상위 계층의 목표 및 방향을 사전에 검토함으로써 전체적인 단위 조직의 운영 방향을 조정할 수 있다.

4. 개선 의지

항상 변화에 적응하고 경쟁력을 갖출 수 있도록 새로운 아이디어를 갖고 신기술, 새로운 업무 절차 등을 연구하는 데 노력한다.

5. 수집한 자료의 분석과 종합

수집한 자료를 바탕으로 하여 분석하고 각각의 자료를 종합하여 목표를 설정한다.

목표 달성에 실패하는 이유

매년 새해가 되면 모든 사람이 큰 포부를 안고 1년 계획을 세운다. 그러나 '작심삼일'이라는 말이 있듯이 얼마 안 가 그 계획은 유야무야하고 만다. 새롭게 세운 계획을 지속적으로 지켜나가지 못하는 이유는 무엇일까?

첫째, 목표에 대한 단계별 계획을 세우지 않았다. 에베레스트를 정복하려면 그보다 더 낮은 산들을 먼저 넘어야 하듯이 최종 목표를 달성하기 위해서는 단계별 목표가 필요하다. 한 해의 목표가 세워졌다면 그에 맞는 봄, 여름, 가을, 겨울의 분기별 목표가 필요한 것이다. 연간 10kg 감량을 목표로 세웠다면 체중 감량 폭이 큰 다이어트 초반에 해당하는 봄에는 4kg 정도 감량을 목표로 세우고, 그 이후에는 감량 정도를 줄여가며, 겨울에는 유지를 목표로 설정하는 것이다.

둘째, 단계별 목표를 세부적으로 점검하지 않는다. 중간 단계 목표를 효과적으로 달성하기 위해서는 월별, 주별, 일별 목표의 확인이 필요하다. 시간의 단위를 줄여 세부적인 활동 계획을 수립하고 검사한다. 봄에 해당하는 기간 동안 총 4kg의 감량을 목표로 한다면 매주 운동 빈도와 운동 시간 등을 설정하는 것이 이에 해당한다.

셋째, 문제점을 피드백하지 않았다. 목표한 감량 정도가 달성되지 않을 경우 자신의 실천 방법을 반성하고 체크한다기보다는 체중 감량에 대한 의지를 상실하고 도중 하차해 버리는 경우가 많다. 그러나 질병이 발생하면 치료해야 하듯이 단계별 목표를 추진하면서 문제가 되는 것은 반드시 바로잡아야 한다. 그래야 더 큰 문제로 발전하지 않는다.

이와 같이 개인적인 삶도 숫자를 활용하여 관리하는 것이 유용한 경우가 많다. 조직 운영에 있어서도 마찬가지이다. 앞에서 숫자 경영이란 경영 환경 속에서 문제 상황을 진단하고 해결해 가는 과정 속에서 숫자를 도입해 효과적으로 이행해 가는 과정을 의미한다고 살펴보았다.

이는 '글로벌 경기 불황에 따라 우리 회사 경영의 어려움이 예상된다.'는 막연한 불안감에서의 문제 인식이 아니라 '세계 GDP 증감률 → 우리나라 GDP 증감률의 여파 → 우리 산업 전체 매출 증감률 예상치 → 해당 분기 우리 회사 매출 증감률 예상치'라는 정확한 수치 제공과 각 수치 간의 연관 관계에 대한 이해를 바탕으로 조직 구성원 모두가 현재의 문제 상황을 인지하는 것에서 출발한다. 이에 기초하여 문제 타개를 위한 조직 전체의 목표가 수치화되어 설정되고, 이에 따라 각 사업 부문 및 팀의 방법론이 결정된다. 그렇다고 숫자 경영이 달성해야 할 방향과 목표만을 숫자로 제시하자는 것만은 아니다. 이는 수치화된 목표를 가지고 실행하며 또 그 결과에 대해서 평가하고 보완하는 모든 단계를 포함한다.

A사업부에서 2010년 목표로 시장 점유율 30%를 설정했다고 한다면 이를 달성하기 위해서는 우선 단계적 목표를 세워야 한다. 그리고 생산, 디자인, 마케팅, 영업, 관리 등 사업부 내에 근무하는 모든 직원이 숫자 목표를 공유하고, 이를 달성하기 위해 각자의 위치에서 해야 할 임무를 각인하는 과정이 필요하다. 동일한 목표를 가진 사람들이 힘을 모으면 시너지 효과를 낼 수 있고, 숫자 목표를 통해 조직을 움직일 수 있는 힘을 발휘할 수 있는 것이다.

이처럼 숫자로 목표를 명확히 하고 이를 달성하기 위한 단계별 전략을 수립하면 어떤 목표에도 쉽게 달성할 수 있다. 목표를 세웠다면 그것을 이룰 때까지 포기하지 않고 도전하는 자세가 필요하다.

: 비전 목표 설정

목표는 크게 비전 목표, 전략 목표 및 연차별 실행 목표로 구분할 수 있다. 비전 목표는 기업이 도달하고자 하는 장기적인 목표가 된다. 비전 목표 선언(Statements of vision objectives)은 전략적 숫자 경영의 출발점이다.

다음의 목표 선언문에 대하여 우리는 몇 가지 질문을 던짐으로써 선언문을 정교하게 다듬을 수 있다.

● 비전 목표 선언문 1

"우리의 목표는 세계 최고의 대안적 투자 플랫폼이 되는 것이며, 우리는 목표를 이룩하기 위한 유일무이한 비즈니스 모델을 가지고 있다." - 시티그룹 연간보고서, 2005

첫째, "왜(why) 이러한 목표를 정했는가?"에 관하여 다음과 같은 질문을 던질 필요가 있다. 이렇게 '왜'라고 질문함으로써 목표에 대해 더 깊은 이해도를 가질 수 있으며, 이는 매우 중요한 요소이다.

- 왜 시티그룹은 최고의 대안적 투자 플랫폼이 되려고 하는가?
- 시티그룹의 목표는 실제로 새로운 비즈니스를 할 만큼 매력적인가?
- 현재의 방식으로 '세계 최고'가 되는 것은 가능한가?

- 만약 '최고(premier)'가 의미하는 것이 최고의 연 평균 실적을 올리는 것이라면, 위 목표를 가지고 5년 이상 최고의 연 평균 실적을 달성할 수 있는가?

둘째 질문은 "계량 가능한가"의 여부이다. 앞에서 제시한 선언문의 경우 최고라는 표현은 명확하지 않다.

셋째 질문은 기간(Time frame)에 대한 질문이다. 위의 목표는 기간이 설정되어 있지 않다는 것이다. 모든 비전 목표 설정에 있어서 기간 설정 없이는 전략적 숫자 경영의 프로세스 내에서 필요한 '가능한 결과(Possible outcome)'를 추론하기가 불가능하다. 이러한 문제점을 해결한 전략적 목표 선언문은 다음과 같다.

● **비전 목표 선언문 1 수정**

"우리의 목표는 2008년 말까지 대안적 투자 플랫폼에 있어 어떤 경쟁사들보다도 최소 5% 이상의 투자를 이끌어내는 것이다." 또는 "우리의 목표는 2008년 'Alternative Investment Platform' 설문 조사에서 1위를 차지하는 것이다."

다음 선언문 역시 '향상을 이룬다'는 표현이 불명확하므로 다음 페이지와 같이 바꾸는 것이 좋다.

● **비전 목표 선언문 2**

"…… 의료 복지의 향상을 위해 힘쓰며, 시에라리온의 36세부터 일본의 85세까지 평균 수명 범위가 매우 넓은 지구촌에 균등한 의료의 기회를 제공하는 것이다." - WHO, 'Working for Health - An Introduction to the World Health Organization.', 2006

● **비전 목표 선언문 2 수정**

"향후 5년간 연간 환자 대기시간을 10% 단축하고, 25년 내에 개발도상국의 1인당 의료서비스의 품질을 현재 선진국 수준으로 향상시키는 것이다."

다음의 선언문을 보면 '삶의 질(Quality of life)'은 삶의 질 지수(QOL meter)를 통해 측정할 수 있다.

● 비전 목표 선언문 3
"우리의 목표는 우리 구역과 비즈니스를 위한 삶의 질(Quality of life)을 향상시키는 것이다."

그러나 다음과 같이 구체화시키는 것이 좋다.

● 비전 목표 선언문 3 수정
- 향후 2년간 철도 서비스를 10%, 공원 지역을 15% 향상시킨다.
- 향후 5년간 구역 내의 사업장 숫자를 10% 증가시킨다.

프로세스를 적용시킬 때 해야 할 질문 중 하나는 "위임을 측정하기 위하여 어떤 지표들을 적용해야 하는가?"이다. 예를 들어 이는 '고객을 기쁘게 하는 것'일 수도 있고, '주주의 가치를 극대화'하는 것일 수도 있다.

● 비전 목표 선언문 4
"호주의 표토 지층 지역의 탐사를 통해 광물 산업에서 세계 1위의 생산 능력을 확보한다(Cooperative Research Center for Landscape Environments and Mineral Exploration)."

다음은 잘 만들어진 전략적 목표 선언문의 예이다.

- 향후 5년간 연간 총 수익을 10% 이상 향상시키는 것이다.
- 향후 10년간 주주 평균 투자 수익률을 최고 12% 이상 달성하는 것이다.
- 향후 10년간 온실 가스 배출량을 최소 5% 이상 감소시키는 것이다.
- 연간 최소 100명의 신규 회원을 유치하는 것이다.
- 향후 2년간 총 운영 비용을 5% 이상 절감하는 것이다.
- 2010년에 최고의 고객 서비스를 제공하는 회사로 알려지는 것이다.

여기서 최소라는 개념을 명확히 이해하는 것이 중요하다. 만약 연간 매출 목표를 500만 달러로 잡았을 때, 실제 매출이 505만 달러일 경우에는 목표를 달성하지 못한 것이다. 하지만 연 매출 목표를 '최소 500만 달러'라고 정했을 때에는 목표를 달성한 것이 된다.

이상 살펴본 사례와 같이 우리는 숫자 경영에 맞는 방식으로 목표를 변환시킬 경우 훨씬 목표가 선명해지는 것을 확인할 수 있다.

: 심화 비전 목표 설정

BSC의 관점을 사용하여 심화 비전(Enhanced Vision)을 만들 수 있다. 심화 비전은 각 BSC의 관점별 또는 부문별로 비전을 설정하는 것으로 비전의 실행 가능성과 의미에 대한 깊은 통찰을 유도한다(캐플란, 2008).

다음의 예는 비전과 BSC 관점의 심화 비전의 예시이다.

〈비전과 BSC 관점의 심화 비전의 예시〉

비전 : 2007년까지 상위 25%에 속하는 성과 달성	
심화 비전	
재무적 관점	우리가 비전을 성취하고 미션을 이행할 수 있도록 해준다.
고객 관점	이 전략적 행동은 탁월한 고객 서비스를 견인하여 …
프로세스 관점	우리가 전략적으로 행동할 수 있도록 해주고 …
학습과 성장 관점	우리의 인적 자원은 …

자료 : 캐플란&노튼, 전략 실행 프리미엄 p77

: 전략 목표 설정

전략 목표는 전략적 목적 달성을 위한 구체적이고 측정 가능한 목표이다. 전략적 목표는 임무나 목적을 프로그램과 연결하는 매개 수단이다.

이러한 전략 목표는 SMART하게 구성되어야 한다. SMART는 Specific(구체적), Measurable(측정 가능), Aggressive & Attainable(의욕적이고 달성 가능), Result-Oriented(결과 지향적), Time-Bound(시간적 한계)의 약자이다.

① 목표는 구체적이어야 한다

목표는 추상적으로 표현하기보다는 조직 구성원이나 이해관계자들이 이해하기 쉽도록 명확하게 표현되어야 한다.

② 목표는 측정 가능해야 한다

목표는 측정 가능하여야 하므로 양적으로 표현하거나 달성 정도를 입증할 수 있도록 표현하여야 한다.

③ 목표는 의욕적이며 달성 가능해야 한다

목표는 조직의 발전을 가능하게 하기 위하여 도전적이어야 하며, 조직 구성원의 능력을 최대한 활용할 경우 달성될 수 있는 것으로 표현되어야 한다.

④ 전략적 목표는 결과 지향적이어야 한다

목표는 활동이 아닌 결과를 구체화하여야 한다. 예를 들어 2010년까지 직원의 부정부패를 현재의 50%로 줄이겠다와 같은 것이다.

⑤ 목표는 시간적 한계가 있어야 한다

목표는 목적으로 가는 진행 정도를 모니터링하는 이정표이기에 구체적인 완성 시점이 제시되어야 한다.

〈SMART 목표와 Non-SMART 목표 비교〉

SMART 목표	SMART하지 않은 목표
• 2010년까지 새로운 업무 처리 비용 50% 감소 • 2014년까지 고속도로 사망률 10% 감축 실시	• 처리 시간 단축 • 고속도로 사망률을 줄이겠다

이러한 전략 목표의 설정(Target Setting)을 위해서는 목표치에 대한 과거 사례 분석(Historical Data), 동종 업계 혹은 관련 업계 최고 수준에 대한 분석(Best Practice), 경쟁사 수준 분석 등을 통해 전사 차원의 목표(Big Picture)에 대한 도전적 목표(Stretched Target) 선정이 먼저 이루어지고, 톱-다운(Top-Down)식으로 연쇄(Cascading)되어야 한다.

이렇게 목표 설정에서 도전적인 것을 요구하는 것에 대해서 인하대학교 남명수 교수와 더 퍼포먼스 대표 류랑도(1999)는 '성과 관리 시스템'을 통해 창조적 긴장(Creative Tension)이라는 개념으로 그 이유를 설명하고 있다. 즉, 사람은 자기가 되고 싶어 하는 목표 수준과 현재 수준 사이에 괴리(Gap)가 발생하면 심리적 긴장을 갖게 되는데 학습 조직 이론에서는 이 긴장을 '창조적 긴장'이라고 한다. 그런데 창조적 긴장이 나타났을 때 이 긴장 상태를 해소하고자 하는 욕구는 변화와 개선에 대한 심리적 에너지로 표출되는데 긴장 상태가 크면 클수록 변화시키고자 하는 개인의 에너지도 커진다. 따라서 목표 설정에 있어서도 되도록 달성 가능한 최고 수준으로 스스로 설정함으로써 창조적 긴장을 최대화시키고 그에 따라 현 상태를 개선하고자 하는 심리적 에너지를 최대화시키고자 할 수 있다.

〈도전적 전략 목표의 설정〉

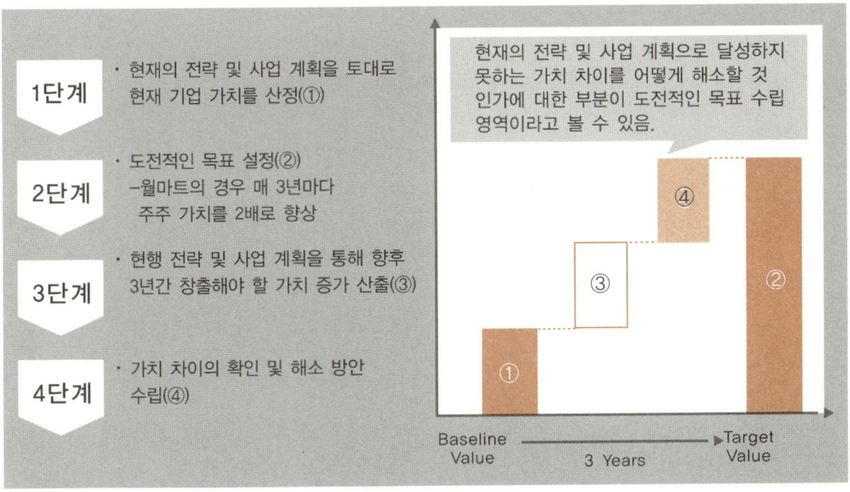

: 연차별 성과 목표

설정의 목표

연차별 성과 목표는 전략적 목표를 달성하기 위한 중간 목표이다. 연차별 성과 목표는 "자원 배분의 기초 제공, 집행 및 관리자 평가, 장기적 목표 달성을 위한 진행 과정 모니터링, 조직 및 부서의 우선순위 설정, 그리고 조직 구성원의 동기를 부여하기 위하여" 설정한다고 한다.

연차별 성과 목표는 전략적 목표에서 제시한 SMART 기준을 충족시켜야 한다. 그 밖에 성과 관리의 차원에서 일관성 확보와 측정 가능한 조건을 충족시켜야 한다.

연차별 성과 목표는 일관성이 있어야 한다. 일관성 확보는 연차별 성과 목표가 전략적 장기 목표와 일치되도록 하고 전략을 지원할 수 있도록 계층적 일관성을 가지고 설정되어야 한다. 그러므로 실행 계획은 일상적인 활동의 지침이 되도록 장기적인 비전 목표, 이를 달성하기 위한 전략, 연차별 목표 및 실행 계획 간에 일관성을 확보하여야 한다. 또한 연차별 성과 목표는 다른 부서 프로그램의 성과 계획 및 목표를 반영하여 설정되고 조정되어야 한다. 수평적 일관성이 부족하면 부서 간 중복으로 자원의 낭비와 프로그램의 혼란을 초래하여 경영 활동 전체의 효과성을 떨어뜨리게 한다.

연차별 목표는 측정 가능해야 한다. 즉 연차별 성과 목표는 달성 정도를 객관적으로 평가할 수 있어야 하며 이를 위하여 성과 목표는 양적으로 표현되어야 한다. 목표 달성 정도를 평가하기 위해서는 평가의 기준이 제시되어야 한다. 그러므로 성과 목표는 의도한 결과와 실제 달성한 결과를 비교할 수 있도록 설정되어야 한다.

제 5 장

지표 설정

제1절 지표 설정 관점
제2절 BSC 관점의 변형
제3절 로직 모델 관점
제4절 성과 지표와 핵심 성과 지표
제5절 핵심 성과 지표 도출
제6절 핵심 성과 지표 개발 프로세스

Strategic Management By Numbers

: 지표 설정 관점

전통적인 관점

전통적으로 기업의 측정 지표는 재무제표였다. 오늘날까지 사용하고 있는 복식 부기는 15세기에 발명되어 500년이 넘도록 재무제표를 작성하는 가장 과학적인 수단이며 재무제표는 유일한 성과 측정 지표로 사용되어 왔다. 기존의 성과 관리는 대부분 재무 중심과 프로세스 중심의 지표들로 구성되어 있으며, 조직의 능률과 효율성을 관리하여 팀이나 개인의 성과를 측정하고 그 결과를 인센티브나 연봉제에 반영하기 위하여 단지 업무 수행 성과를 측정하고자 하는 데 목적이 있었다.

〈GE의 1950년대 성과 지표〉

• 단기적인 이윤 • 시장 점유율 • 생산성 • 시장에서 제품의 선도력	• 인적 자원 개발 • 직원들의 태도 • 공공에 대한 책임 • 단기적 목표와 장기적 목표의 균형

새로운 관점에서의 측정 지표들을 개발하여 평가하고자 하는 노력이 계속되어 왔는데, 예를 들면 GE는 이미 1950년대부터 다음과 같은 다양한 지표에 의한 평가를 하고 있다.

BSC 관점

BSC 관점에는 재무 관점, 고객 관점, 내부 프로세스 관점, 학습과 성장 관점 등이 있다.

재무 관점

재무 관점이란 주요 이해관계자들에게 재무적인 지표를 통해 조직의 성과를 보여 주기 위한 것을 말한다. 기업에 있어서 재무 관점과 지표들은 앞에서도 언급한 바와 같이 중요한 의미를 갖는다. 기업의 가치 극대화는 수익성에 기초하고 있음에 비해 공공 부문의 가치 극대화는 고객 만족에 기초한다고 볼 수 있다.

조직의 BSC에서 설정하는 핵심 성과 지표들은 인과 관계에 의하여 재무적 성과로 이어지게 된다. 따라서 기업 성과 지표의 최종 결과는 언제나 재무적 성과에 영향을 미치도록 설계된다. 그러나 공공 부문의 전략 목표는 고객 만족으로 연결되어야 하기 때문에 전략 목표가 되는 최종 후행 지표는 고객 관점의 지표들로서 개발되어야 할 것이다.

고객 관점

조직이 가치 창출을 하는 데 가장 큰 원천은 고객이다. BSC에서 고객의 의미는 크게 순수한 소비자로서의 고객뿐만 아니라 조직의 성격과 부문에 따라 국민, 이해관계자로서의 관계 기관과 관련 부처, 직접 생업에 관련된 종사자들, 그리고 내부 고객인 조직원 모두를 포함할 수 있다. 현대 사회에서는 문화와 경제 환경이 바뀌듯이 고객의 욕구도 바뀌며 그 변화 속도 또한 빠르다. 이러한 변화에 대응하기 위하여 조직은 고객과의 긴밀한 관계를 형성하며 고객 중심의 전략 목표를 수립하여야 한다. 따라서 전략 맵을 작성할 때에도 비전 전략의 가장 최종 목표로서 고객의 가치 창조를 전제로 하여야 한다.

내부 프로세스 관점

잘 훈련되고 역량이 높은 조직원들로 구성된 훌륭한 내부 프로세스는 고객서비스의 품질을 높이고 고객 만족도를 높일 수 있다. 내부 프로세스 관점을 정리한다는 것은 조직의 핵심 프로세스와 핵심 역량을 규명하는 과정에서 제규정과 서비스가 고객들의 기대와 욕구를 충족시키기 위해, 이와 관련된 프로세스가 효율적으로 운영되도록 하기 위해서는 무엇을 해야 하는지를 구체화하는 과정이라고 할 수 있다.

고객의 관점에서 업무 프로세스를 바라보면 수동적이고 기능 중심적이던 업무의 추진 방식이 좀 더 객관적이고 프로세스 중심적으로 보일 수 있다. 따라서 고객과 관련한 핵심 프로세스를 도출하고 프로세스의 지속적인 개선을 성과 측정 대상으로 선정함으로써 한시적으로 끝나버릴 수 있는 고객 중심의 프로세스 개선을 지속화할 수 있다. 고객의 욕구가 변하기 때문에 이에 대응하는 내부 프로세스 또한 끊임없이 변화를 시도하여야 한다. 이는 조직원들의 학습과 성장을 통해서 가능하다.

학습과 성장 관점

학습하는 조직은 성장한다. 또한 좋은 복지와 근무 만족도는 내부 프로세스를 향상시킬 것이다. 기업에 있어서 학습과 성장 관점의 성과 지표와 내부 프로세스 관점에서의 성과 지표는 BSC의 4가지 관점 중에서 가장 미래 지향적이며 선행 지표가 된다. 즉, 장기적인 잠재력에 대한 투자가 조직의 성장에 얼마나 영향을 미칠 수 있는지를 이 관점에서 파악할 수 있는 것이다. 학습과 성장 관점은 다른 3가지 관점의 성과를 이끌어 내는 원동력으로서, 특히 구성원의 역량을 강조하고 있다.

〈BSC 체계〉

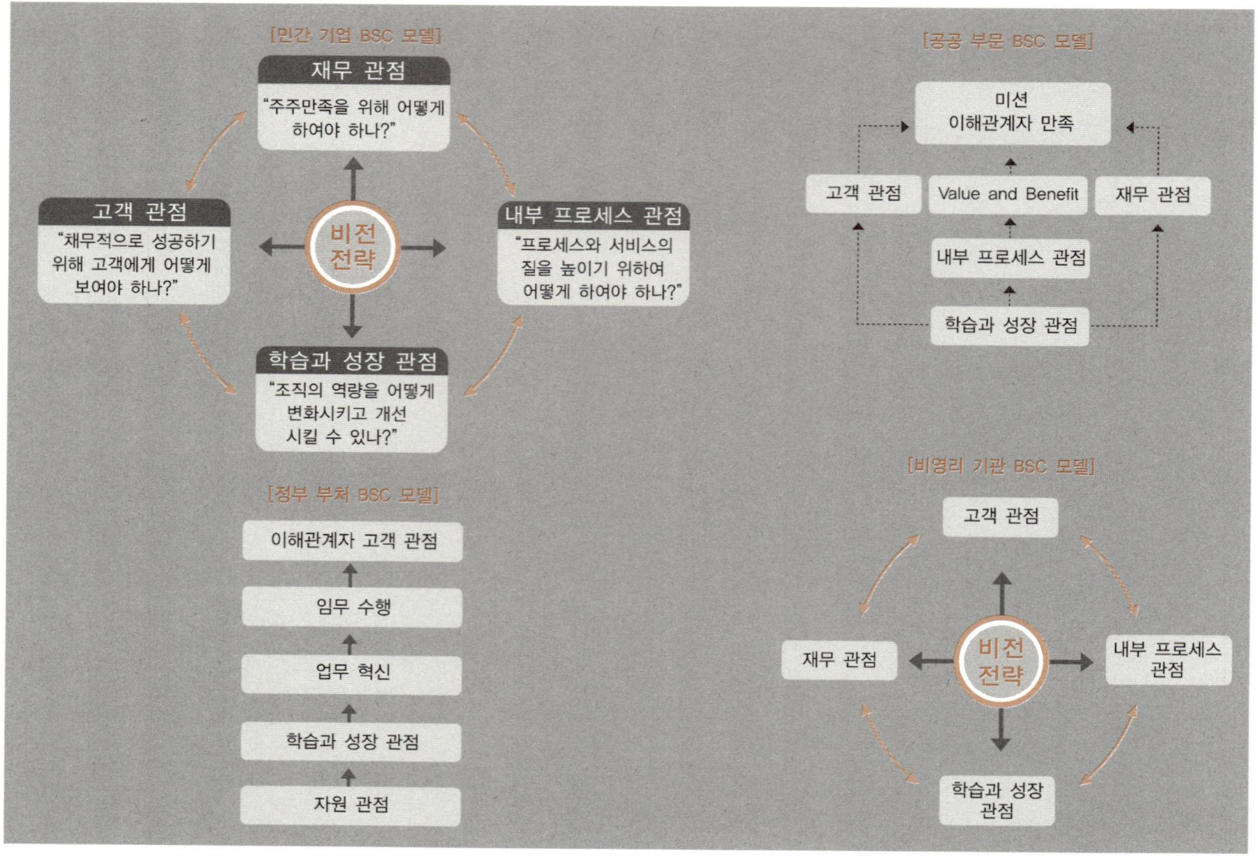
[민간 기업 BSC 모델]
재무 관점
"주주만족을 위해 어떻게 하여야 하나?"
고객 관점
"재무적으로 성공하기 위해 고객에게 어떻게 보여야 하나?"
비전 전략
내부 프로세스 관점
"프로세스와 서비스의 질을 높이기 위하여 어떻게 하여야 하나?"
학습과 성장 관점
"조직의 역량을 어떻게 변화시키고 개선 시킬 수 있나?"
[공공 부문 BSC 모델]
미션
이해관계자 만족
고객 관점
Value and Benefit
재무 관점
내부 프로세스 관점
학습과 성장 관점
[정부 부처 BSC 모델]
이해관계자 고객 관점
임무 수행
업무 혁신
학습과 성장 관점
자원 관점
[비영리 기관 BSC 모델]
고객 관점
재무 관점
비전 전략
내부 프로세스 관점
학습과 성장 관점

: BSC 관점의 변형

BSC에서 4가지 관점(재무 관점, 고객 관점, 내부 프로세스 관점, 학습과 성장 관점)은 개념적인 모형이다. 따라서 조직의 특성과 고객 특성, 서비스 제공 방법 및 형태 등에 따라 관점의 설정과 적용은 달라질 수 있다. BSC의 관점 모형은 크게 공공 부문과 민간 기업으로 구분할 수 있다.

이처럼 조직의 특성에 따라 각기 다른 관점을 구성하는데, 주요한 특징은 다음과 같다.

민간 기업 BSC 모델

민간 기업(영리 목적의 조직)에서는 가장 선행이 되는 학습과 성장 관점으로부터 조직의 역량을 강화시킴으로써 내부 프로세스의 질과 서비스의 질을 향상시키고 이를 통하여 고객 만족을 달성하며 결과적으로 재무적인 성공을 최종 목표로 하는 모델이다.

공공 부문 BSC 모델

공공 부문(비영리 목적의 조직)에서는 조직의 존재 이유(Mission)를 만족시키는 구조로 구현된다. 따라서 가장 후행이 되는 이해관계자의 만족을 위하여 학습과 성장 관점으로부터 조직의 역량을 강화시키고 내부 프로세스의 질과 서비스의 질을 향상시켜 고객 만족과 재무적 성공을 이루는 모델이다.

정부 부처 BSC 모델

정부 조직에 적합한 모델로서 일반적인 재무 관점이 여기서는 자원으로 분류되어 가장 선행이 되는 투입 관점으로 작용하고 있다. 적절한 자원을 확보하고 관리, 투입하여 조직의 역량과 서비스의 질을 향상시킨다. 동기 부여된 조직은 혁신과 임무를 완벽하게 수행하여 고객과 이해관계자를 만족시키게 되는 모델이다.

비영리 기관 BSC 모델

BSC 기본 개념을 여과 없이 공조직에 적용하려고 했던 초기의 BSC 모델이다. 재무 관점을 수단으로 하여 고객 만족을 최종 목표로 하는 비영리 민간 단체에 적합한 모델이며 최근에는 변형된 공공 모델을 적용하고 있다. 재무적인 관점의 전략이 적합하지 않은 조직에서는 자원의 확보와 투입 관점으로 선행지표(Leading Indicator)를 구성하고 있다.

한편 이러한 모델이 공공 부문에서 발전하면서 로직 모델의 유용성이 이슈로 제기되고 있다.

: 로직 모델 관점

재무·고객·프로세스·학습과 성장 관점이라는 4가지 관점이 정부 기관과 공공 기관에서 다양하게 변형되고 있지만 정부나 공공 기관의 업무 특성상 기본적인 문제점이 노출된다. 재무적 관점을 보면 민간 기업에서는 주도적 관점(Lead Perspective)이지만, 정부나 공공 기관에서는 예산 절약 차원으로 의미가 축소된다. 캐플란(R. Kaplan)도 정부에서는 재무적 관점이 성과 요인이 아니라 제약 요인으로 인정하였다.

고객 관점을 보면 민간 기업의 고객은 대가를 치르고 구매하는 적극적 고객이나 공공 부문의 규제 정책, 개혁 정책 등에 대한 고객은 소극적 고객이다. 정부의 고객 간에는 정반대의 이해 다툼(예: 특정 지역 재건축 아파트의 용적률)이 있을 수 있고, 이 경우에는 전체적인 공익(Public Interest)이 중요하다. 이 내부 프로세스 관점을 보면 정책 업무 등 수직적 프로세스 중심의 업무에는 프로세스 단축의 의미는 매우 제한적이다. 정책 수립 과정에서 다양한 의견 수렴 등 프로세스를 길게 해야 하는 경우도 증가하고 있다. 학습과 성장 관점을 보면 앞으로는 투자 증가가 필요한 분야이지만 필요 최소 인원으로 조직을 운영하여야 하는 정부, 공공 기관의 현실이 제약 요인으로 작용한다. 따라서 정부 기관 혹은 공공 기관에서는 관점 간의 연계성을 추정할 뿐 민간 기업과 같은 4가지 관점 간의 논리적 연계성을 확보하기 어렵다.

즉, 재무적 관점에서 예산 절약은 일반적으로 바람직하지만 고객의 만족을 가져오는 결정적 요인으로 보기는 곤란하다. 또한 업무의 공정성과 투명성을 위해 프로세스를 복잡하게 해야 할 경우도 있어 프로세스 단축과 고객 만족 연계가 어려운 경우도 발생하며, 구성원의 능력 개발과 혁신을 통해서도 정책적인 업무에 대해서는 프로세스 단축에 한계가 존재한다. 이러한 논리적 연계성 상실은 공공 부문에 BSC를 적용하는 데 제약 요인으로 작용하고 있다. 이에 지표 개발 중심의 접근 방법인 로직 모델(논리 모델)이 의미 있게 검토되고 있다.

이 모델의 구조와 특징은 다음과 같다.

• 정부 행정의 영향을 심도 있게 추적하는 접근 방법이다

정책이나 사업에 대해 투입 → 활동 → 산출 → 결과(outcome)의 논리적인 순서에 따라 국민이나 대상 집단에 어떠한 영향(Impact)을 주는지를 추적 평가한다.

과거의 투입이나 산출 중심이 아니라 사회에 대한 정부의 책임을 강조하여 '결과를 위한 관리(Management for Results)'를 지향한다.

• 간편한 구조적 틀(Framework)하에서 평가 지표 개발에 치중한다

정부 행정에는 평가 지표 개발 자체가 문제라는 점에 착안하여 투입 지표(Input), 효율성 지표(Efficiency), 산출 지표(output), 그리고 특히 결과 지표(outcome) 개발을 강조한다.

이러한 로직 모델의 강점은 다음과 같다.

- 정부와 공공 기관의 정책 업무, 사업적 업무에 보편적으로 적용 가능
- 정부와 공공 기관의 성과 평가 시 관건인 평가 지표 개발에 대한 이해 제고 효과
- 모델의 구조가 상대적으로 간편하여 외부 도움 없이 추진 가능
- 업무 보고 방식(정책 목표-이행 과제-성과 지표), 재정 성과 관리(전략 목표-성과 목표-성과 지표)와도 호환성 있음

결국 로직 모델은 정부 행정에 적용하는 데 강점을 갖고 있으며, '결과를 위한 관리'의 철학으로서 성과 평가를 통해 정부와 공공 기관의 사회에 대한 책임 강화에 적합한 특성을 가지고 있다.

반면에 다음의 특성이 강한 조직은 BSC 모델이 더 적합하다.

- 재무적 성과가 기관 운영의 중요한 요소인 기관(예:정부 투자 기관, 책임 운영 기관 등)
- 고객 간 이해 다툼이 없고 특정 고객에 대한 서비스가 공익(公益)에도 기여할 수 있는 기관(예 : 우정사업본부, 특허청)
- 여러 부서에 걸쳐 업무가 처리되어 프로세스 단축의 의미가 큰 기관

〈로직 모델〉

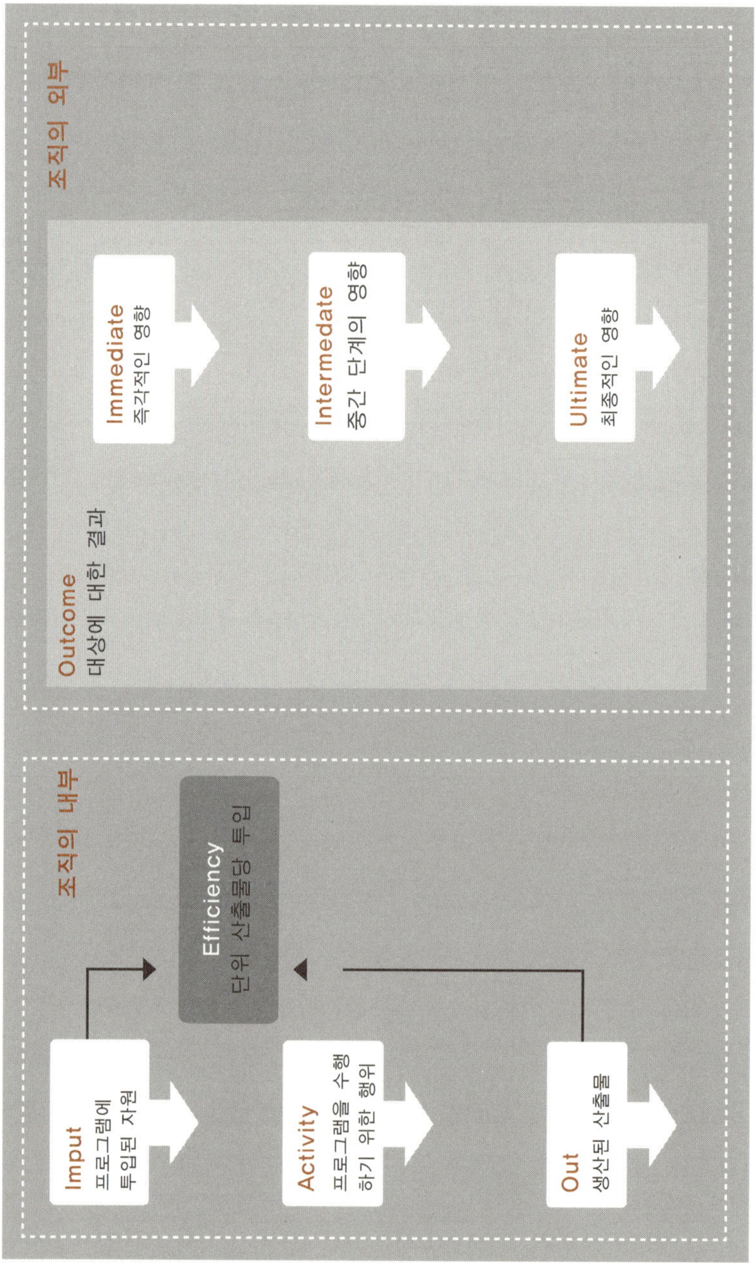

조직의 내부
Imput
프로그램에 투입된 자원
Activity
프로그램을 수행하기 위한 행위
Out
생산된 산출물
Efficiency
단위 산출물당 투입
조직의 외부
Outcome
대상에 대한 결과
Immediate
즉각적인 영향
Intermediate
중간 단계의 영향
Ultimate
최종적인 영향

: 성과 지표와 핵심 성과 지표

성과 지표

성과 지표란 기업이 현재의 경영 성과뿐만 아니라 미래의 가치를 증대시키기 위해서 관리해야 할 대상에 대한 계량적 수치를 제공하는 지표를 말한다. 한마디로 측정해야 할 대상이 무엇인지를 결정하는 것이 BSC 구축에 있어서 가장 핵심이 된다고 할 수 있으며, 성과 지표는 바로 이 측정 대상의 선정에 대한 해답을 제공해 준다.

핵심 성과 지표

핵심 성과 지표(KPI : Key Performance Indicator) 도출 방법을 구체적으로 살펴보기에 앞서 KPI를 선정하는 목적이 무엇인지 등 보다 근본적인 질문에 대해 생각해 볼 필요가 있다. KPI를 정립하는 외형적인 목적은 활동 성과를 제대로 평가하는 데에 있다. 그러나 이를 KPI의 궁극적인 활용 목적이라고는 할 수가 없다. 왜냐하면 기업 활동의 목적이 평가 활동 자체가 아니기 때문이다. 그러면 평가는 왜 하는가? 평가는 업무를 수행하는 구성원들과 정기적으로 커뮤니케이션하는 수단이며 이를 통해 구성원들로 하여금 보다 높은 성과를 창출하도록 동기를 부여하는 데 그 궁극적인 목적이 있다.

결국 KPI를 도출하고 활용하는 궁극적인 목적은 구성원들을 기업이 원하는 방향으로 동기 부여하는 데에 있는 것이다. 따라서 KPI를 도출할 때 가장 중요하게 고려되어야 할 원칙은 바로 KPI 활용을 통해 구성원들을 동기 부여할 수 있느냐의 여부이다. 특히 바람직하지 못한 KPI를 활용할 경우에는 구성원들의 사고·행동의 초점을 잘못된 방향으로 이끌게 되며, 이는 궁극적으로 구성원들의 의욕 저하를 초래하여 기업 전체의 성과를 떨어뜨리는 결과를 가져올 수 있음을 명심하여야 한다.

지표의 연계성

지표를 결정하는 데 있어서 중요한 요인 중의 하나가 인과 관계에 의한 지표 간 연계성이며, 인과 관계에서 가장 중요시 여기는 것이 원인과 결과에 대한 지표들이다. 이러한 원인과 결과는 선행과 후행 지표와도 유사하여 미래 예측을 가능하게 해준다. 이러한 지표들은 편중되지 말아야 하는데, 예를 들어 원인 지표에만 치중하게 되면 현재를 파악하기 힘들며 결과 지표에만 치중하면 기업의 미래에 대한 예측이 어려워진다.

재무 지표

재무 지표란 기업의 주요 이해관계자들에게 재무적 요소에 대한 조직의 성과를 보여주기 위한 수단이다. BSC에서도 재무적 성과는 매우 중요한 요소이며 각 관점과 관련된 성과 지표는 인과 관계에 의하여 궁극적으로는 재무적 성과로 이어지고 최종 결과는 언제나 재무 지표에 영향을 미치게 된다.

〈재무 지표 사례〉

• 총 자산 • EVA • 매출액 증가율 • 판매 증가율 • 신규 제품 매출 비중 • 판매당 수익률 • 투자 수익률	• 자본 수익률(ROE) • ROIC(Return on Invest Capital) • 매출액 경상 이익률 • 총 운영 자본비 • 총 주주 이익 • 목표 시장의 수익률 • 수입 증가율	• 현금 흐름 • 총 자산 회전율 • 영업 이익률 • 재고 회전율 • 주당 순이익 • 계획된 예산 대비 총 비용 • 주가

고객 지표

조직이 가치 창출을 하는 데 있어 가장 큰 원천은 고객이며, 넓은 의미에서 고객은 내부의 직원도 포함한다. 따라서 고객 관점의 지표를 설정하고 이를 평가함으로써 미래의 재무 지표 결과와 서비스 성과를 미리 예상할 수 있고 이에 대한 개선점을 찾아낼 수 있다.

〈고객 지표 사례〉

• 시장 점유율 • 고객 선호 순위 • 인지도(산업 내 인기도) • 고객 이탈률 • 광고 횟수 • 고객 이탈률	• 고객 만족도 • 고객 가치 지수 • 소비자 고발 건수 • 기존 고객 유지율 • 고객 불만 처리 시간 • 재구매 비율 • 제안서 작성 건수	• 고객 충성도 • 브랜드 이미지 • 브랜드 인지도 • 신규 고객률 • 고객 유지율 • 고객 방문 횟수 • 전시회 참가 횟수

내부 프로세스 지표

내부 프로세스 지표란 제품 및 서비스가 고객들의 기대와 욕구를 충족시키고, 경쟁사를 앞서려면 관련 프로세스의 효율적 운영을 위해 무엇을 해야 할지 구체화하는 지표라고 할 수 있다. 내부 프로세스 지표는 주로 조직의 운영 및 기술적 요소와 관련되며 프로세스의 효율성 측면을 중시한다.

〈내부 프로세스 지표 사례〉

• 납기 지연 시간 • 상품 단위당 비용 • 주문당 배달 시간 • 서비스 품질 • 공급자 충성도 • 제품 점유율	• 원재료 불량률 • 상품 개발 프로젝트율 • 주문당 배달 비용 • 상품 예측 정확도 • 신규 사업/기존사업 • 교차 판매 비율	• 제품 불량률 • 상품 개발 사이클타임 • 장비 업그레이드율 • 적기 성과(On-Time Performance) • 상품 구매 시 만족도 • 내부 고용 지수 • 원가 절감률

학습과 성장 지표

학습과 성장 지표란 기업의 지속적인 가치 창출을 위해 직원의 역량과 관련하여 어떻게 평가해야 할지를 나타내는 지표라고 할 수 있다. 학습과 성장 지표는 BSC의 4가지 관점에 속한 지표들 중에서 가장 미래 지향적이며 선행이 되는 지표이며, 이를 통해 기업의 장기적인 잠재력에 대한 투자가 기업 성장에 얼마나 영향을 미칠 수 있을지를 파악할 수 있다.

〈학습과 성장 지표 사례〉

• IT를 이용하는 종업원 비율 • 신규 고객/상품/서비스 예산 • 종업원 만족도 • 성과 보상 지수 • 지식 경영 구축도 • 국제 시장 성장률	• 교육 훈련 시간 • 종업원 이직률 • 경영 관리 효과 지수 • 전략적 프로젝트 수행 • 1인당 부가가치 • 종업원당 제안 건수	• R&D 투자비 증가율 • 신규 고객/상품/서비스 개발 • 종업원당 매출액 • 종업원 인지도 • 1인당 교육비 증가율 • 국제 시장 진출도 • 입사 지원자 수

: 핵심 성과 지표 도출

KPI 선정 원칙

구성원에게 동기를 부여하고자 하는 KPI의 도입 목적을 고려할 때 KPI를 선정하는 원칙은 관리 중요성, 통제 가능성, 측정 가능성의 3가지로 요약할 수 있다.

관리 중요성

관리 중요성이란 경영 활동을 대표할 수 있는 핵심 요인 중심으로 성과 지표를 선정하는 것을 의미하며, 이를 통해 업적 평가의 타당성(Validity)을 높일 수 있다. 특히 관리 중요성이 높은 지표를 KPI로 활용함으로써 구성원들로 하여금 회사 전체의 성과 향상을 위해 스스로가 중요한 역할을 담당하고 있다는 인식을 줄 수 있기 때문에 관리 중요성은 구성원들을 동기 부여하는 데 매우 중요한 요인이다.

관리 중요성을 기준으로 KPI를 도출할 경우 기업이 추구하는 전략 방향을 먼저 고려해야 한다. 기업이 추구하는 전략 방향이란 일반적으로 기업의 성장 단계에 따라 달라진다. 예를 들어 기업이 성장기, 성숙기, 수확기 등 어떠한 라이프 사이클 단계에 있는가에 따라 KPI 개발의 초점이 달라져야 한다. 성장기에 있는 기업의 경우 생산 설비의 건설 및 확장, 운용 역량의 구축, 고객과의 관계 설정을 중심으로 KPI를 개발해야 하는 반면 성숙기에 있는 기업의 경우 현 시장 점유율 유지 및 향상, 투하 자본으로부터의 수익 극대화 등과 같은 방향에 의거하여 KPI를 개발해야 한다.

한편 관리의 중요성은 전략과 연계하여 해석할 수도 있다. BSC에서 사용될 핵심 성과 지표란 전략 달성에 대한 평가를 전제로 하고 있기 때문에 지표가 전략 달성 여부를 대표하지 못한다면 적정하다고 볼 수 없다. 따라서 지표가 전략 달성 여부를 잘 표현하는지 우선적으로 살펴보아야 한다.

통제 가능성

KPI가 구성원들의 업무 방향 제시 및 동기 부여 요인으로 활용되기 위해서는 구성원들이 자신의 업무 권한 범위 내에서 KPI를 직접 통제할 수 있어야 한다. 자신이 직접 통제할 수 있는 KPI가 아닐 경우 구성원들의 의욕 저하를 가져올 수밖에 없기 때문이다. 특히 우리 기업들이 과거에 활용하였던 지표를 보면, 통제 가능성이 낮은 지표를 많이 활용해 온 경향이 있다. 이는 과거 우리 기업에서 하위 조직 단위에 성과 지표를 부과하는 방식이 일반적으로 톱-다운(Top-Down) 방식이었으며, 톱-다운 방식으로 할당된 성과 지표에 대해서는 자신이 통제 가능한지, 그렇지 않은지에 대해 논란을 벌이는 것이 허용되는 분위기가 아니었기 때문이다.

또한 우리 기업들의 조직 운영 방식이 수평 조직(Horizontal Organization)과 같이 해당 프로세스와 관련된 업무를 통합 수행하는 것이 아니라, 각 기능별로 업무를 분화해서 수행하는 체제였기 때문에 지표의 통제 가능성 측면에서 문제가 발생하기 쉬웠다.

측정 가능성

"측정하지 않으면 행해지지 않고 고쳐지지도 않는다."라는 말이 있다. KPI로 활용되기 위해서는 기본적으로 측정 가능하여야 한다. 측정하지 않고서는 최종 성과가 어떤 수준인지, 성과에 문제가 있다면 무엇 때문인지, 그리고 이를 어떻게 개선할 것인지를 파악하는 것이 어렵기 때문이다.

: 핵심 성과 지표 개발 프로세스

KPI 개발 단계에서는 항상 다음과 같은 이슈들이 발생한다.

- 무엇이 핵심인가?
- 무엇이 원인이고 결과인가?
- 지표들 간의 균형은 어떻게 맞추는가?
- 상이한 전략 사업 단위 간에 동일한 지표를 사용해도 무방한가?
- 지표는 몇 개나 관리해야 하는가?

위에서 제시된 이슈들은 BSC 체계 구축 과정에서 항상 나타난다. 특히 기존의 지표들이 대부분 결과 중심적인 지표였기 때문에 원인 지표를 도출하기는 매우 어렵다. 원인 지표들은 대부분 정성적인 지표이기 때문에 이를 계량화하는 데 많은 시간과 노력이 필요하다. 또한 거의 설문지에 의존하기 때문에 지표의 적절성과 객관성을 확보하기 어려운 측면이 있다.

예를 들면 '고객 만족도'라는 지표는 고객 설문 조사에 의하여 결과적으로 도출되지만 적정한 지표를 구성하기 위해서는 고객 만족에 영향을 미치는 조직 내부의 여러 가지 요소를 분석하는 과정을 거쳐야 한다.

지표의 적정 개수를 산정하는 경우에도 문제점이 다수 발생한다. 마케팅, 영업, 생산 관련 업무는 기존에 관리해 오던 방대한 데이터가 존재한다. 따라서 계량적 지표는 관리 가능한 범위를 넘어설 만큼 만들 수 있는데, 예를 들면 단위 조직당 30개의 지표가 선정되었다면 과연 핵심 성과 지표가 선정된 것인지 모두 의구심이 들 것이다.

핵심 성과 지표 개발 원칙

앞서 동기 부여 측면에서 핵심 성과 지표의 선정 원칙으로 관리 중요성(전략 연계성 포함), 통제 가능성, 그리고 측정 가능성을 살펴보았다. 이제는 핵심 성과 지표를 개발함에 있어 적용할 기술적인 개발의 원칙을 추가적으로 살펴본다.

- 핵심 성과 지표는 적을수록 좋다.
- 사업의 핵심 성공 요인과 연계되어야 한다.
- 설정된 관점상에서 조직의 과거/현재/미래를 한눈에 알아볼 수 있는 지표이어야 한다.
- 고객, 주주와 기타 이해관계자들의 기대와 욕구를 반영하여 개발하여야 한다.
- 최고 경영자의 의지로 조직 구성원들에게 전파되어야 한다.
- 지표는 변경 가능해야 하고 환경과 전략이 변경됨에 따라 조정되어야 한다.
- 지표의 목적과 목표는 정확한 조사에 근거하여 설정되어야 한다.

핵심 성과 지표 개발 접근 방법

성과 지표 개발의 접근은 미션 → 목표 → 전략 → 성과 지표와 같은 일련의 톱-다운 접근 방법을 활용하여 구체화한다. 즉, 조직의 미션에 부합해야 하고, 그 미션으로부터 도출된 목표 및 전략에 적합해야 하며, 전략 과제의 목적 달성과 그 달성 여부를 확인할 수 있는 관점에서 도출하여야 한다. 따라서 지표 개발이 완료된 상태에서 보텀-업(Bottom-up) 방법에 의해 체계적으로 관리가 된다고 가정할 경우에 최종 미션의 달성 가능 여부를 확인하는 것이 필요하다.

1. 핵심 성공 요인 정리 및 특성 파악

핵심 성공 요인들을 일목요연하게 정리함과 동시에 그 핵심 성공 요인들이 가지고 있는 특성들을 파악한다.

2. 핵심 성공 요인별 측정 후보 지표군 발굴

핵심 성공 요인별로 각각에 대한 측정 후보 지표들은 다양한 측면에서 다수의 지표들을 추출한다. 예를 들면 질(Quality), 비용, 납기, 만족도 등이 있다.

3. 핵심 성공 요인별 최적 성과 지표 선정

후보 지표들 중 전략 목표나 과제의 목적 달성에 가장 핵심적인 지표들을 선정한다.

4. 적합성 검토 및 공유

전략 목표 및 과제의 추진 목적, 핵심 성공 요인 그리고 그것을 측정하기 위한 지표들로 최적화되어 있는지를 검토한다. 이때 최적화된 지표란 이 지표들의 변화가 결국 전략적 목표나 방향이 추구하고 있는 목적의 달성 정도에 그대로 반영됨을 의미한다.

핵심 성과 지표 개발 시 고려 사항

지표의 개수 및 균형

핵심 성과 지표의 적정 개수에 대한 답은 없다. 조직마다 관리 역량이 다르므로 관리 가능한 범위 내에서 적정한 지표 수를 결정해야 한다. 조직 단위별로 15개 내외의 핵심 성과 지표를 선정하기도 한다. 또한 관점별로는 3~4개의 핵심 성과 지표를 선정하는 것이 관리하기에 용이하다. 지표의 균형 측면에서도 원인 지표와 결과 지표의 적정 비율이란 없으며 관리 역량을 고려하여 원인 지표의 비율을 증가시키는 것이 원칙이다.

한편 전사적인 BSC 구조를 보면 전사 KPI는 20~25개의 지표가 가장 적합하다고 대부분의 BSC 운영자나 컨설턴트들이 주장한다.

- 재무 : 예상되는 재무 결과에 대한 3~4개의 지표. 조직은 재무적 목표를 명확하게 이해해야 하며 많은 측정 값이 필요하지 않다.
- 고객 : 5~8개의 지표. 고객 관점은 일반적으로 많은 선행 지표를 갖게 된다.
- 내부 프로세스 : 5~10개 지표. 내부 프로세스 관점은 고객과 재무 이해관계자의 가치를 증가시킬 수 있는 핵심 프로세스로 정의해야 한다. 프로세스는 무수히 많은 지표의 결과로 조직 전반에 걸쳐 존재한다.
- 학습과 성장 : 3~6개 지표. 지표에 대한 합의를 도출하기 가장 어려운 특징이 있다.

주요 업무 연계 조직 간의 갈등 조정

조직 간에 책임이 모호한 지표가 선정되는 경우가 있다. 심지어 조직 간 갈등으로 인해 핵심 성과 지표로 선정하지 않는 경우도 발생할 수 있다. 이때에는 책임을 질 특정 조직을 강제적으로 결정하거나 관련 조직에 공통으로 성과 지표를 적용하고 가중치를 조정하는 방식을 사용할 수 있다. 경영자의 관심과 조정 능력이 발휘되어야 하는 사항이다.

소극적인 지표 선정

성과 평가가 너무 강조되면 구성원들은 목표를 달성하지 못할 때 발생할 수 있는 책임이나 인사 고과상의 불이익을 두려워하여 지표 자체를 달성하기 쉬우면서 전략 달성과는 별로 연관성이 없는 것으로 선정할 가능성이 높아진다. 성과 관리의 기본 취지와 조직의 비전을 잘 전달함으로써 이런 소극적 지표 선정의 우를 범하지 않도록 해야 한다.

지표 측정 주기

지표 측정 주기는 데이터 관리 프로세스와 밀접한 관련이 있는 사항이다. 성과 관리는 지속적으로 변화하는 기업의 현황을 실시간으로 파악하고 이에 따라 경영진에 신속한 의사 결정을 하기 위해 조기 경보 기능을 제공한다는 데 큰 의의가 있다. 따라서 지표의 측정 주기는 관리 가능한 수준 이내에서, 조직 변화에 대한 추세 분석이 가능할 수 있는 정도로 지표별로 설정하는 것이 바람직하다.

간접 부서의 평가 지표 설정

간접 부서 혹은 지원 부서는 전사 공통 지표를 일부 적용하고 부서 특유의 평가 지표를 부가하는 방식이 적합하다. 물론 공통 지표의 가중치가 얼마여야 하는가는 또 다른 차원의 문제이다.

지표 차별화

동일한 조직 내에 있더라도 밸류 체인이 전혀 다른 사업부나 팀들은 서로 상이한 전략을 가지고 있다. 따라서 사업부별의 성과 지표는 차별성이 있어야 한다.

핵심 성과 목표 및 지표의 활용

성과 목표와 지표 개발을 통하여 성과 관리 시스템을 구축하는 것은 BSC의 시작점이고, BSC를 적용함에 있어 향후 정부의 성과 계획을 수립하는 데 유용하게 활용할 수 있다.

우선적으로 전략 목표 달성을 위한 구체적인 타깃을 설정한다. 최고 경영자는 성과 지표에 대해 야심적인 목표를 설정하고, 이니셔티브(행동 대안)를 명확하게 밝힘으로써 전략적 일정에 따른 사업 단위의 성과 추이를 추적 관리할 수 있게 된다.

둘째는 성과 관리를 위해 조직 목표에 대한 전략적 학습과 피드백 활동이 요구된다. 성과 목표 및 측정 지표는 조직 구성원에게 공유 비전을 명확히 하고 체계적으로 전달함으로써 조직 구성원을 전략적 활동에 집중하도록 한다.

셋째는 BSC 프로그램의 이행인데, 비전과 전략을 명확히 하고 조직의 목표 달성을 위한 제반 활동을 집행해 나가는 단계이다. 성과 지표의 측정 주기별 집행 과정을 점검하고 달성 데이터를 확인하면서 프로세스에 대해서도 점검을 해야 한다.

넷째는 조직 내부의 의사소통을 원활히 하고 성과 관리와 보상을 연계시켜 효과를 배가시킬 수 있도록 조직 전체가 구성원 간의 합의와 공감을 이끌어내야 한다. 아울러 제반 활동의 권한을 최대한 하부로 이양하고, 성과 목표의 달성 수준에 따른 보상과 연계하여 조직원의 활동 의욕을 제고해 나가야 한다.

제 6 장

프로세스 –전략의 실행

제1절 들어가기
제2절 전략 실행 계획 수립
제3절 전략 실행의 실패
제4절 전략 실행력 강화 방안

: 들어가기

전략이 최선의 활동을 선별하는 일이라면 실행은 선택한 활동을 지속적으로 개선해 나가는 일이다(Gary. Harpst). 전략의 실행은 단순히 과제를 수행하는 것이 아니라 수행하되 더 효율적으로 개선해 나가는 활동을 포함한다. 그러므로 전략적 숫자 경영에서 전략의 실행이란 실행, 관찰, 분석 및 대응을 포함하는 포괄적인 활동이다.

어느 조직이든 전략과 실행을 적절히 잘 조합해야 실행 혁신이 일어난다. 조직이 성과를 내는 경영을 달성하기 위해서는 전략을 얼마나 잘 세우고 잘 실행했는가에 달려 있다. 전략과 실행을 다음과 같이 표시해 보자. 그림에 따르면 약한 전략과 약한 실행력을 가지고 있으면 악전고투하는 기업의 형태를 가지지만 강한 전략과 강한 실행력을 가진 기업은 회사를 성장시키고 수익을 창출하는 일이 안정적으로 이루어진다. 물론 어떤 기업은 실행력은 약하지만 강한 전략으로 성장하는 기업도 있고, 전략은 약하지만 강한 실행력으로 수익을 창출하는 기업도 있다.

전략	강	성장 기업	안정 및 예측
	약	악전고투	수익의 물결
	실행	약	강

자료: 게리 하스트(Gary Harpst)『실행의 여섯 가지 원칙(Six Disciplines Execution Revolution)』

: 전략 실행 계획 수립

전략을 구체적으로 실행하기 위해서는 장기적이고 포괄적인 계획을 단기적이고 부분적인 실행 계획을 수립하여 실행하여야 한다. 이는 조직 내의 가용인원, 예산, 시간 등 자원을 고려하여 조직의 비전을 실현할 수 있는 세부 업무 추진 계획을 총괄적으로 수립하는 것이다.

계획을 수립하지 않고 업무를 추진할 경우에는 일반적으로 각 구성원의 업무 활동을 충분히 조정할 수 없으며 다양한 방향으로 각각 또는 상호 중복된 업무를 추진하게 된다. 이러한 문제를 해결하며 일관성을 유지하고 적극적인 업무 추진을 위하여 실행 계획의 수립은 더욱 중요하다.

미국 정부의 '성과와 결과에 따른 법'(Government Performance and Results Acts: GPRA)에 따르면 연차별 성과 계획에 포함되어야 할 사항으로 다음을 제시하고 있다.

- 프로그램 활동에 의하여 달성하게 될 성과 수준을 확인하기 위한 성과 목표의 설정
- 성과 목표를 객관적 · 양적으로 측정할 수 있는 형태로 표현
- 성과 목표를 달성하는 데 필요한 운영 과정, 기술 및 기법과 자본, 정보 및 기타 자산을 기술

- 개별 프로그램과 관련한 산출, 서비스 수준과 결과를 측정하고 평가하는 데 사용하기 위한 성과 지표의 설정
- 설정된 성과 목표와 실제 프로그램의 결과를 비교하기 위한 기준의 제시
- 측정값을 확인하고 정당화하기 위하여 사용하게 될 수단의 제시

전략을 실행하기 위한 실행 계획서에는 전략적 계획을 집행하기 위하여 사용하는 운영, 절차 및 과정을 포함한다. 이를 구분하여 실행 계획서를 구성하면 다음과 같이 실행 계획을 짜게 된다.

〈실행 계획서 양식〉

- 프로그램명 :
- 목　　적 :
- 목　　표 :
- 전　　략 :
- 성과 목표 :
- 측정 지표 및 평가 방법 :
- 세부 추진 계획

행동 단계	책임 부서(담당자)	일정	필요 자원

: 전략 실행의 실패

사실 전략 실행은 전략을 계획하는 일보다 더 힘이 든다. 전략 실행력에 대한 설문 결과에 따르면 경영자의 90% 이상이 조직 전략에 대한 명확한 이해가 있을 때 조직의 성공 가능성은 크게 높아지는 것으로 믿고 있었으나 기업 전략에 대해 명확히 이해하고 있는 경영자는 전체의 60%를 밑돌고 있으며 전략이 효율적으로 이행되고 있다고 믿는 경영자는 30%에 불과했다. 그렇다면 전략 실행은 왜 실패하는가? BSC(Balanced Scorecard)를 개발한 캐플란 박사에 의하면 미국에서 10개의 회사 가운데 9개 회사는 회사의 전략을 제대로 집행하고 있지 않고 전략 실행에 실패하는 4개의 장벽(Barrie)이 있다고 한다.

〈전략 실행력에 대한 조사 내용〉

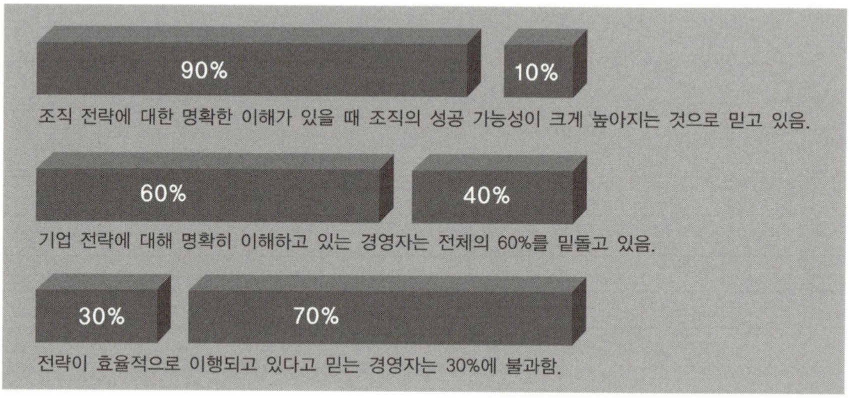

〈전략 실행의 장애 요인〉

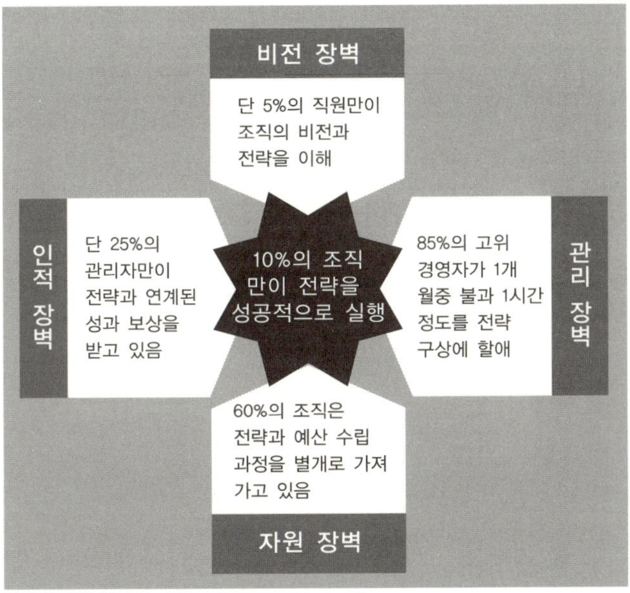

첫째 장애물(Barrier)은 비전 장벽(Vision Barrier)으로 극소수의 조직 구성원만이 전략을 이해하고 있다는 것이다. 이는 전략에 대한 부실한 정보 공유, 지식 전달의 부족 및 불분명한 책임 소재 등에 기인한다. 복잡한 전략의 경우 부서 및 작업자 간 협력과 효율적인 조정이 필수적이다. 전략의 성공을 위해서는 세부 목표에 대한 정보가 공유되지 않으면 실행 노력이 효과를 거둘 수 없다.

둘째는 관리 장벽(Management Barrier)으로 중역의 85%는 전략 회의를 위해 한 달에 1시간 미만을 투자하고 있다. 이는 관리자들이 전략에 대한 이해 없이 반복적인 일상 업무에만 치중하는 경우 발생한다. 경영자는 전략을 수립하는 일과 더불어 전략 실행의 진행 상황을 검토하고 전략 실행에 방해가 되는 요소를 규명하며 이에 대한 대응책을 마련하는 등 성공적인 실행을 위한 노력을 해 나가야 한다.

셋째는 자원 장벽(Resource Barrier)으로 60%의 조직이 예산과 전략 우선순위가 서로 다르다는 것이다. 이는 기업이 전략과 예산을 연계시키지 못하는 것을 의미한다. 기업이 전략을 세우는 일에 많은 공을 들이지만 전략을 성공적으로 수행하기 위한 예산, 인력, 소요 시간 등을 고려한 체계적인 실행 계획을 세우는 데는 상대적으로 소홀하다. 전략을 실행하는 데 필요한 충분한 자원이 지원되어야 한다.

넷째는 인적 장벽(People Barrier)으로 전략 실행을 위해 자발적으로 나서는 사람이 없다는 것이다. 보통 조직의 경우 상대적으로 소수가 전략과 직접 연관된 인센티브를 가지고 있다고 한다. 조사에서는 25%의 관리자만이 전략에 관련된 성과급을 받고 있다고 한다.

조직의 성공을 위해서는 전략의 명확화만으로는 불충분하며 전략을 제대로 이행할 수 있는 실행력이 담보되어야 한다. 구성원 개개인의 구체적 행위가 전략적 목표에 미치는 영향력에 대해 깊이 이해하고 전 직원이 의사 결정 기준으로 성과 지표를 활용할 수 있을 때 비로소 그 전략은 실행력을 갖추었다고 평가할 수 있을 것이다. "진짜 문제는 전략이 부실한 것이 아니고 부실한 실행에 있다."는 위의 조사 결과처럼 경영 전략은 수립하는 것보다 수립된 전략이 제대로 이행되고 있는지를 지속적으로 관리하는 것이 중요하다.

: 전략 실행력 강화 방안

행동 변화와 변화 동인

최근의 연구 결과들은 전략 실행에 가장 중요한 점으로 조직 구성원의 행동을 변화시켜야 한다고 주장하고 있다. 조직 구성원의 행동이 변하지 않고서는 실질적인 기업 성과의 창출과 개선은 어렵다고 보기 때문이다. AT커니컨설팅은 실행력 제고를 위해서는 임직원의 '가치 변화'보다는 '행동 변화'에 초점을 맞추어야 한다고 조언한다. 조직 구성원의 구체적인 행동 변화만이 기업의 성과를 창출할 수 있고 새로운 기업 문화 형성을 위한 기반이 된다는 것이다.

행동 변화를 움직이는 요소는 문화적 변화 동인과 구조적 변화 동인의 2가지로 구분할 수 있다. 문화적 변화 동인은 행동 변화의 구체적이고 실질적인 내용에 해당하고, 구조적 변화 동인은 행동의 제약 조건으로서 역할을 하게 된다.

문화적 변화 동인

임직원의 행동 변화를 위한 문화적 변화 동인의 예는 리더십과 커뮤니케이션 체계, 평가 보상, 교육제도 등을 들 수 있는데, 이러한 동인들은 기업의 전략이 사람들의 업무와 활동으로 전환하도록 구체적인 이해를 돕고 전체적인 합의를 촉진시키는 데 중요한 역할을 한다. 문화적 변화 동인 가운데 기업 내 사회적 메커니즘에 주의를 집중할 필요가 있다.

효율적 사회적 메커니즘은 전략이나 리더의 방향성이 조직 구성원 사회에서 어떤 방식으로 받아들여지는지를 결정하는 구조이다. 전략을 수립하고 검토 및 피드백하는 일련의 과정에서 임직원 모두가 책임의식을 갖고 토론하고 고민하는 공식적·비공식적 절차가 존재할 때 효율적 사회적 메커니즘이 구축되어 있다고 할 수 있다. 효율적 사회적 메커니즘을 가지고 있는 대표적인 회사는 GE이다. GE는 전략 방향 설정, 합의 및 실행을 위해 다양한 회의체를 가지고 있으며 우리가 잘 아는 워크아웃(Workout)도 이러한 프로그램의 한 종류이다.

전략 계획을 실행으로 옮기기 위해서는 조직의 경영자와 리더들이 전략적 계획 과정에 참여하여야 한다. 경영자의 계획 개입 정도와 실행은 서로 상관관계가 있다. 즉 경영자의 개입 정도가 높을수록 전략의 집행 가능성은 높아진다. 또한 실제로 전략을 집행하는 사람을 전략 계획에 적극적으로 참여시켜야 한다. 담당자들의 참여는 전략 계획을 실행 계획과 연계시키는 촉진제가 될 것이다. 또한 담당자의 참여는 집행에 중요한 동기 부여가 된다.

관리자의 리더십은 목표 관리의 성패를 좌우하는 중요한 요소이다. 관리자는 구성원들이 항상 다양한 업무 속에서 중점 관리 항목에 집중하며 업무의 우선순위에 초점을 두고 전체 팀원들이 자신의 책임을 완수할 수 있는 업무 분위기를 조성하여야 한다.

전략을 집행하는 과정 속에서 전체 목표에 영향을 미치는 업무 과제의 실제 운영과 구성원들의 행동을 평가하고 모니터링하는 것이 필요한데, 평가에 타당성을 기하려면 목표에 직접적으로 영향을 미치는 역량 평가 지표를 추출해야 한다.

관리자는 조직 구성원들이 계획된 목표 및 실행 계획을 실행에 옮길 수 있도록 계속적인 지원(Support), 피드백(Feed back) 및 적절한 방향 제시(Direction) 등을 계속적으로 제공하여야 하며, 구성원들이 각자의 능력을 최대로 발휘할 수 있도록 다음과 같은 다양한 관리 기법을 구사할 수 있어야 한다.

- 관리자의 지도(Coaching)
- 목표 추진 점검 회의(Review Meeting)
- 업무 추진 우선순위의 확정(Clarify Priority)
- 관련자들과 합의된 의사 결정(Consensus Decision)
- 솔선수범(Modeling)
- 지원 제공 및 피드백(Support & Feedback)
- 업적의 인정 및 격려(Recognition)
- 갈등 관리(Managing Conflicts) 등

구조적 변화 동인

행동 변화를 위한 구조적 변화 동인은 조직 구조와 조직의 운영 지침인 운영 모델로 구분된다. 조직 구조는 조직 내 역할과 책임 등으로 세분할 수 있으며, 운영 모델은 역할과 책임이 효율적으로 작동되도록 하는 운영 체계를 의미한다.

전략이 조직 구조 속에서 역할을 하기 위해서는 이러한 전략 계획에 조직의 중요한 문제가 포함되어야 하며, 담당자들이 관심을 가지는 조직의 구조,

인력 개발, 인센티브, 커뮤니케이션과 같은 것들이 계획서에 반영되어야 한다. 전략 계획은 일상적인 관리와 연결되도록 하여야 한다. 이를 위해 전략적 계획을 조직 운영이나 의사 결정의 지침이 되도록 적극 활용하여야 한다. 이를 위해 전략 계획은 참여자와 이해관계자에게 배포하여 전략이 어떻게 집행되고 누가 집행 책임자인지를 알려야 한다. 조직의 업무를 계획의 맥락에서 조직화하여야 한다. 전략은 집행 과정을 통제하기 위하여 시스템을 설계하고 운영하여야 한다. 집행 과정을 관리하기 위하여 주기적인 회의나 분석 메커니즘을 구축하여야 한다.

조직 구조의 변화만으로는 임직원의 행동 변화가 전략의 방향과 부합되게 할 수는 없다. 조직 구성원의 역할 및 책임의 분명한 정의, 관련 프로세스 및 인프라의 변화 등 조직 운영 체계의 변화가 동반되어야 실질적인 행동 변화의 환경이 주어졌다고 할 수 있다.

제 7 장

프로세스 – 관찰, 분석과 대응

제1절 실행의 관찰
제2절 분석과 측정
제3절 대응

: 실행의 관찰

전략을 실행했다면 다음은 그 실행에 대해 관찰하고 분석하는 단계이다. 조직 내부와 외부에서 오는 신호에 관심을 가지고 지켜보는 것이 중요하다. 조직이나 목표를 위협하는 강한 신호는 쉽게 파악할 수 있지만 약한 신호는 상황 파악이 어려워 계속 주시하고 관측하는 것이 필요하다. 그러므로 환경이 변하는 강한 신호가 포착되면 구체적인 대응책을 마련하여 즉각 조치하여야 하고, 약한 신호는 계속 관찰하되 주기적으로 반복되는 신호가 위기로 발생할 가능성이 높다면 이에 대한 대책도 필요하다.

관찰은 외부 환경 또는 내부 환경이 어떻게 변하고 있는지, 이러한 환경하에서 전략이 제대로 실행되고 있는지, 어떤 요인들이 전략 실행을 방해하고 있는지를 인식하는 과정이다. 관찰에 대한 기본적인 질문은 누가 무엇을 관찰해야 하는가이다.

누가 무엇을 관찰해야 하는가?

조직에서 관찰은 집단적인 활동이다. 아무리 지식과 경험이 풍부한 사람이라도 한 사람의 힘으로 모든 것을 관찰할 수 없다. 그리고 개별적으로 관찰된 자료가 효과를 갖기 위해서는 조율이 필요하다.

관찰 대상에 대하여 "모두가 모든 것을 관찰해야 하는가?" 아니면 "명확한 개념 틀 속에서 구체적인 과제에 대하여 관찰해야 하는가?"라는 두 가지 질문을 던질 수 있다. 우리가 선택하는 해답은 두 번째 질문이다.

그러므로 전략 추진 사항을 관찰 시에는 전략 중심의 관찰이 이루어져야 한다. 전략 중심의 관찰이란 업무나 과제의 구체적인 수치 목표에 대하여 연간 성과 목표를 월간, 주간 차원에서 세분화시켜서 부여하고 목표 달성에 영향을 미칠 수 있는 요인을 분석하는 것이다. 숫자 경영이 체계화되기 위해서는 거창한 목표나 슬로건을 설정해 놓고 말잔치를 벌이는 것보다는 이러한 월간 및 주간 단위에서 전략 중심의 실행 계획 관찰 및 분석이 중요한 것이다.

성과 목표를 효과적으로 달성하기 위해서는 이를 실행하는 과정을 주기적으로 관찰해야 한다. 성과 목표를 관찰하기 위해서는 지속적으로 성과를 모니터링하고 조정해야 한다. 이를 위해 관리자는 업무별로 모니터링하거나 회의를 통하여 운영상의 문제와 프로세스를 다루면서 실행을 관찰할 필요가 있다. 성과 목표에 대한 모니터링은 KPI를 기준으로 주간, 월간 및 분기별로 성과 달성 전략을 수립하여 진행하여야 한다.

관찰은 우선 사건을 중심으로 이루어진다. 사건이란 내부 또는 외부 원천으로부터 초래되어 조직의 목표 달성 또는 전략의 실행에 영향을 미치는 요소를 지칭한다. 사건은 보통 단독적으로 발생하지 않고 한 사건이 다른 사건을 유발시키기도 하고 여러 사건이 동시에 일어나기도 한다. 사건의 영향은 부정적 또는 긍정적 모두의 형태로 나타날 수 있다. 조직에 부정적인 영향을 미치는 사건들은 조직의 목표 달성에 영향을 미칠 수 있다. 따라서 이러한 사건에 대해서는 분석을 실시해야 한다. 반면 긍정적 영향을 미치는 사건은 조직에 기회를 제공한다. 따라서 전략 계획, 재무 계획 및 성과 관리 프로세스에 이러한 사항이 반영되어야 한다.

사건과 사건 발견 기법

전략 또는 조직 목표 달성에 영향을 미치는 요소를 발견하기 위하여 다양한 툴을 사용해야 하지만 그와 동시에 일관되고 지속적인 절차의 개발도 이뤄져야 한다. 과거의 기록, 변화하는 인구 통계, 급속히 변해 가는 조직 외부 환경도 고려해야 한다. 다음에서 제시하는 사건의 발견 기법은 조직의 목적과 처해 있는 환경에 따라서 다양하게 활용할 수 있다.

사건 목록

특정 산업에 속한 회사나 특정 프로세스 또는 조직 전반에 일어나는 활동에 공통되는 잠재적인 사건을 구체적으로 제시하여 목록을 만들어 사건 발견을 할 수 있도록 한다.

내부 분석

일상적인 경영 계획에 따라 작성된 프로세스의 일부로 수행할 경우 일반적으로 사업부 단위의 회의를 통하여 이루어지지만 외부 전문가에 의하여도 이루어진다.

임계치

미리 정의되어 있는 상황에 대한 기준과 현재의 사건을 비교함으로써 사건을 발견할 수 있다. 계기판을 통한 모니터링이 한 예가 될 수 있다. 숫자 경영에 있어서 각각의 성과 지표에 대한 계기판들은 부분적인 운영 요소가 아니라 전략적 목표를 표현할 수 있어야 한다.

〈계기판〉

발생 가능성	영향도	리스크 점수	리스크 등급
5	2	25	High
2	3	20	
5	4	20	
3	2	15	
4	1	15	
4	5	12	Medium
3	2	12	
5	5	10	
2	3	10	
3	4	9	
4	1	8	
2	3	6	
5	5	5	
4	5	5	Low
2	2	2	
1	5	3	
1	3	4	
5	4	3	
2	1	4	

워크숍과 인터뷰

축적된 지식 및 관련자들의 토의를 통해 얻은 경험을 기반으로 사건을 발견하는 것이다.

프로세스 흐름 분석

프로세스를 정형화하기 위해 투입물, 과업, 책임, 산출물의 흐름을 고려하여 투입 내용에 영향을 주는 내외부의 요소와 프로세스 내에 있는 활동을 고려하여 조직 목표 달성에 영향을 줄 수 있는 사건을 파악한다.

선행 사건 지표

사건과 관련한 데이터를 관찰하여 사건이 발생하도록 하는 조건의 존재 여부를 알아내어 사건을 발견한다.

손실 사건 자료 방법론

과거의 개별적인 손실 사건에 대한 누적 자료는 그 추세와 근본적인 원인을 발견하기 위한 유용한 원천이 된다. 일단 근본적인 원인이 파악되면 최고 의사 결정권자는 개별적인 사건들로 접근하는 것보다 더욱 효과적으로 사건을 분리하여 관찰할 수 있다.

비전과 전략

조직의 비전과 전략이 파악되면 이를 달성하기 위한 핵심 성공 요인에 대한 분석이 이루어진다. 이를 통해 조직이 추구하는 목표를 달성하는 데 핵심이 되는 요소에서 위험을 파악한다.

관리도를 통한 관찰

관리도를 통해 프로세스를 모니터링할 경우 다음과 같이 한다. 먼저 일상적으로 데이터를 수집하고 분석을 통해 프로세스의 관리 상태 여부를 판단한다. 프로세스가 관리 이탈 상태이면 품질 변동을 초래하는 이상 원인을 찾아 제거하여 관리 상태로 회복시킨 후 이력 관리 및 재발 방지 대책을 수립한다. 프로세스가 관리 상태이면 그 상황에서 프로세스 능력을 산출한다.

〈관리도〉

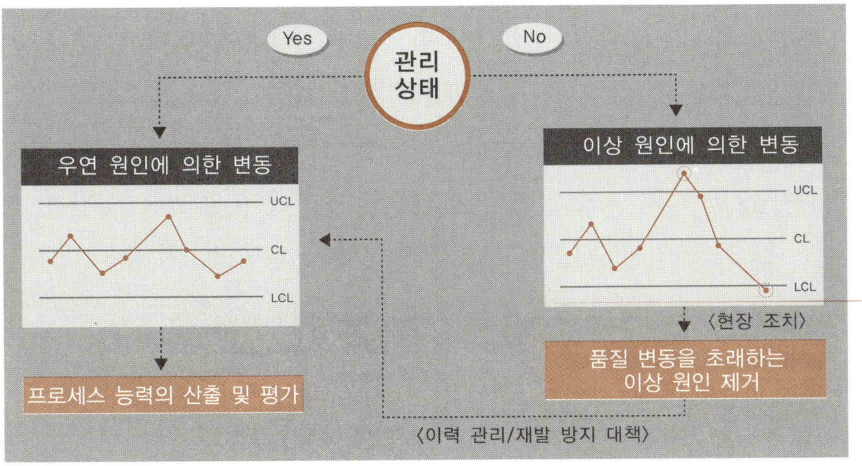

이러한 관리도에 의한 모니터링은 성과 관리에 있어서 성과 관리 범위(Performance Band)의 설정과 동일하다. 예를 들면 매출액 10억 원이라는 목표가 수립되었다고 하자. 이때 적절한 관리 범위를 설정하면 성과 평가에 대한 권한 이양과 조기 경보 기능을 확보할 수도 있다.

〈성과 관리 범위〉

성과 관리 범위	달성(Green)	주의(Yellow)	심각(Red)
보수형	9억(90% 이상)	9억~8억(90~80%)	8억(80% 이하)
공격형	10억(100% 이하)	9.5억(100~95%)	9억(90% 이하)

데이터 수집

대부분의 데이터는 사실 쓸모없는 것이 많다. 누적되는 데이터 중 불필요한 데이터는 제거하고 가치 있는 데이터만을 정리한다. 필요한 데이터인지 아넌지를 판단하기 위해서는 관찰된 지표 값과 전략적 목표 지표의 지표 값 간의 상관 지수를 판단하여 결정한다. 이러한 절차를 거쳐 수집한 유효한 데이터는 전략적 검정과 평가를 위한 필수적 조건이다.

자료 수집의 양과 분석의 깊이는 의사 결정의 중요성과 가용 자원에 따라 달라진다. 의사 결정 사항이 매우 중요하고 가용 자원이 많다면 가능한 한 폭넓은 데이터를 수집하는 것이 바람직하다. 그러나 의사 결정이 중요하더라도 가용 자원이 부족하면 문제를 구성하는 여러 가지 이슈 중 핵심적인 이슈에 대한 자료를 먼저 수집하고 다른 이슈에 대한 자료를 수집한다. 즉 가용 자원의 중요도와 시급성을 기준으로 배분하는 것이다. 반면에 의사 결정의 중요성은 낮지만 가용 자원이 충분한 경우에는 가용 자원의 적절한 배분을 통하여 다른 문제 해결책을 강구하는 것이 바람직하다.

자료를 수집하고 분석하는 경우에 파레토(Pareto)의 법칙을 적용하는 것이 좋다. 핵심이 되는 20%가 80%의 결과를 가져온다는 것이다.

〈파레토 법칙〉

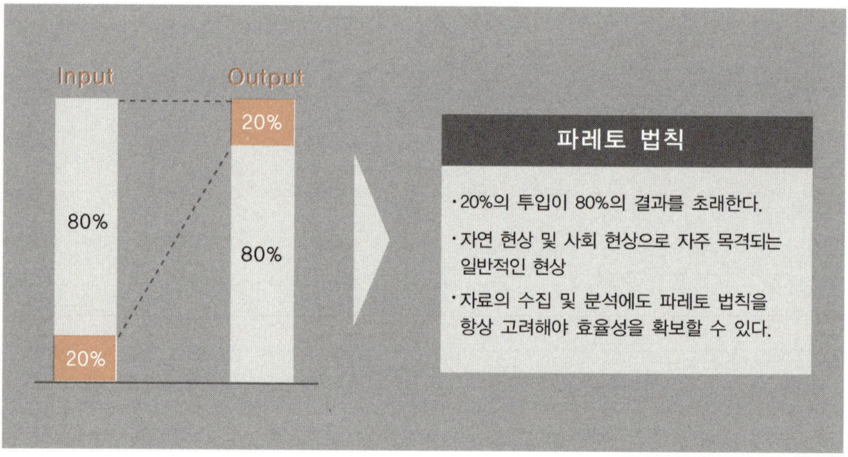

이 법칙은 보편적인 현상으로서 다음과 같은 예를 들 수 있다.

- 문제 해결 과정에서 20%의 시간 투자가 80%의 효과를 가져온다.
- 20%의 제품 또는 고객이 전체 매출 혹은 이익의 80%를 창출한다.
- 20%의 인재가 조직의 80% 가치를 창출한다.
- 20%의 주요 원인이 80%의 결과를 초래한다.
- 20%의 업무가 80%의 만족을 제공한다.
- 100번 중 20번의 비가 전체 강수량의 80%를 차지한다.
- 국민 20%가 80%의 부를 소유하고 있다.

물론 파레토의 법칙이 모든 상황에 반드시 들어맞는 것은 아니지만 소수가 다수를 점유하는 현상은 어디에서나 발견되기 때문에 자료를 수집하고 분석하는 경우 염두에 둘 필요가 있다. 즉 100개의 수집한 자료 중에 20개 정도만 유용하고 나머지는 무의미한 경우가 많다. 따라서 자료를 수집할 때는 자료의 양을 늘이는 것에 집중하지 말고 꼭 필요한 자료를 수집하는 데 집중하여야 한다.

관찰의 기록

관측은 신뢰성 있고(Reliable) 편리한(Convenient) 방식으로 기록되어야 한다. 여기서 편리한 방식이란 데이터의 저장(Store)과 이용(Use) 양쪽을 모두 포함하는 의미이다. 관측에 있어서는 적정한 관측 빈도를 결정할 필요가 있다. 적정 빈도는 모든 움직임을 관측할 수 있으면서도 조직 내에 불필요한 소란을 일으키지 않을 정도여야 한다.

데이터 계산

계산을 통해 모아진 데이터에 추가적인 데이터를 더할 수 있다. 유용한 계산 방식은 총계(Sum), 평균(Average), 표준 편차(Standard deviation), 최솟값(Minimum), 최댓값(Maximum) 등을 포함한다. 관측 기간이 짧거나 단기적으로는 변동 폭이 크나 지속적인 경향에 맞추어 움직이는 경우에는 통계 요약 계산(Calculating Summary Statistics)이 효과적이다.

자기 평가

만약 지표 값이 꾸준히 존재하지 않는 경우 자기 평가(Self-assessment)는 이를 판단하는 데 효과적인 방법이 될 수 있다. 자기 평가는 일반적으로 세 단계의 프로세스로 이루어진다. 첫째, 지표 담당자는 통제 요소나 위험의 레벨을 측정하기 위해 고안된 질문지에 답을 한다. 둘째, 독립적인 집단이 통제 요소 담당자 혹은 지표의 답변을 확인한다. 여기서 측정된 통제 요소의 값이 척도가 된다. 셋째, 데이터가 쌓이면 마지막 단계에서 유효성을 평가하기 위한 결과값의 분석 자료가 완성된다.

지표의 관측 값 기록하기

각각의 관측된 지표의 값은 분석에 따라서 기록되어야 한다. 만약 전략적 목표가 "우리의 목표는 고객에게 사랑받는 것이다."라면 우리는 고객들이 우리에게 가지는 '사랑의 양'을 측정할 수 있어야 한다. 이를 측정하기 위해서는 고객 만족도 조사와 같은 설문 조사를 사용할 수 있다.

: 분석과 측정

분석의 의의

모든 단계가 공히 중요하지만 변화하는 환경 속에서 그 중요성이 부각되고 있는 단계가 바로 분석이 이루어지는 단계이다. 분석이란 말은 각 부분이 갖는 가치, 종류, 양, 질을 이해하기 위하여 전체를 각각의 구성 요소로 분리시키는 것을 의미한다. 다시 말해 분석은 하나의 이슈를 여러 개의 부분으로 쪼개는 것이다.

"분석은 과학·비과학적 프로세스가 다면적으로 결합된 것으로서, 분석 프로세스를 통하여 데이터나 정보가 해석되고 의미 있는 통찰력이 창출된다. 분석을 통하여 상관관계가 도출되고, 트렌드와 패턴이 파악되며, 성과의 갭이 드러나고 무엇보다도 기업에 주어질 수 있는 기회가 식별되고 평가된다. 수집된 데이터를 통하여 제기되는 '그래서 무엇이 어떻단 말인가?'에 대하여 답을 할 수 있는 것도 분석을 통하여 가능하며, 의사 결정자의 필요에 직접적으로 관찰된 통찰력도 분석을 통하여 도출된다."(Fleisher & Bensoussan, 2006)

효과적인 분석의 특성

'분석이 가치를 갖기 위해서는 어떤 기준을 가져야 하는가?'라는 질문에 다음의 6가지 특징이 제시되고 있다(Fleisher & Bensoussan, 2006).

첫째, 미래 지향성(Future Orientation)이다. 분석은 과거의 자료를 가지고 현재를 분석하지만 그 분석의 적용은 미래 지향적이어야 한다. 우리는 미래를 예측할 수는 없지만 업무는 미래를 대비하면서 수행하여야 한다. 그러므로 분석도 과거에 어떠했다가 아니라 분석 결과로 우리는 미래에 어떻게 행동해야 하는가에 대한 자료가 도출되어야 한다.

둘째, 정확성(Accuracy)이다. 분석가는 정확한 분석 결과를 창출하도록 노력하여야 한다. 한 가지 자료원에서 결과를 도출할 때, 하드 정보와 소프트 정보를 서로 비교 검정할 수 없을 때, 소스가 편파적일 때 정확성을 가로막는 요소가 된다.

셋째, 자원 효율성(Resource Efficiency)이다. 분석이 효율적으로 수행되기 위해서는 데이터 수집 비용이 결과물의 가치보다 적게 들어야 하면 의사 결정이 이루어질 시점에 무용지물이 될 정도로 정보 수집 기간이 길어서도 안 된다.

넷째, 객관성(Objectivity)이다. 분석의 편향성을 갖는 위험 요소를 최소화하기 위하여 데이터나 정보는 이성적이고 체계적인 접근법을 통하여 점검되고 분석되어야 한다. 그래서 객관적인 결과를 도출하도록 노력하여여 한다.

다섯째, 유용성(Usefulness)이다. 분석 결과는 의사 결정에 유용해야 하고 조직 및 의사 결정자의 책임과 부합하는 분석이 되어야 한다. '알면 좋은' 분석이 아니라 '알 필요가 있는 분석'을 만들어내어야 한다.

여섯째, 시의 적절성(Timeliness)이다. 분석에 들어가는 시간이 너무 길면 분석 결과를 활용하기 어려워진다. 그러므로 적절한 시기에 활용 가능한 분석물을 도출하여야 한다.

〈경영 기법별 분석 구분〉

관리 주기		BPR	QM스토리	6시그마 (DMAIC)	지식 경영 (SECI)	일상 업무	이노미팅 문제 해결 방법론
P	P	주제 선정	주제 선정	정의 Define		S (업무 표준 및 표준치)	목적 정의
		현상 파악 : As is	현상 파악	측정 Measurement	현상 파악		문제 도출
		현상 분석 성과 분석	원인 분석	분석 Analysis	지식 창출 Socialization		원인 분석
		목표 설정 성과 목표	목표 설정				
D	D	대책 수립&실시 : To be		개선 Improvement		D (표준 준수 업무 수행)	개선
See	C A	효과 파악 표준화 사후 관리	효과 파악 표준화 사후 관리 반성 및 향후 계획	관리 Control	지식 공유 Externalization	C(성과 파악) A(이상 발생 시 조치 활동) A(사후 관리)	실행
		공유	발표&교류		지식 결합 Combination 지식 내면화 Internalization		

분석의 기본적 프로세스

분석은 현상 파악, 문제 정의, 원인 분석, 해결안 찾기의 순으로 시행한다. 분석은 기법에 따라 다양하게 표시되지만 기본적으로는 PDCA(Plan-Do-Check-Action) 순서에 따른다. 각 단계별로 분석의 수준과 내용이 달라진다.

문제 정의

문제는 목표와 현 상황의 차이이며 해결해야 할 일이다. 여기서 문제를 해결할 수 없거나 해결할 의사가 없는 사안은 문제로 취급할 필요가 없다. 문제는 발생형 문제, 개선형 문제, 창조형 문제로 나누어 생각해 볼 수 있다,

- 발생형 문제(이미 일어난 문제) : 발생형 문제는 그 원인이 과거에 있고 현재 바람직하지 않은 사태를 야기한 문제로서 사전에 정한 목표와 현재 사이에 생긴 갭이다. 이미 발생한 문제에 대해서는 그 원인을 규명하고 이에 대한 대비책을 강구해 문제의 재발을 막아야 한다. 발생형 문제를 다시 구분해 보면, 미리 정해진 기준이나 규칙에서 벗어난 문제(일탈 문제)와 예정 목표나 과제를 달성하지 못한 문제(미달 문제)로 나눌 수 있다.
- 개선형 문제(탐색형 문제, 품질 개선 등 더 잘해 보자 하는 탐색형의 문제) : 현재 일이 순조롭다고 해서 현 상황에 만족하지 않고 더 나은 방법을 탐색해 가는 과정이 개선형 문제이다. 개선형 문제는 이대로 놔두면 일어날 문제가 아니다, 오히려 인식하지 못하면 영원히 나타나지 않을 문제이다. 즉 개선형 문제는 미리 결정한 목표와 현재 사이에는 갭이 없지만, 보다 높은 목표를 새로 설정하기 위하여 의식적으로 만들어 낸 갭이다. 이러한 개선형 문제는 현재 정해진 목표보다 더 높은 목표의식을 가질 때 나타난다. 이러한 탐색적 자세는 문제의식이 없으면 보이지 않는 적극적 문제 지향 자세이다. 개선형 문제의 예로는 현재의 조직 체계를 더 강화할 수는 없을까? 현재의 정보 시스템을 더욱 보강할 수는 없을까 등이 있다.
- 창조형 문제(신시장 개척, 블루 오션 창출 등 앞으로 어떻게 할 것인가 하는 설정형 문제) : 창조형 문제는 미래 어떤 조건하에서 문제, 다시 말해 가정(if) 문제에 해당한다. 창조형 문제는 미래의 환경 변화에 대응하기 위한 체제를 목표로 하는 문제이고, 그

러한 의미에서 경영 전략의 전제가 되는 내용이다. 창조형(설정형) 문제는 개발형 문제(전혀 새로운 목표를 설정)와 회피형 문제(미래의 위험에 대한 문제)로 나누어진다.

원인 분석

원인 분석은 원인의 종류에 따라 원인 지향 분석과 목표 지향 분석으로 나누어진다.

- 원인 지향 분석 : 어떤 원인에 의하여 정상 상태를 벗어난 이상 상태를 일으킨 문제점을 다루는 것으로 발생형 문제의 경우에 적용하는 방식이다. 이 경우 원인을 발견하여 해결책을 수립함으로써 정상 상태로 돌릴 수 있다. 그러나 현실적으로 모든 원인을 완전히 규명하기는 어렵다. 실제 문제는 여러 원인이 얽혀 있어 핵심적인 원인을 파악하지 못해 실패하기 쉽다.
- 목표 지향(추가 가치 지향) 분석 : 현상에 이상이 있어서가 아니라 보다 높은 목표, 또는 새로운 목표를 설정하고 이 목표 수준에 도달시키는 것을 강구하는 것이 초점이 된다. 이러한 창조형 문제의 경우에는 원인 분석보다 SWOT 등을 이용한 상황 분석을 통해 전략적 대안을 찾고, 이행하는 데 문제가 발생할지 여부를 판단하는 위험 분석으로 보충하는 방법이 더욱 바람직한다. 또한 블루 오션 전략과 같은 신규 시장 또는 상품 개척의 경우 가치 분석을 통해 현재 제공가에다 추가로 제공할 가치를 부가하는 캔버스 분석을 통해 미래지향적 요소 분석이 더욱 적합하다.

또한 원인은 발생 단계에 따라 입력 단계의 원인, 과정에서의 원인, 제약 조건의 원인, 불가항력적 원인으로 구분한다.

- 입력 단계의 원인 : 입력 단계의 원인은 처방이 서투른 데서 발생하는 원인이다. 입력해야 할 자원에 제약이 있다면 과정에서 활동 방법을 개선해서 문제를 해결할 수밖에 없다.
- 과정에서의 원인 : 과정에서의 문제점은 방법이 잘못된 경우에 발생한다. 제조 과정처럼 가시적이고 자동적인 과정은 가시적인 원인 분석이 가능하나 판매 활동처럼 과정이 자동적이고 기계적인 것이 아니라, 거래의 교섭, 판매 노력 등 인간의 판단이나 의

욕 등 겉으로 보아서는 잘 알 수 없는 요소를 포함하고 있는 블랙박스형 과정도 있다.

- 제약 조건의 원인 : 제약 조건은 입력과 과정에 모두 영향을 미친다. 판매에 있어 회사의 지명도가 낮은 것은 제약 조건이 된다. 또한 인력, 자금 등도 제약 조건이 된다. 만약 인력이 풍부하고, 자금이 무한하다면 기존 문제의 대부분은 더 이상 문제가 되지 않을 것이다.
- 불가항력적 원인 : 외부에서 발생하는 불가항력적인 재난 등이 원인이 되는 경우를 말한다. 외란은 자주 발생하지 않는다. 처음부터 발생할 것을 안다면 재난이 아니라 제약 조건에 포함시키는 것이 맞다.

우선 과제 도출

우선 과제 도출 문제와 원인을 연결하여 우선 해결해야 할 이슈를 뽑아내는 단계이다. 핵심 이슈 선정 단계의 의미는 앞서 선정된 핵심 문제를 해결할 수 있는 핵심 원인을 찾아 이슈를 뽑아낸다. 무엇을 개선해야 하는지 결정하는 단계이다. 주의할 것은, 우리는 원인을 해결하되 초점은 핵심 문제의 해결에 맞춘다는 것이다. 또한 전체 주제의 목적을 잘 살리는 과제로 선정하게 된다.

해결안 도출

해결안 도출은 문제로부터 도출된 근본 원인을 효과적으로 제거할 수 있는 최적의 해결 방법을 도출하는 과정이다. 개선 아이디어는 당면 대책과 근본 대책으로 구분한다.

- 당면 대책은 문제의 사후 처리이며, 응급 처치에 지나지 않는 것이고,
- 문제의 재발을 방지하기 위한 근본적인 대책은 문제의 원인을 세밀히 조사한 후 그 원인을 제거 또는 개선하는 것이다.

분석을 위한 모형화

모형(Model)이란 특정한 목적으로 분석하는 데 도움을 주기 위하여 특정 양식으로 대표한 것이다. 모형은 실제를 몇 개의 측면에 초점을 맞추어 설계해 실제를 단순하면서 작게 나타낸 것이다.

모형의 종류

- 언어 모델 : 말로써 기술되는 모형이다.
- 그래픽 모델 : 그림이나 차트의 형식으로 나타난다.
- 수리 모델 : 수학적 관계식으로 표현되는 모형이다. 거의 모든 정책 분석은 수리 모델의 형태를 취한다.

모형의 구성 요소

- 종속 변수 : 평가 기준 변수라고도 하며 종속 변수에 의하여 얻어진 값은 정책 성과 또는 산출을 나타낸다.
- 독립 변수 : 모형 내에서 다른 변수로부터 영향을 받지 않는 변수를 의미한다.
- 매개 변수 : 독립 변수와 종속 변수를 제외한 변수로서 변수 사이의 상호 관계를 규명하는 데 중요한 역할을 한다. 매개 변수는 독립 변수를 매개로 하여 종속 변수에 영향을 미친다.

모형화의 과정

- 제1단계 : 문제의 규명
- 제2단계 : 모형의 개발
- 제3단계 : 모형의 타당성 검정 및 자료의 수집
- 제4단계 : 최적 해결 대안의 도출
- 제5단계 : 해결안의 시행과 모형의 수정

분석의 도구

주제에 따른 분석

주제에 따른 분석은 전략 분석, 경쟁·고객 분석, 환경 분석, 진화적 분석, 재무 분석 및 통계 분석으로 구분할 수 있다. 분석 시기는 분석의 규모에 따라 단기, 중기 및 장기로 나누어 분석할 필요가 있으며 분석 결과는 서로 피드백되어 통합 관리되어야 한다.

〈주제별 분석 도구〉

분석 분야	분석 방법
전략 계획	• BCG 성장/점유율 포트폴리오 매트릭스 • GE 비즈니스 스크린 매트릭스 • 산업 분석 • 전략 집단 분석 • SWOT 분석 • 가치 사슬 분석
경쟁/고객 분석	• 맹점 분석 • 경쟁사 분석 • 고객 세분화 분석 • 고객 가치 분석 • 기능 역량 및 자원 분석 • 경영진 프로파일링
환경 분석	• 이슈 분석 • 거시 환경 분석 • 시나리오 분석 • 이해관계자 분석
진화적 분석	• 경험 곡선 분석 • 성장 벡타 분석 • 특허 분석 • 제품 수명 주기 분석 • S-커브(기술 수명 주기) 분석

인과 관계에 따른 분석

인과 관계를 알기 위한 분석은 인과 다이어그램과 인과 루프 다이어그램으로 구분한다.

인과 다이어그램 : 결과를 분석하는 데 있어서 단순히 목표 결과만을 나열하기보다 이것이 가져올 모든 가능한 결과 값을 동시에 고려하는 것이 중요하다. 가능한 결과 값을 이해하는 것보다 결과에 대한 원인을 파악하는 것이 훨씬 쉽다. 인과 관계가 시각적으로 표현되는 인과 다이어그램(Cause and Effect Diagrams)을 통해 지표 간의 관계를 명확하게 알 수 있다. 다음은 제조 관련 공기업의 EVA에 영향을 미치는 요인에 대한 인과 관계를 분석한 사례이다.

〈EVA 인과 관계 분석〉

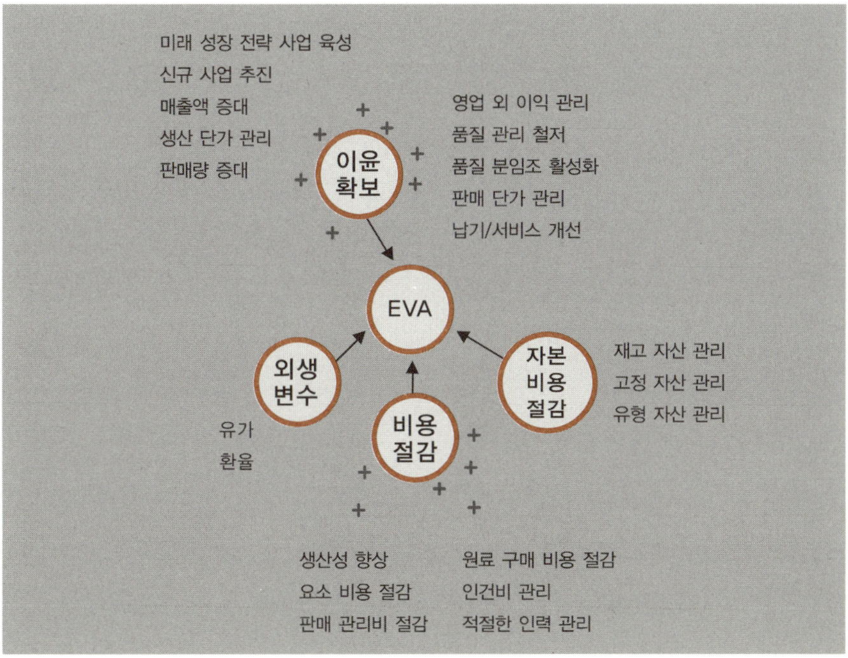

EVA에 영향을 미치는 요인을 인과 관계로 분석하여 동인(Drivers)을 도출하고 EVA에 대한 가치 동인 트리(Value Driver Tree)로 구조화하였다.

인과 관계 분석의 결과물인 EVA 트리를 활용하면 경제적 부가가치라는 경영 성과를 높이기 위해 어떤 구체적인 성과를 만들어야 하는지 전략적 방향성이 명확해진다. 예를 들면 매출액 증대, 판매 단가의 적정 유지, 생산 단가 관리와 같은 요소들이다.

이러한 인과 관계 분석을 통한 성과 관리 접근 방식은 숫자 경영의 분석적, 계량적 접근 방식의 일환이다.

〈가치 동인 트리〉

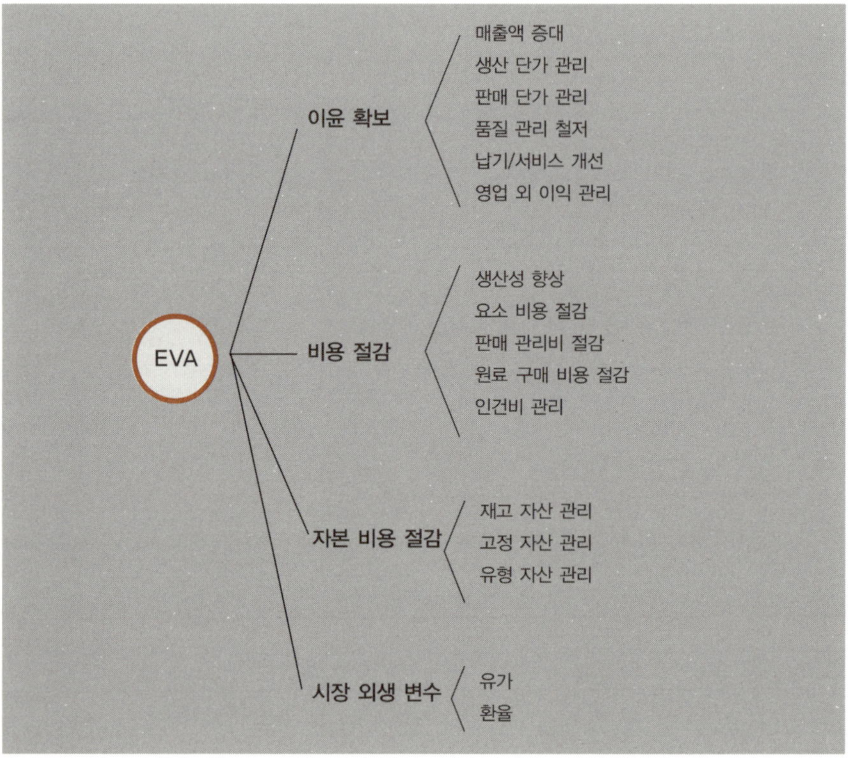

인과 루프 다이어그램 : 인과 루프 다이어그램(Causal Loop Diagram)은 사용자로 하여금 원인이 가져올 영향력을 시각화하는 데 도움을 준다. 다음의 그림은 시스템 사고가 기반이 되는 기본 구조이다. 변수와 관계, 지연과 같은 요소로 구성된다.

〈인과 루프 다이어그램 기본 구조〉

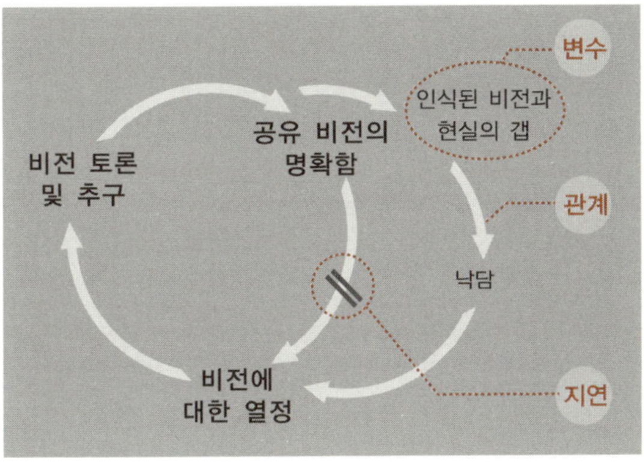

다음 표는 실제로 다양한 관계들에 의해 구성된 사례이다.
비전/전략의 불명확함이 조직 역량, 고객, 자기 개발, 조직 분위기, 협력 업체 등의 루프와 연결된다. 만약 조직에서 이러한 인과 관계의 루프들이 발견된다면 어느 한 루프를 깨고 대응책을 마련하여야 한다. 대응책을 마련한다는 것은 원인이 되는 변수를 개선한다는 의미이다.

변수, 관계, 지연의 3가지 구성 요소는 다음의 의미를 가진다.

〈변수, 관계, 지연의 3가지 구성 요소〉

변수	• 작용하거나 작용을 받는 상황의 요소로서, 일정 수준의 '정도'(the level of…)로 표현됨 • 이벤트가 아니며 명사나 명사구로 나타냄
관계	• 시스템 관점에서 인간의 행동은 피드백 프로세스의 일부임 • 피드백 프로세스의 2가지 기본 형태는 Reinforcing 프로세스와 Balancing 프로세스로 볼 수 있음 • Reinforcing(amplifying) 프로세스는 사물이나 상황이 성장하는 상황에서 관찰되며 이는 성장 엔진 역할을 함 • Balancing(stabilizing) 프로세스는 목표 지향성이 있는 상황에서 관찰되며 Stability나 Resistance의 소스임
지연	• 피드백 프로세스에는 지연(Delay)이 포함될 수 있음 • 많은 피드백 프로세스가 지연이란 개념을 포함하며 이는 영향의 Flow를 가로막아 결과가 천천히 일어나도록 한다는 점을 이해해야 함

정책 사업 분석 도구

공공 사업과 정책 분석에 관한 사항은 정책의 의사 결정에 있어 중요한 사항이다. 공공 정책 사업에 대한 다양한 분석 방법이 개발되어 왔고 그 적용 범위도 다양하다. 정책 사업은 사전 분석과 사후 분석 모두 필요하다. 사전 분석은 사업 시행 전 분석이고 사후 분석은 사업 시행 후 분석을 의미한다.

정책 사업 타당성 평가 : 국가 정책 사업은 규모도 크고 사회에 미치는 영향도 크다. 그러므로 다른 사업과의 연계성, 중복성, 전후방 파급 효과, 수익성, 효율성, 성공 가능성, 고용과 지역 개발 효과 등 여러 요인을 고려하여 결정하여야 한다.

유일근 홍익대학교 교수는 정책 사업의 평가 과정과 원칙을 다음과 같이 제시하고 있다(2005).

- 우선 전략 목표에 부합하지 않는 사업은 일차적으로 스크린한다.
- 각 사업의 타당성에 대하여 정량적 분석을 시행한다.
- 정량화할 수 없는 것에 한해 scoring 방법을 이용한 점수화로 대체 평가한다.

〈사업의 세부 평가 기준〉

구분	세부 평가 기준
1. 전략 부합성	a. 목표 부합성
	b. 중복, 연계 가능성
	c. 효과성
	d. 시장성
2. 경제성 평가치	a. 수익성
	b. 효율성
	c. 비용 적정성
	d. 파급 경제 효과
3. 성공 가능성 평가치	a. 시행 계획의 적정성
	b. 목표 달성 가능성
	c. 사업 주체의 적정성
	d. 중장기 운영 타당성

공공 투자 사업 평가 : 김상봉 고려대학교 교수가 제시한 공공 사업 평가의 기본 틀은 수요 동향 분석, 재무 분석, 비용 및 효과 분석, 지역 주민과 조정 상황 및 지역 개발 전략과의 정합으로 구성되어 있다(2009).

- 수요 분석(Analysis of Demand) : 평가 대상인 시설 및 서비스를 이용하는 인적·물적 수요의 장래 동향과 추이를 분석하는 단계이다.

- 재무 분석(Financial Analysis) : 사업자의 수익과 지출을 산정하고 이를 비교 검토함으로써 사업 실시의 타당성을 체크하는 일련의 분석이다.
- 비용 효과 분석(Cost-benifit Analysis) : 사업에 필요한 비용과 비용에 대한 편익을 사회 경제적 효율성 관점에서 분석하는 것이다.
- 지역과의 조정(Adjustment with the Citizen & Local) : 비용 효과 분석에 의한 사회·경제적 효율성 측면에서는 평가할 수 없는 항목으로 지역과의 전반적 조정 상황의 검토 결과 사업의 실현 가능성을 평가하는 것이다.
- 지역 개발 전략과 정합성(Consistency with Local Development Strategy) : 기존 기반 시설과의 정합성, 상위 계획 및 관련 계획과의 정합성, 지역 간 형평성 등의 측면에서 평가하는 항목으로 비용 효과 분석에 의한 사회·경제적 효율성만으로는 평가할 수 없는 항목이다.

: 대응

숫자 경영 프로세스하에서 관찰, 분석 및 대응 단계는 순환적이다. 즉, 대응(Act)은 분석에 기초하고, 분석은 모니터링에 기초하며, 이러한 단계는 목표 달성을 위해 수차례 반복하여 수행된다.

대응의 유형은 다음의 3가지로 구분할 수 있다(B. Gilad, 2005).

- 달팽이 스타일 : 경영진이 만성적으로 너무 늦게 대응하는 스타일이다.
- 마지노선 스타일 : 행동하기는 하나 위기를 막거나 기회를 활용하기에는 충분하지 않다.
- 블랙홀 스타일 : 경영진이 전혀 나타나지 않는다.

보고

보고(Reporting Findings)에 대한 규칙은 간단하다: "올바른 시기에 올바른 정보를 올바른 사람에게 의미를 전달할 수 있게끔 제공하는 것"이다. 보고서는 '정보에 대한 프레젠테이션'이다. 보고에 있어 중요한 것은 "무엇을, 어떻게 보고할 것인가"가 아니라 "보고서에 보고된 데이터가 어떻게 만들어졌는가"이다. 대부분의 잘못된 보고서의 원인은 애초에 데이터가 올바르지 않기 때문이다.

숫자 경영에서 보고서의 주 목적은 대응책(Reaction)을 도출하는 것이며, 또 다른 목적은 숫자 경영 사고력 결과의 확률 분포표에 관한 사고를 강화하기 위한 것이다.

프로세스는 목표가 결과로 나타날 때까지 계속 진행되며, 시간의 흐름에 따라 위험 및 그와 관련된 사건, 마지막으로 발생 가능한 결과 값까지 지속적으로 변화하게 된다. 따라서 보고 내용에는 시간의 흐름에 따른 위험 프로파일의 변화에 관한 분석이 포함되어야 한다.

효과를 극대화하기 위해서 보고서에는 반드시 다음과 같은 요소가 필수적으로 포함되어야 한다.

- 시기 적절성(Timeliness) : 분석 결과는 그 결과가 유용할 수 있는 기간 내에 전파되어야 한다.
- 정확성(Accuracy) : 보고서의 내용은 사실과 부합되어야 하고 틀림이 없어야 한다.
- 적합성(Appropriateness) : 적합성이란 적절한 사람이 정보를 받을 수 있도록 보장하는 것이다. 정보를 받는 사람은 반드시 정보를 이해할 수 있어야 하고, 이를 토대로 하는 행동에 책임을 질 수 있어야 한다. 즉, 그 사람은 책임을 가지고 다음 단계인 반응(Reacting)을 수행할 수 있는 사람이어야 한다.

회의

캐플란은 실행을 모니터링하고 조정하기 위한 경영 회의를 운영 검토 회의, 전략 검토 회의와 전략 검증 및 조정 회의로 구분하였다. 이러한 회의는 조직이 성과를 향해서 나아갈 수 있는 기능을 하도록 하는 것이 중요하다.

회의에서 성과를 내기 위해서는 캐플란과 노튼이 주장하듯 다음의 사항에 주의를 기울여야 한다.

- 회의는 정해진 시간 안에 마쳐야 한다.
- 회의 참석을 의무적으로 해야 하는데 이는 참석자 간 신뢰를 구축하고 모든 관리자가 회의에 기여하기 위해 필수적이다.
- 회의는 데이터 중심적이고 참석자는 미리 관련 데이터를 숙지하고 회의에 들어와야 한다.
- 회의 시간은 수동적 보고서 발표와 청취 대신에 문제 해결, 학습, 행동 계획의 도출을 위하여 사용하여야 한다.
- 직급을 초월해 허심탄회한 토론으로 성과 있는 커뮤니케이션을 만드는 것이 필요하다.

학습 조직

학습 조직을 운영함으로써 현장의 핵심 프로세스 향상을 통해 전략의 실행을 지원할 수 있다. 많은 조직들이 공식적인 관리 시스템을 사용하지 않고도 단발적인 획기적 성과를 거둔다. 하지만 오로지 개인의 힘에 의존하는 성과는 보통 장기적으로 지속되지 못한다. 조직이 자신의 전략을 지배 구조와 운영 프로세스로 연결하지 못하면 지속적인 성공을 유지할 수 없다. 학습 조직은 이런 측면에서 전략과 현장의 업무 프로세스를 연결하는 효과적 관리, 학습 도구 중 하나라 할 수 있다.

학습 조직이란 특정 주제에 대한 관심과 열정을 가진 사람들이 지속적인 상호 작용을 통해 구성원의 이해와 지식을 깊이 있게 만드는 집단을 말한다. 가빈(D. Garvin)은 "새로운 지식을 창조하고 습득하고 변환시킬 수 있는 능력을 갖춘 조직으로서 지식의 창조, 습득, 변환 과정을 통하여 얻은 지식과 통찰력을 끊임없이 조직 전체에 적용함으로써 조직 전반을 변환시키는 조직"이라고 정의하였다(1998). 피터 센지(Peter Senge)는 학습 조직을 "조직 구성원이 진실로 원하는 성과를 달성할 수 있도록 지속적으로 역량을 확대시키고, 새롭고 포괄적인 사고 능력을 지속적으로 배우는 조직"이라고 정의하였다(1999).

학습 조직의 유형

학습 조직은 성격에 따라 토론형, 학습형, 문제 해결형으로 구분할 수 있다.

- 토론형 : 공통의 지식 영역이나 문제에 관심이 있는 사람들이 토론을 목적으로 모인다.
- 학습형 : 특정 주제에 대한 학습을 목적으로 모이며, 지식의 업그레이드를 추구한다.
- 문제 해결형 : 업무 수행 및 조직의 역량 향상과 관련한 구체적인 문제를 해결하기 위하여 모인다.

학습 조직의 효과

학습 조직의 가장 큰 효과는 구성원의 참여를 통한 역량 강화와 조직 내 벽 허물기라고 할 수 있다. 학습 조직은 변화를 위한 대화의 장을 제공하며, 타 부서의 구성원과 협력을 강화하고 새로운 지식을 창출하게 된다. 이러한 결과는 창조 경영에 대한 자연스러운 참여를 유도하며, 새로운 지식을 창출하는 과정을 통하여 변화 및 창조에 대한 자신감을 갖게 한다.

〈피드백 및 학습 프로세스〉

피드백 및 학습 프로세스	목표	장애물	대표적 활동
1. 운영 검토 회의	단기적 재무 성과 및 운영 성과의 모니터링	관리자들이 검토하는 KPI와 대시보드가 전략의 핵심 내용은 아니다.	• 드라이버 모델 차이 분석 • KPI 대시보드 리뷰 • 팀 중심의 문제 해결
2. 전략 검토 회의	전략적 이니셔티브와 BSC에 대한 모니터링과 관리	• 경영 회의에서 전략 실행에 대해 논의할 시간을 내기가 쉽지 않다. • 범부서적인 전략적 인니셔티브들은 결과가 모니터링되거나 관리되지 않는다.	• 주제별 모니터링 • 주제팀 어젠더 관리
3. 전략 검증 및 조정 회의	인과 관계 도표상에 가정해 놓은 결과들이 당초 예상대로 발생되는지 여부를 주기적으로 진단	• 전략적 가설의 유효성 진단을 위한 데이터의 획득이 어렵다. • 전략적 검증을 위한 전략적 분석 능력이 부족하다. • 동기 부여의 부족으로 종업원들이 새로운 전략적 옵션을 제의하지 않는다.	• 분석적 연구 조사 • 제품 및 고객의 수익성에 대한 ABC 분석 • 인과 관계의 검증/분석 • 출현 전략의 리뷰

제 8 장

프로세스 —평가와 보상

제1절 성과 평가
제2절 정책 평가
제3절 성과 측정 이론 및 그 구조와 가치 판단
제4절 성과 보상
제5절 임금 제도의 공정성

: 성과 평가

평가는 성과 평가와 정책 평가로 구분된다. 성과 평가는 연초에 미리 합의했던 성과 측정 지표를 통해 연초에 설정했던 성과 목표를 달성한 정도를 측정하는 과정을 말한다. 정책 평가는 공기업의 경우 기획 시행한 정책의 달성도에 대한 평가를 의미한다.

성과 평가는 팀 구성원에게 동기 부여를 위한 가장 효과적인 수단이 된다. 성과 평가는 과정 평가와 결과 평가로 구분된다. 과정 및 결과의 평가는 업무 목표와 비교하여 달성한 실행 결과를 평가하며, 목표 달성을 위하여 사용된 일련의 과정을 검토함으로써 향후 지속적인 향상을 위한 개선 계획을 수립, 실행에 옮기는 과정이다.

예를 들어 전년도 업무 목표의 실제 달성 결과를 평가 및 검토하지 않고서는 연간 업무 목표를 충분히 수립할 수 없으며, 항상 계획 대비 실제 결과와 차이에 대한 원인을 분석하고 이에 대한 대책을 수립하여야 한다. 또한 달성된 결과가 계획보다 초과 달성되었을 경우에도 실행 과정(Process)을 검토하여야 하며, 목표 초과 또는 미달의 원인을 파악해 이를 바탕으로 향후 목표 수립 및 추진 과정에서 계속적인 개선 활동(Continuous Improvement)을 전개할 수 있어야 한다.

성과 평가 절차

성과 평가는 흔히 일 년에 한 번 하는 이벤트가 아니라 지속적인 과정으로 인식해야 한다. 성과 관리는 다음의 전략적 성과 관리 체계도와 같이 일반적으로 성과 기획 단계, 실행 단계, 성과 평가 단계, 점검 단계 등 4개의 절차를 거친다.

〈성과 평가 4단계 절차〉

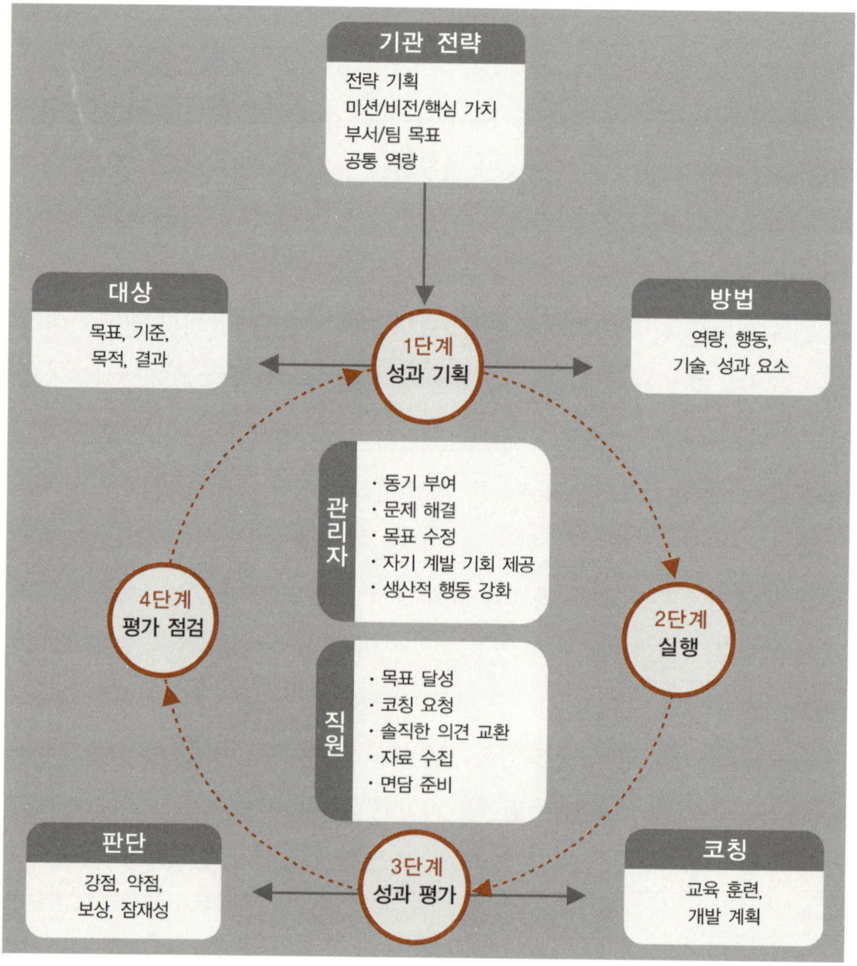

성과 기획 단계

성과 기획 단계는 상하 간에 토론의 과정으로서 성과 평가의 첫 번째 단계로 개인의 주요 업무 합의, 달성해야 할 목표 이해, 업무 추진 과정에서 필요한 역량 확인 및 개인의 개발 계획을 수립한다.

- 평가자와 피평가자 간에 목표에 대한 면담을 실시한다. 직무 기술서, 조직 목표, 개인 목표 등을 가지고 허심탄회한 자세로 접근하여야 한다.
- 주요 업무의 산출 측정 지표로서 정량, 정성, 비용, 적시성 등 4개 요소를 적용한다. 흔히 "개인의 업무를 계량적인 숫자 없이 질적으로 평가하는 것을 주관적이라고 여기는 오해"를 하지 말아야 한다. 정량적 평가 기준을 만들 수 있으면 좋지만 부득이 정성적 평가 기준을 적용할 수밖에 없는 경우라면 평가자와 피평가자 간에 정성적 평가 기준을 명확히 하는 것이 중요하다.
- 목표는 달성 가능한 수준보다 더욱 높은 수준의 목표(Stretched goal) 개념으로 도전적으로 설정하여야 하며 SMART 기준을 고려한다. 연구 결과에 의하면 체계적인 목표 설정 프로그램이 있는 경우 생산성이 39% 높아진다. 다만 최고 관리층에서 강력하게 지원한 회사는 57%의 생산성이 높아진 반면, 최고 관리층의 지원이 부족한 회사는 생산성이 6%밖에 높아지지 않아 최고 관리층의 지원 정도에 따라 생산성의 차이가 발생할 수 있음을 제시했다.
- 목표 설정 과정에서 상사와 부하 간에 합의가 안 되거나 설정 기준이 불합리하다고 할 경우 지속적인 토론과 협의를 거쳐야 하지만 궁극적으로 상사가 기준을 제시하고 피평가자는 이에 따라야 한다.

실행 단계

실행 단계는 성과 관리의 두 번째 단계로서 관리자의 역할이 매우 중요하다.

- 관리자는 직원에게 동기 부여를 해야 하고, 문제점들을 제거할 수 있도록 하며 성과 기록, 환경 변화에 따른 목표의 변경, 피드백과 코칭, 능력 개발 기회 제공, 면담을 통한 중간 점검 등을 실시한다.
- 직원은 피드백과 코칭을 요구, 자기 계발 계획 등을 구체화해야 한다.

성과 평가 단계

성과 평가의 세 번째 단계로서 업무를 잘 수행했는지와 평가 양식을 작성하는 것이 주요한 과제이다.

- 성과 기획 단계에서 제시한 역량, 조직 목표, 주요 책임을 점검하고, 목표 달성도 등에 대한 자기 평가를 실시하는 등 일련의 과정을 거쳐 최종적으로 면담에 대비한다.
- 성과 평가 단계 시 평가자의 책임은 적기에 성과 평가 의견을 작성했는지, 공정하게 작성했는지 엄격하게 평가하고, 평가자 간 신뢰성 등을 가졌는지 확인하는 것이다.
- 바람직한 성과 평가 방법은 평가자가 정보를 모으고, 마음속에 큰 그림을 갖고, 직원의 특별한 강점, 개선된 점, 중요한 발전 요소 등 세 가지 요소를 확인한 후 사실을 말하는 4단계이다.
- 통제할 수 없는 여건 등으로 인하여 목표를 달성하지 못할 경우 우선 솔직하게 목표를 달성하지 못한 사실을 말하되, 결과와 관련된 성과의 질적 정도를 평가하고 실패에 따른 피해를 최소화하려는 노력 정도에 관심을 기울여야 한다.

성과 평가 점검

성과 평가의 마지막 단계로서 평가자와 직원 간의 합의에 의해 평가서를 작성하고, 내년도 업무 목표와 개발 목표를 제시하는 단계이다.

- 면담을 하기 전에 해야 할 체크리스트 정보와 자료를 모으고, 편안한 시간 및 적정한 장소를 택하여 면담 주제를 선정하고, 직원에게 평가에 앞서 읽을 자료를 복사하여 주며, 직원이 원하는 방법으로 면담을 실시한다.
- 정확한 평가를 위하여 평가자와 피평가자 간에 합의를 하는 것도 중요하지만 무엇보다도 이해시키는 것이 더욱 중요하다.
- 좋은 성과를 낸 사람에 대하여 인정을 하는 것은 관리자가 해줄 수 있는 강력한 동기부여 수단이다. 그렇다고 인정을 해주기 위해서 매달 직원을 평가하는 것은 매우 그릇된 생각이다.

: 정책 평가

정책 평가의 의의

정책 평가는 정책 활동에 대한 평가를 말한다. 정책 평가는 좁은 의미의 정책 평가와 넓은 의미의 정책 평가로 나뉜다. 좁은 의미의 정책 평가는 정책 집행의 결과에 대한 평가를 의미하고, 넓은 의미의 평가는 정책 과정의 전반에 대한 평가 활동을 말한다. 그러므로 넓은 의미의 평가는 정책 의제 평가, 정책 대안 평가, 정책 과정 평가, 정책 집행 과정 평가, 정책 결과의 평가, 정책 영향 평가 및 정책 평가의 평가를 포함한다(박범식 외, 2008)

정책 평가의 유형

평가 시점에 따른 분류 : 사전 평가, 사후 평가

평가 목적에 따른 분류

- 형성적 평가(Formative evaluation) : 정책 대안의 개발이나 시행 중인 정책을 개선하기 위하여 이루어지는 평가로 정책의 형성을 목적으로 하는 평가
- 총괄적 평가(Summative Evaluation) : 정책 종료 이후 정책이 잘 되어 있는지 여부를 파악하기 위하여 시행하는 평가

평가자에 따른 분류

- 자체 평가 : 정책 프로그램을 직접 담당한 사람들이 스스로 평가하는 것

• 내부 평가 : 그 기관 내부의 책임자나 동료에 의하여 이루어지는 평가
• 외부 평가 : 정책 담당 기관 외부의 평가자에 의하여 이루어지는 평가

정책 평가의 절차

목적의 확인 : 정책 목적이 분명한지 확인하는 것이다. 만약 정책 목적이 불분명하면 다음과 같은 절차를 거치면 정책 목적 확인에 도움이 된다. 첫째, 즉각적인 목적, 중간 목적 및 궁극적 목적을 구별해 본다. 둘째, 목적을 구체화하기 위하여 프로그램 담당자에게 자문하고 질문한다. 셋째, 연구의 첫 단계에 프로그램의 개발자 및 담당 직원과 공동으로 연구에 임한다.

영향 모형의 구성 : 모형은 현실 세계의 중요한 부분들을 추상화한 것이다. 영향 모형을 구성하여 독립 변수가 종속 변수에 미치는 효과를 구하기 위해서 우선 연구 설계를 해야 한다. 어떠한 방법으로 자료를 구하고 어떠한 분석 기법을 사용할지에 대하여 미리 구상을 하여야 한다.

자료의 수집 : 연구 모형의 고안이 끝나면 설정한 평가 문제에 대한 해답을 얻거나 가설검정을 위한 자료를 수집해야 한다. 자료 수집은 연구 모형의 구성에서 이미 채택한 방법에 따라야 한다.

자료의 분석과 해석 : 통계적인 또는 비통계적인 방법을 사용하여 정보를 정리하고 해석하여야 한다. 이 과정에서 평가자의 내공이 필요한 단계로서 평가자에 따라 분석 수준에 차이가 난다.

: 성과 측정 이론 및 그 구조와 가치 판단

측정은 주요 활동에 대한 성과를 일정한 척도를 가지고 그 양이나 정도를 재는 것으로 각종 사업, 팀과 개개인의 업무 수행 결과에 관한 정보를 제공함으로써 조직이 일을 잘하고 있는지에 대한 해답을 제공한다.

성과 측정은 전통적인 성과 측정과 전략적 성과 측정 이론으로 구분할 수 있다. 전통적 성과 측정 이론은 관리 회계 시스템에 기반하고 전략적 성과 측정 이론은 비재무적 측정치를 포함하고 있다.

전통적 성과 측정 이론은 관리 회계에 기반한 PPBS(Planning, Programming and Budgeting System), PBS(Performance Budgeting System), ZBBs(Zero Base Budgeting System) 등이 해당된다. 전통적인 성과 측정 방법은 재무적 정보를 사용하기 때문에 과거의 활동을 분석하는 데는 유리하나 전략적 목적 달성을 위한 자료로는 적합하지 못하다는 단점이 있다.

이에 반하여 전략적 성과 측정 시스템은 비재무적 측정치를 포함하는 모델로 Performamce Pyramid Model, Performance Prism Model, Service Profit Chain, Business Excellence Model, Six-sigma Model, Balanced

Scorecard 등으로 대표된다. 전략적 성과 측정 시스템은 국민 만족도, 직원 만족도, 효율성, 공익 기여도, 환경 비용 부담률, 혁신 정도 등을 평가하는 비재무적 측정치를 포함하고 있다.

측정 구조

측정을 위한 투입에서 결과에 이르는 개념적 구조는 다음과 같다. 즉, 성과 측정의 개념적 구조를 구성하는 각각의 요소들은 상호 작용하며 순차적 관계를 형성한다.

- 투입(Inputs)은 사업을 수행하기 위한 처리 과정 또는 활동에 소요되는 인적·물적 자원을 의미한다.
- 처리 과정(Processes)은 실제 사업 실행 과정 또는 활동이다.
- 산출(Outputs)은 조직 혹은 공공 기관이 생산해 낸 실제 재화와 서비스이다.
- 사업·전략 결과(Program or Strategy Outcomes)는 바람직한 정책 결과를 낳기 위한 정부와 공공 기관의 사업·전략 및 그 밖의 다양한 활동에 따른 바람직한 결과이다.
- 정책 결과(Policy Outcomes)는 실업률과 같이 국가, 주, 카운티 등 한 지역 사회의 구성원들이 원하는 정책의 바람직한 상태이다.

측정을 위한 가치 판단 지표

성과 측정의 지표들은 그 특성을 기준으로 구분해 보면 양, 효율성, 효과성, 질, 비용 대비 효과성 등으로 크게 구분할 수 있다.

- 양(Quantity)은 생산량 등 투입·처리 과정·산출에 있어서 계량화가 가능한 가장 측정이 용이한 지표이다.

- 효율성(Efficiency)은 한 단위의 프로세스 또는 산출물에 대한 투입물의 비율이다.
- 효과성(Effectiveness)은 산출물의 생산에 있어 투입과 과정의 적정성, 사업·전략 결과 생산에 있어 산출물의 적정성, 정책 결과 생산에 있어 사업·전략의 적정성 등을 의미한다.
- 질(Quality)은 생산 과정이나 활동이 얼마나 잘 이루어졌는가 또는 산출물이 얼마나 잘 생산되었는가를 의미한다.
- 비용-효과성(Cost-effectiveness)은 결과에 대한 투입의 비율로서 얼마나 많은 가치를 생산하였는가, 즉 지불한 돈으로 얼마나 많은 결과를 얻었는가를 의미한다.

그런데 일의 수행 결과라는 측면에서 효율과 효과에 대해서 명확한 구분이 필요하다. 효율은 목표를 달성하기 위해서 사용된 자원의 양을 나타내는 개념이다. 예를 들면 공사 기간이 3년 소요되는 도로 건설을 2년 6개월에 완성했다면 이는 효율이 높은 것이다. 반면에 효과는 목표를 얼마나 잘 달성했느냐 하는 질적 개념을 말한다. 즉, 생산된 제품에 하자가 없다면 이는 효과가 높은 것이다.

그렇다면 이 두 가지 지표 중에 무엇을 더 우선시해야 하는가? 일은 효율과 효과를 모두 고려하면서 진행해야 한다. 물론 일반적으로는 효과가 더 우선이다. 효과성이 없는 효율은 아무런 의미가 없기 때문이다. 올바른 일 처리는 올바른 일을 찾아(Do right things : 효과성) 그 일을 올바르게(Do things right : 효율성) 수행하는 것이다. 이 두 가지 지표를 이용하여 다음과 같은 4가지 유형으로 일 처리를 구분해 볼 수 있다.

〈효과성과 효율성 지표를 이용한 4가지 유형〉

Right Thing	비효율적인 일 처리(비효율)	올바른 일 처리
Wrong Thing	9억~8억 원(90~80%)	엉뚱한 일 처리(효과 없음)
	Wrong Way	Right Way

앞서 살펴본 5가지 성과 지표를 활용하여 성과 측정 매트릭스를 작성해 보면 다음과 같다.

〈성과 측정 매트릭스〉

구분	양	효율성	효과성	질	비용 효과성
정책 결과	NA	NA	범죄율	NA	범죄율 /비용
사업/전략 결과	NA	NA	강력 범죄율	NA	강력 범죄율 /비용
산출	체포자 수	체포 건당 비용	유죄 판결률	기각률	NA
과정	수사 · 체포 · 구금 수	수사 · 체포 · 구금 건당 비용	구금 수 /체포 수	에러율	NA
투입	직원 수, 임금, 장비, 공통 경비	직원당 비용	숙련 인력의 비율, 장비 고장률	장비에 대한 직원 만족도	NA

: 성과 보상

성과 보상의 중요성

"칭찬은 고래도 춤추게 한다."라는 말은 누구에게나 어디에서나 통한다고 해도 과언이 아닐 것이다. 사람들은 누구나 자신의 능력이나 노력을 인정받기 원하기 때문이다. 특히 서로의 필요에 의해 맺어진 조직과 조직원 간의 관계에서는 응당한 노력(조직원의 노동력 제공)이 행해지면 그에 따른 대가(조직에서 임금 제공)가 주어져야 하며, 타인에 비해 뛰어난 능력을 발휘해 보다 높은 성과를 올렸다면 추가의 보상(포상금, 승진 등)이 주어져야 한다. 즉, 성과 보상은 성과 목표 달성을 위한 동기 부여이자 성과 목표 달성에 대한 인정이다. 조직 및 직원에게 지속적으로 동기를 유인하고 강화하는 수단으로 성과 보상 프로그램이 필요하다. 또한 노력을 통한 결과에 대하여 다른 사람으로부터 인정을 받는 것이 중요하다. 성과 보상은 그 성과에 대한 공식적인 칭찬이자 격려가 된다.

성과 지향적 조직 문화 조성

성과 관리 제도의 성공적인 도입을 위해서는 조직 내부에 성과 지향적 문화가 형성되어 있음이 전제되어야 한다. 오래전부터 기업이나 공공 기관은 경영 평가나 성과 평가라는 명목으로 추진해 왔지만 내부의 인식과 의지가 결여되어 개발된 성과 목표 및 성과 지표가 형식적으로만 이용된 경우가 허다하였다.

따라서 비록 성과 관리 제도의 절차와 방법을 도입·시행하고 있더라도 기존의 관행에 따라 사업 추진 진척도 파악 정도의 단순한 목표 관리 형태로 형식화되지 않도록 각고의 노력을 기울여야 할 것이다.

특히 공공 기관은 성과 관리 제도를 정부의 방침에 의해 수동적으로 도입하기보다는 조직의 비전과 목표 달성을 위한 도구로 인식함으로써 능동적으로 활용하려는 자세가 필요하다. 이를 위해서는 조직 구성원의 공감대를 확산시키기 위한 워크숍, 설명회, 세미나, 자체 교육 등을 통한 성과주의 문화 정착에 노력하여야 한다. 아울러 최고 경영자는 주기적으로 성과 목표의 달성 정도를 체크하고 미진한 분야에 대한 즉각적인 행동 대안의 발굴 및 조직적 대응과 지원 체제를 만들어 나갈 때 조직원들의 성과 관리에 대한 관심을 제고시킬 수 있고, 조직 전반에 성과 지향적 문화를 형성해 나갈 수 있을 것이다.

또한 이를 실행하기 위하여 조직 구성원 간의 성과 향상 미팅(Performance Shift Meeting : PSM)을 주기적으로 개최할 필요가 있다. 이는 조직 전체 혹은 단위 조직 자체적으로 성과 향상 과제에 대해 문제를 발의하고 원인을 분석하는 미팅을 수시로 한 후, 관련 의사 결정권자에게 해결 지원을 요청하고 성과 향상 계획을 수립 및 구현해 가는 중요한 과정이다. 그리고 이러한 미팅을 통해 성과 달성의 장애 요인을 분석하고 해결 방안을 구체적으로 수립할 수 있다.

성과 지표의 달성 정도를 지속적으로 관리하기 위해 부서별로 성과 지표 관리자를 지정·운영할 필요가 있는데, 이는 성과 관리 제도를 통해 조직 구성원 개개인의 행동 변화를 이끌어 내고 지속적으로 추진하기 위함이다. 즉 조직 내에 성과 관리 제도를 정착시키기 위해서는 단위 조직별로 변화를 이끌어 내는 관리자 역할이 필요한 것이다.

보상 제도에 반영해야 할 기본 요소

보상 제도의 근본 목적은 기업의 전략적 목표, 즉 비전을 달성하기 위한 중요 수단으로서의 역할에 있다. 결국 보상 제도는 기업이 추구하는 목표 달성을 위해 요구되는 구성원들의 바람직한 행동을 촉진하고, 이를 통해 궁극적으로는 개인과 조직의 성과 향상을 도모하는 데 그 의의가 있다. 이 원칙이 숫자 경영에서 지향하는 성과 보상이다. 따라서 보상 제도를 실시하기에 앞서 보상 제도에 반영해야 할 기본 요소들을 잘 살펴 조직원 모두가 인정할 수 있는 보상 제도를 설계해야 한다.

가치를 반영해야 한다

회사의 가치나 운영 철학을 지속적으로 유지하는 방향으로 보상 제도를 설계·운영해야 한다. 성과에 따른 보상은 구성원들에게 '회사가 가장 중요하게 생각하는 것이 무엇인가'를 알리고 이를 실천하게끔 동기를 부여해 주는 가장 강력한 수단 중의 하나이다. 이러한 면에서 보상 제도는 기업이 추구하는 가치와 긴밀하게 연계시킬 필요가 있다. 서로 다른 부문에서 다른 업무를 수행하더라도 모든 구성원이 회사가 추구하는 가치관이나 철학을 깊이 인지하고 충실히 실천할 때 구성원들의 목표 달성에 대한 노력을 강화시킬 수 있기 때문이다.

리바이스 스트라우스(Levi Strauss)사를 보자. 이 회사는 145년의 긴 역사 동안 가족적 공동체 문화라는 핵심 가치를 기반으로 구성원들의 복지를 우선시하고 있다. 동사는 1971년 상장을 하면서 주주들로부터 주가 및 수익성 향상에 대한 강한 압력을 받았고, 이를 해결하기 위해 기존 청바지 사업에서 남성 정장이나 여성 패션 의류 등 관련 부문으로 확장하며 사업 다각화를 시도하였다. 그러나 이런 다각화 노력이 대부분 실패하면서 회사에 재무적 위기가 초래되었다. 그 결과 오랜 기간 쌓아온 가족적 공동체 문화까지도 손상될 위기에 처하였다.

그러던 중 1984년 로버트 하스(Robert D. Hass)가 사장으로 부임하면서 새로운 변화를 꾀하게 된다. 로버트 하스 사장은 먼저 회사의 핵심 가치부터 분명히 하고 구성원들에게 체화(體化)되도록 노력하였다. 특히 그는 구성원들이 회사의 핵심 가치에 부합하는 사고와 행동을 보여줄 때 재무적 성과도 향상될 수 있다고 믿었다. 이러한 신념하에 1980년 후반 대대적으로 회사의 비전과 가치를 재정립하는 활동을 전개하였다. 팀워크, 신뢰, 다양성, 윤리 의식, 개방성, 권한 위임, 성실성, 커뮤니케이션 등을 핵심 가치로 선정하고 이를 반영한 보상 제도를 설계하였다.

그 주요 내용을 보면 첫째, 회사 전체, 사업부, 개인의 목표는 물론 회사의 핵심 가치 달성 정도를 동시에 평가하는 'PIP(Partners In Performance)'를 도입하여 연봉과 장기 인센티브 결정에 활용하고 있다. 둘째, 생산 공장에서는 팀 단위로 성과에 따라 인센티브를 지급하는 피스워크 인센티브 시스템(Piecework Incentive System)을 도입하였다. 이를 통해 팀원 간 협력 촉진, 작업장 안전사고의 격감, 생산성 제고는 물론, 동사의 오랜 전통이었던 가족적 공동체 문화를 회복할 수 있었다.

내외부 상황과 부합해야 한다

보상 제도를 설계할 때는 회사가 처한 사업 환경, 산업 특성, 내부 여건 등을 고려해야 한다. 아무리 좋은 제도라 하더라도 회사의 재정 상황이나 내부 여건이 허락하지 않는다면 도입하기 어렵다. 또한 베스트 프랙티스(Best practice)이기 때문에, 다른 기업들도 모두 하기 때문에 등을 이유로 무조건 도입해서는 보상 제도가 제 기능을 발휘할 수 없다. 회사가 처해 있는 상황에 맞게 보상 제도를 설계해야 구성원들의 공감대를 형성할 수 있는 것이다.

아마존 닷컴(Amazon.com)사의 경우를 보자. 동사는 장래 성장 가능성은 높으나 경쟁이 치열하고 수익률이 매우 낮은 산업에 속해 있었다. 이러한 사업 특성 때문에 동사는 향후 성장의 발판이 될 분야에 집중 투자하기 위해 불필요한 비용 요소를 가능한 한 줄이기 위해 노력하였다. 예컨대 사무실에서 재활용 나무로 된 책상을 사용하는가 하면, 두꺼운 전화번호부를 컴퓨터 모니터 받침대로 사용하기도 하였다. 보상 역시 이러한 회사의 상황을 반영하여 설계하였다. 동사는 경쟁사보다 훨씬 낮게 기본급을 책정하였으며, 단기 인센티브도 제공하지 않았다. 즉, 현금 보상은 경쟁사보다 낮았다. 대신 입사할 때 장기 스톡옵션을 부여하여 장기적 관점에서 회사와 운명을 함께할 사람을 선발하였다. 이러한 낮은 기본급과 장기 스톡 옵션이라는 보상 제도는 아마존 닷컴사가 공격적이고 미래 지향적 인재만을 자동적으로 스크린하는 역할도 하고 있다.

직무 특성을 반영해야 한다

구성원들이 실제 수행하는 일이나 직무 특성을 반영해야 한다. 직급이나 근속 연수 등에 따른 일률적 보상 방식은 구성원들의 업무 성과를 제대로 반영하고 동기 부여를 하는 데 한계가 있기 때문이다. 예컨대 영업을 담당하는 사람과 R&D를 담당하는 사람은 실제 하는 일이 다르기 때문에 평가나 보상에 있어서도 차별적으로 운영해야 한다.

보스턴을 연고로 IT 시스템과 관련된 소프트웨어를 개발·판매하는 컨설팅 회사인 킨(Keane Inc)사를 예로 살펴보자. 동사의 경쟁력 확보의 원천은 정교하고 고객 친화적인 프로젝트 관리 소프트웨어를 개발하는 R&D 역량과, 개발된 소프트웨어를 고객에 따라 차별적으로 판매·서비스를 제공하는 영업력에 있다 하겠다. 이 두 역량을 강화하기 위해 동사는 영업과 소프트웨어 개발 업무 특성을 반영한 보상 제도를 설계하였다. 영업 사원의 경우 영업 성과에 따라 단기 인센티브를 강화하는 '특별 보상 프로그램(Special Compensation Program)'을 활용하고 있다.

두 번의 보너스를 지급하게 되는데, 우선 프로젝트 계약을 수주할 경우 계약 체결에 따른 성과 보너스를 제공하고 있다. 이는 영업 성과에 대해 즉각적으로 보상하겠다는 취지이다. 또한 영업 사원은 자신의 월급과 담당하는 시장 규모에 비례하여 판매해야 하는 할당량이 있는데, 이를 초과 달성할 경우에는 수익의 일정 비율을 보너스로 지급하고 있다. 한편 소프트웨어 개발을 담당하는 사람(Practice Manager)의 인센티브는 1) 해당 지점의 총수익 2) 담당 분야에서 개발한 제품으로 인한 수익 3) 고객의 제품 만족도 평가 결과에 의해 결정된다. 이처럼 회사 성과에 기여하는 제품을 개발한 사람에게 높은 보상을 함으로써 개발자의 보상 만족은 물론 고객이 필요로 하는 제품 개발을 유도하고 있다.

주인의식을 촉진해야 한다

회사와 개인의 성공을 연계할 수 있는 보상 제도의 설계도 중요하다. 회사가 성장하지 않고서는 개인도 성장할 수 없으며, 반대로 구성원 개개인들이 제 몫을 다해 주지 않는다면 회사도 성공할 수 없기 때문이다. 회사와 구성원 간 공동체 의식을 심어줄 수 있는 방법에는 여러 가지가 있겠으나, 그 대표적인 방법으로 스톡 옵션이나 우리 사주 제도를 들 수 있다.

듀퐁(Dupont)사를 보자. 1980년 후반부터 듀퐁사는 코카콜라 등과 같은 여러 기업을 벤치마킹하면서 회사와 구성원들의 목적을 일치시킬 수 있는 방법을 연구하였고, 최종적으로 가장 좋은 방법은 스톡 옵션을 부여하는 것이라는 결론에 도달하였다. 이에 1991년 정규 직원을 대상으로 100주의 주식을 지급하면서 '듀퐁 셰어링 프로그램(Dupont Sharing Program)'을 실시하였다. 구성원들은 주식 부여와 함께 스톡 옵션이란 무엇이고, 어떻게 개인 성과가 회사 성과에 연결되고, 주가가 어떻게 오르게 되는지 등에 대해 회사로부터 상세한 교육을 받았다. 이러한 프로그램은 듀퐁 구성원들에게 기업에 대한 주인의식을 함양하는 데 기여하였다.

스타벅스(Starbucks)사도 정규 직원들이 주식을 소유할 수 있도록 1991년에 '빈 스톡(Bean Stock)'이라는 프로그램을 도입하였는데, 연간 기본급의 14% 정도를 주식으로 받을 수 있다고 한다. 이후 1995년에는 최소한의 근무 기간이 있으면 파트타이머라도 동사의 주식을 소유할 수 있도록 허락하는 'SIP(Stock Investment Plan)'를 도입하였다. 이를 통해 구성원들과의 일체감을 형성할 수 있었으며, 고객 서비스 강화 및 재무적 성과 향상이라는 효과를 얻을 수 있었다.

한 가지 주의해야 할 점은 이러한 제도 자체만으로 구성원과 회사의 공동체 의식을 고취시킬 수 있다는 생각은 금물이라는 것이다. 실제로 경영자를 비롯해 모든 관리자가 구성원들을 성공을 위한 진정한 파트너로 인식함으로써 존중하고 대우하는 자세가 병행되어야 한다. 그렇지 않을 경우 구성원들은 회사의 이러한 제도들을 비용 절감을 위한 수단으로 오해할 가능성이 높다. 앞서 언급한 스타벅스사가 미국 소매업계에서는 극히 드문 일임에도 불구하고 정규 직원 및 파트타이머에게까지 각종 의료 지원과 종업원 지원 프로그램(Employee

Assistance Program)을 제공하는 것도 모든 직원은 평등하며 회사에게는 소중한 자산임을 실천하는 좋은 예라 하겠다.

명확한 기대를 갖게 해야 한다

구성원들이 보상에 대해 명확하고 가시적인 기대를 가질 수 있도록 해야 한다. 일반적으로 많은 기업들의 경우 구성원들은 보너스가 어떻게 책정되고 어떻게 해야 탈 수 있는지 잘 모르는 경우가 많다. 그러나 구성원들이 자신이 어떤 성과를 발휘할 때 얼마만큼의 보상을 받을 수 있는지 분명하게 알지 못한다면 성과 달성 노력을 촉진하기 어렵다. 따라서 구체적으로 달성해야 할 성과 기준이나 평가 및 보상 방식 등에 대해 명확히 전달해 주어 구성원들의 성과에 대한 기대감을 높일 수 있도록 보상 제도를 운영해야 한다.

PSS(Physicians Sales & Service)사는 야구 경기를 빗댄 '필드 오브 드림(Field of Dream)'이라는 성과급 지급 규정을 가지고 있다. 구체적으로 성과급의 재원, 지급 규정, 대상 등이 명확히 나와 있는데, PSS사는 이러한 규정을 구성원들에게 전파함으로써 성과 달성에 대한 노력을 촉진하고 있다.

복리 후생 프로그램을 활용해야 한다

최근 기업 경영에 있어서 구성원들의 복지나 일과 삶의 균형에 대한 관심이 높아지고 있다. 구성원들의 회사에 대한 만족도와 일에 대한 열정을 고취하기 위해서는 시간적 배려와 물질적·정서적 지원이 반드시 필요하다는 인식이 확산되고 있기 때문이다.

한 조사에 의하면 20년 전에 비해서 일 년에 일에 투자하는 시간은 무려 163시간, 약 한 달 정도나 증가한 반면, 여가 시간은 약 1/3 이상 줄었다고 한다. 그 결과 많은 구성원들이 일상 업무로부터의 휴식이나 여가 생활 기회 제공을 가장 중요한 복리 후생으로 여기고 있다고 한다. 이러한 면에서 볼 때, 일과 삶의 균형을 제고하여 구성원들의 회사에 대한 만족과 업무 생산성을 높이기 위해서는 복리 후생 프로그램의 적절한 활용이 필요하다고 하겠다.

구성원들의 일과 삶의 균형을 위한 복리 후생을 효과적으로 활용한 기업의 예로 NIIT USA Inc사를 들 수 있다. 동사는 미국 애틀랜타에 본사를 두고, 38개 국에 IT 서비스를 제공하는 회사로서 생활 식비 지원 시스템(Life Budgeting Support System)이라는 복지 프로그램을 활용하고 있다. 가정에 충실한 생활을 하거나 결혼기념일을 맞은 구성원들에게 500달러의 보너스를 제공하고 있다. 가정과 회사 생활 간에 균형적인 삶을 누릴 수 있도록 격려하겠다는 취지이다. 프로그램 도입 후 동사는 산업 평균 이직률 18~22%보다 훨씬 낮은 5%의 이직률을 기록하였으며, 이직한 사람 중 60%가 다시 NIIT로 복귀하였다고 자체적으로 평가하고 있다. 구성원들의 복지에 대해 배려하는 이러한 회사의 정책은 NIIT 고객들로 하여금 동사가 믿을 만한 회사라는 인식을 심어 주어 고객 충성도와 브랜드 인지도를 높이는 효과를 거두었다고 한다.

비금전적 보상도 따라야 한다

보상 제도를 설계함에 있어서 금전적 보상만을 생각해서는 곤란하다. 회사에 대한 애정과 일하는 과정에서 성취감을 느낄 수 있게 하기 위해서는 금전적 보상뿐만 아니라 다양한 방법으로 격려와 칭찬 그리고 성과에 대한 인정을 해 주어야 한다. 이를 위한 방법 중의 하나로 선진 기업들이 많이 활용하고 있는 것이 인정과 축하(Recognition & Celebration) 프로그램이다.

사우스웨스트항공사(Southwest Airline)의 경우 회사의 경영 철학이나 가치에 부합하는 행동 고객 서비스 마인드 견지, 솔선수범 등을 보여준 사람에게 매년 '프레지던트 어워드(President's Award)'를 수여하고 있다. 수상자는 사장의 친필이 담긴 상패를 받으며 그 기념사진과 주요 활동 내역을 사보에 개재하여 동료들에게 인정과 축하를 받을 수 있는 기회를 제공하고 있다.

또한 보스턴을 연고로 IT 시스템 관련 소프트웨어 컨설팅 회사인 Keane Inc 사도 다양한 상을 제공하고 있다. 인재 선발, 지역 봉사 활동, 교육 훈련 프로그램의 이수 등 특정 분야에서 탁월한 성과를 보인 사람에게는 특별 공로상(Special Contributions Awards)을, 고객 서비스, 영업에의 기여도 등에 있어서 탁월한 성과를 보인 사람에게는 위대한 업적상(Great Achievement) 등을 수여하고 있다. 수상자는 담당 부서의 임원으로부터 감사의 편지를 받으며 주요 지점이나 팀 미팅 등에서 성공담을 발표하여 동료들로부터 인정과 축하를 받을 기회를 제공하고 있다.

이러한 비금전적 보상인 인정이나 축하 제도를 활용할 때 일회성의 보여주는 차원에서의 쇼(Show)로 그쳐서는 곤란하다는 것이다. 그럴 경우 오히려 구성원들의 사기를 떨어뜨리는 부작용을 초래할 수 있기 때문이다. 인정과 축하 프로그램이 구성원의 노고에 대한 정당한 보상과 향후에 더욱 동기 부여를 하는 수단으로 정착하기 위해서는 보다 장기적이고 지속적인 관점에서 설계·운영되어야 할 것이다.

: 임금 제도의 공정성

성과에 따른 보상을 차별화하기 위해서 가장 필요한 전제 조건은 임금 제도의 공정성 확보이다. 이는 다시 말해 임금 제도에 대한 구성원의 공정성 인식이 확보되지 못하면 성과 보상의 원칙을 실천할 수 없다는 의미이다.

임금 제도의 공정성은 다음의 그림과 같은 구조를 가진다.

〈임금 제도의 공정성 구조〉

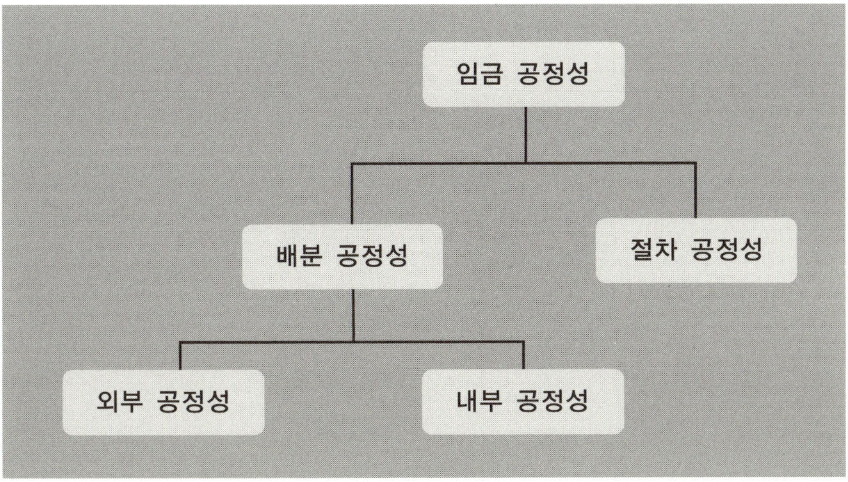

임금 제도의 공정성은 크게 4가지 영역의 문제이다.

- 기업이 창출한 가치를 자본과 노동 간에 어떻게 배분할 것인가?
- 기업이 어느 정도의 임금 수준을 유지해야 내외부 노동시장에서 인력을 유지하고 확보할 수 있겠는가?
- 허용된 임금 총액을 가지고 기업은 종업원 개인에게 어떻게 배분할 것인가?
- 종업원은 임금이 결정되는 근거 및 과정에 대해 알기를 원하는가?

배분 공정성

배분 공정성은 개인이 본인의 투입에 대한 산출 비율과 타인의 투입에 대한 산출 비율을 비교함으로써 발생하는 공정성의 개념이다. 즉 자신의 성과와 타인의 성과를 비교하고 상대적으로 보상의 크기를 비교한다는 것이다. 따라서 성과에 비례하여 보상의 크기가 결정된다면 문제가 없어진다. 그러나 우리나라, 특히 공공 부문의 경우 생활급 개념의 호봉제가 광범위하게 적용되고 있어 배분의 공정성은 같은 직급끼리 비교되고 인식되고 있는 실정이다.

외부 공정성

외부 공정성은 자신이 속한 조직과 유사한 산업 혹은 준거집단의 임금 수준을 비교함으로써 발생하는 공정성 개념이다. 즉 임금 수준에 대한 공정성 인식 영역이다. 동종 산업이나 유사한 공공 기관 근로자의 임금 수준과 자신의 임금 수준이 얼마나 높은지 낮은지 혹은 비슷한지를 인식한다. 그런데 우리나라 공공 부문의 임금 총액은 기관별의 사업 계획과 성과에 따라 책정되고 유사 기관이나 동종 기관도 많지 않아 오히려 대기업이나 일반 민간 기업의 임금 수준과 비교하는 경향들이 발견된다.

내부 공정성

내부 공정성은 외부 공정성의 상대적인 개념으로서 임금 총액이 내부 구성원에게 어떤 기준으로 배분되는지를 비교함으로써 발생하는 인식이다. 즉 내부에서 임금의 수준을 비교하여 공정한가를 인식한다는 의미이다.

절차 공정성

절차 공정성은 임금 제도가 결정되는 과정에 개인들이 관여할 수 있는지, 임금의 결정 과정이 공개되는지와 같은 제도의 절차가 공정한지를 인식하는 것이다. 특히 절차의 공정은 평가제도의 합리성과 평가 과정의 공정성 인식에 의하여 결정된다고 볼 수 있다. 즉 평가가 공정하다면 보상은 임금 제도에 의하여 기계적으로 결정되므로 평가의 과정이 절차의 공정성을 결정하는 가장 중요한 변수가 된다.

숫자 경영의 마지막 단계가 성과 보상인 이유는 이러한 임금 제도에 대한 구성원의 공정성 인식을 강화하여 조직 구성원의 동기를 부여하고, 자신의 직무에 몰입하게 함으로써 조직 몰입도를 높이고, 궁극적으로 성과 향상을 기대할 수 있기 때문이다. 따라서 임금 제도의 공정성을 높이는 것은 단순히 인사관리의 차원에서만 중요한 요소가 아니라 조직 성과를 좌우하는 요소가 된다.

제 3 부

전략적 숫자 경영의 도구

제 9 장 논리적 사고 도구
제 10 장 전략 수립·분석 도구
제 11 장 재무·관리 회계 도구
제 12 장 통계 도구
제 13 장 개선 도구 : 6시그마

"숫자야말로 모든 것의 원리이다."

–피타고라스

"탁월한 성과를 내기 위해서는 운영적 효과성과 전략 모두 필수다. 하지만 이 두 가지의 작동 방식은 다르다."

–마이클 포터

M E M O

제 9 장

논리적 사고 도구

제1절 로직 트리
제2절 MECE와 LISS
제3절 So What & Why So

: 로직 트리

논리적 사고는 전략을 계획하고 분석하는 데 도움을 준다. 논리적 사고 도구에는 로직 트리(Logic Tree), MECE(Mutually Exclusive and Collectively Exhaustive), LISS(Linearly Independent Spanning Set), So What & Why So 등이 포함되는데, 먼저 로직 트리에 대해서 살펴본다.

로직 트리란 문제의 파악이나 해결을 목적으로 MECE의 논리적 사고방식에 따라 특정 이슈를 나뭇가지 형태로 분해시킨 분석 틀이다. 문제가 정의되면 로직 트리를 이용해 문제를 구조화한다.

로직 트리는 다음과 같은 특성을 지닌다. 첫째, 로직 트리는 복잡한 문제를 한꺼번에 풀려고 하면 어렵지만 해결 가능한 세부 단위로 나누어서 접근하면 보다 수월해진다. 둘째, 로직 트리는 MECE 원칙을 따른다. 즉 각 구성 요소 간의 중복이 없고 전체적으로 누락됨이 없어야 한다. 따라서 로직 트리를 통하여 전체와 부분 간의 논리적 관계를 볼 수 있도록 문제 해결 논리의 타당성을 제고할 수 있다. 셋째, 로직 트리는 문제 해결 과정의 효율성을 높일 수 있다. 문제를 구성 요소별로 분해함으로써 구성 요소 간의 우선순위를 명확히 하고 부문별 역할 담당 및 책임을 명확히 할 수 있다.

〈로직 트리의 기본 틀〉

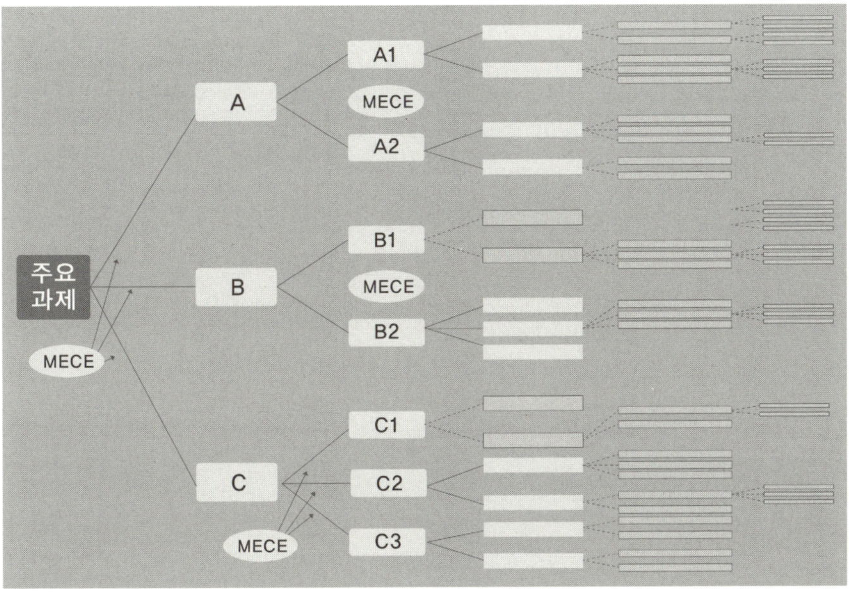

로직 트리를 구성할 때에는 한 가지 과제에 대해 여러 각도에서 생각해 낼 수 있는 사고의 유연성이 필요하다. 특히 1~2 단계를 어떤 내용으로 구성하느냐가 제일 중요하다. 로직/이슈 트리는 기본적으로 어떤 시각에서 시작하여도 마지막까지 채워 나가면 모든 항목을 체크할 수 있게 된다. 이는 어떤 과제에 대하여 형태가 다른 로직 트리를 여러 종류 작성할 수 있다는 뜻이다. 그러나 실제로는 최초의 출발점에 따라 '정리가 잘된 것'과 내용 자체는 맞을지 몰라도 '그렇지 않은 것'이 생겨나게 된다. '잘 정리된 로직 트리'를 쉽게 만드는 첩경은 없다. 단, 어떤 항목은 여러 단계까지 심도 있게 전개되는데 다른 항목은 1~2 단계에서 막혀 버리거나 동일한 어구가 각 항목마다 여러 번 반복될 경우에는 작업을 중단하고 다른 시각에서 시도해 보는 것이 효율적이다.

: MECE와 LISS

MECE(Mutually Exclusive and Collectively Exhaustive)는 논리적 사고를 향상시키는 전형적인 방법 중의 하나로, '중복과 누락을 방지'하는 것이다. 즉 어떤 사항을 중복 없이, 그럼에도 누락 없는 부분의 집합체로서 파악하는 것을 의미한다. MECE를 통해 누락된 부분이나 중복된 내용이 있는지 제대로 파악하기 위해서는 전체가 무엇인지 알고 있어야 한다. 즉 전체로서 파악하고 있고 핵심 포인트가 무엇인지 알고 있기 때문에 제시된 결론이나 해결책이 그 포인트에 견주어 '이 점이 누락되었다.' '저 말은 중복되었다.'라고 판단할 수 있다.

MECE에서 좀 더 발전시킨 개념이 LISS(Linearly Independent Spanning Set)이다. LISS는 MECE를 분석한 후 그중에서 중요한 것을 중심으로 집중적으로 한 단계 더 파고드는 방법을 의미한다. LISS는 시간적 제약하에서 소중한 것을 먼저 한다는 철학이 녹아 있다.

다음 그림 중 좌측은 MECE의 개념을 나타낸 것이다. 각 셀은 상호 배타적이고, 각 셀의 합은 전체가 된다. 따라서 중복됨이 없고 누락됨도 없다. 우측은 LISS를 나타내고 있는데 전체 집합에서 중요 과제를 명확화하는 개념으로서

MECE와는 구분된다.

〈MECE와 LISS〉

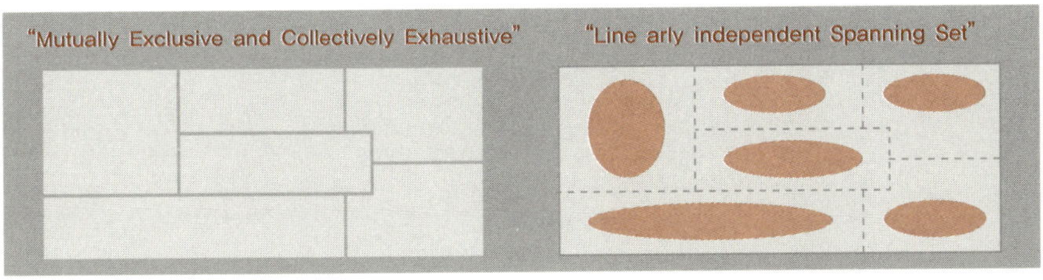

MECE는 자료의 분류를 누락과 중복이 없는 부분집합으로 구분하여 전체를 보여주는 방법이다. 예를 들면 정기 자료와 부정기 자료로 구분하고 정기 자료는 다시 매일, 격일, 주간으로 구분한다. 부정기 자료는 매체별 특성으로 구분하여 인터넷, 비디오, 인쇄물 등으로 구분한다. 이렇게 자료를 구분하면 자료의 분류 자체가 중요한 정보를 제공하게 되고 누락과 중복됨이 없어 분석을 하기가 쉬워진다.

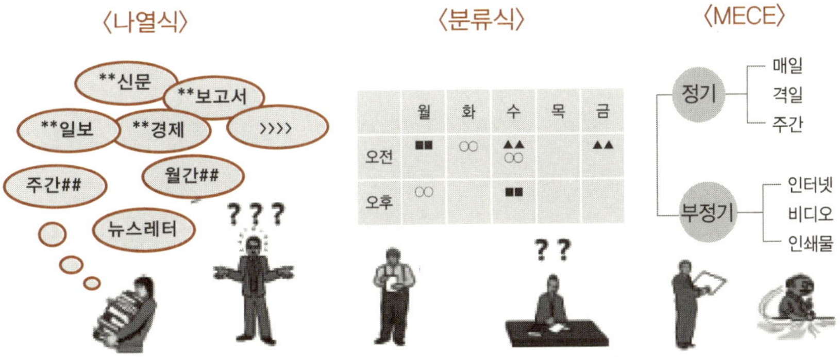

: So What & Why So

논리적 사고를 하기 위해서는 논리의 비약을 방지하는 것이 매우 중요하다. 우리는 어떤 일에 대해 결론을 내리거나 주장을 할 때 '~에 의해서', '따라서', '그러므로'와 같은 단어를 자주 사용한다. 이야기 전후의 연결을 자연스럽게 하기 위하여 사용하는 접속어들이다. 말을 잘하는 사람은 이런 접속어를 적절히 사용하는 경우가 많다. So What과 Why So는 이렇게 논리 구조를 강화시키는 기술이다.

So What은 진술된 정보나 데이터 중에서 과제에 비추어보아 대답을 할 수 있는 핵심을 추출하는 것이다. 즉 '현재 가지고 있는 정보나 재료 중에서 결국 어떤 것인가'를 추출하는 것이다. 반면에 Why So는 '한 요소의 타당성이 가지고 있는 정보나 재료에 의하여 증명된다'는 것을 검증하는 것이다. 그런데 So What과 Why So는 분리된 개념이 아니라 하나의 세트라고 이해해야 한다. 즉 제시된 정보나 사실들을 분석하여 어떤 결론을 내렸다면(So What) 이 결론은 왜 그래야 하는지가 제시된 정보나 사실에 의하여 충분히 설명되어야 한다(Why So). 따라서 So What과 Why So를 되풀이하여 적용하여야 한다.

예제를 통하여 So What과 Why So의 사고방식을 확인해 보자. 제시된 정보와 자료는 다음과 같다.

① 최근 5년간 스파게티 파스타의 매출 자체는 정체해 있음에도 불구하고, 스파게티 소스의 종류는 6배로 증가함.
② 손수 만든 맛을 풍기게 하는 'Italian prima'라는 B사 발매 소스는 독신 여성층에게 폭발적인 인기를 끌었음.
③ 당사는 소스 속의 고기를 줄인 저가격의 신상품을 발매했음.
④ 기존 제품인 미트 소스, 나폴리안 소스의 인기는 하락하고 소비자의 기호는 다양한 상품으로 분산되고 있음.
⑤ 당사 신제품의 매출은 증가하고 있지 않음.
⑥ A사는 중장년층을 대상으로 전통 특유의 맛을 가미한 신제품을 투입했음.
⑦ 1위 구매 요인이었던 '저가격'은 5위로 후퇴하고, 대신 '본격적', '멋', '맛의 섬세함'이 상위를 차지하고 있음.
⑧ 고객 앙케트에 의하면 당사 신제품은 거의 대부분의 항목에서 '평균치보다 약간 위'라는 평가를 받고 있음.
⑨ C사의 고급 '도네로' 라인은 수도권에서 시장 점유율을 증대시켰음.

먼저 제시된 정보를 MECE한 기준에 따라 정보를 그룹화한다. 그룹은 3C 프레임을 활용하여 3가지로 구분할 수 있다.

- 고객 측면(스파게티 시장 환경) : 상기 ①, ④, ⑦번 항목은 모두 스파게티 시장에 대한 정보이다. 이 정보는 '스파게티 소스에 관한 소비자의 기호가 다양화, 고급화 되어 감에 따라 제품도 세분화되고 있다.'로 요약된다.
- 경쟁 측면 : ②, ⑥, ⑨번 항목은 경쟁사의 동향에 대한 정보이다. 이 정보는 '각 사는 목표 세그먼트를 선정, 특징 있는 신제품을 투입하여 매출 유지를 도모하고 있다.'로 요약된다.
- 자사 측면 : ③, ⑤, ⑧번 항목은 자사에 대한 정보이다. 이 정보는 '당사의 신제품은 소구(訴求) 포인트가 불명확해서 인기를 끌지 못한다.'로 요약된다.

이렇게 3가지 관점으로 요약된 메시지를 바탕으로 결론을 도출할 수 있을 것이다.

앞의 예제에서 9가지의 정보와 자료는 3개의 그룹 메시지로 정리되고 최종 결론으로 정리된다(So What). 역으로 상기의 결론이 났다면 왜 그래야 하는지를 설명하고 추론하는 것이 Why So의 접근이다.

〈정보의 정리 결과〉

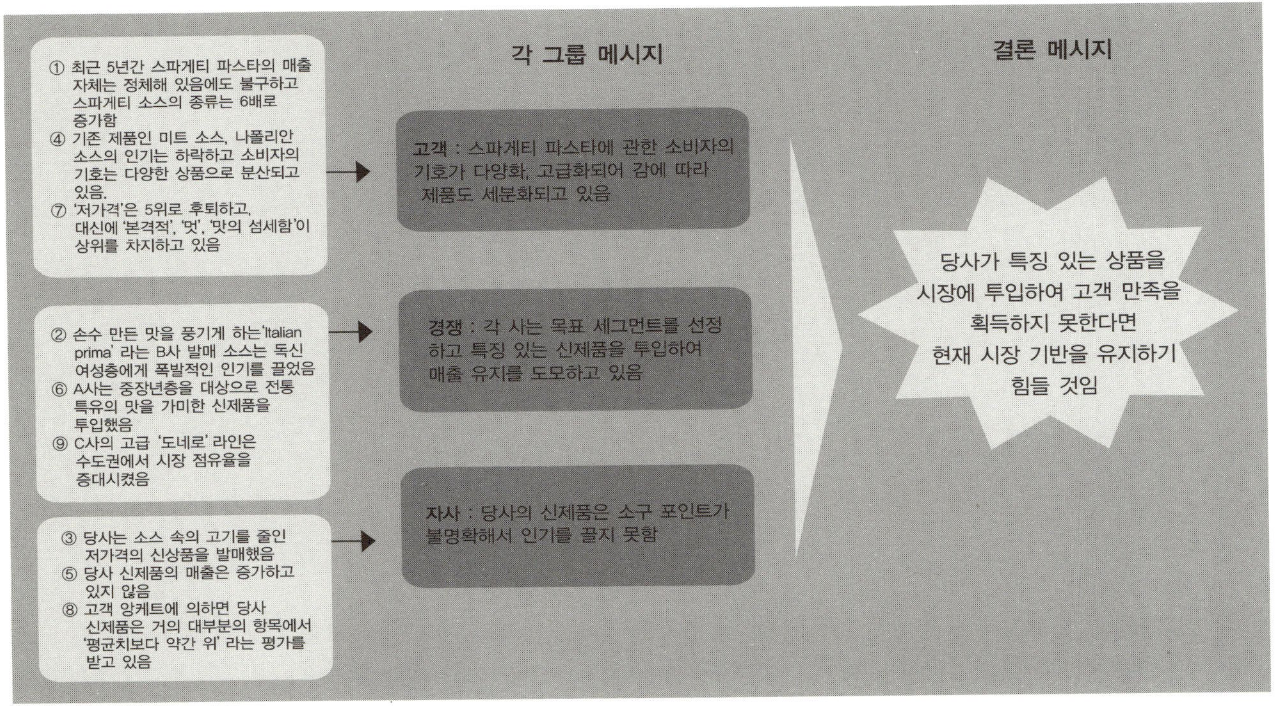
① 최근 5년간 스파게티 파스타의 매출 자체는 정체해 있음에도 불구하고 스파게티 소스의 종류는 6배로 증가함
④ 기존 제품인 미트 소스, 나폴리안 소스의 인기는 하락하고 소비자의 기호는 다양한 상품으로 분산되고 있음.
⑦ '저가격'은 5위로 후퇴하고, 대신에 '본격적', '멋', '맛의 섬세함'이 상위를 차지하고 있음
② 손수 만든 맛을 풍기게 하는 'Italian prima' 라는 B사 발매 소스는 독신 여성층에게 폭발적인 인기를 끌었음
⑥ A사는 중장년층을 대상으로 전통 특유의 맛을 가미한 신제품을 투입했음
⑨ C사의 고급 '도네로' 라인은 수도권에서 시장 점유율을 증대시켰음
③ 당사는 소스 속의 고기를 줄인 저가격의 신상품을 발매했음
⑤ 당사 신제품의 매출은 증가하고 있지 않음
⑧ 고객 앙케트에 의하면 당사 신제품은 거의 대부분의 항목에서 '평균치보다 약간 위' 라는 평가를 받고 있음
각 그룹 메시지
고객 : 스파게티 파스타에 관한 소비자의 기호가 다양화, 고급화되어 감에 따라 제품도 세분화되고 있음
경쟁 : 각 사는 목표 세그먼트를 선정하고 특징 있는 신제품을 투입하여 매출 유지를 도모하고 있음
자사 : 당사의 신제품은 소구 포인트가 불명확해서 인기를 끌지 못함
결론 메시지
당사가 특징 있는 상품을 시장에 투입하여 고객 만족을 획득하지 못한다면 현재 시장 기반을 유지하기 힘들 것임

제 10 장

전략 수립 · 분석 도구

제1절 BCG 매트릭스
제2절 GE의 비즈니스 스크린
제3절 3C 분석
제4절 SWOT
제5절 산업 분석
제6절 가치 사슬 분석
제7절 7S 프레임워크
제8절 점유율 분석
제9절 고객 세분화
제10절 고객 만족 모델
제11 절 벤치마킹

: BCG 매트릭스

전략 수립 및 분석 도구에는 BCG 매트릭스, GE의 비즈니스 스크린, 3C 분석, SWOT, 산업 분석, 가치 사슬(Value Chain) 분석, 7S 프레임워크, 점유율(Sizing) 분석, 고객 세분화(Customer Segmentation), 고객 만족 모델(Customer Satisfaction Model), 벤치마킹 등을 포함한다. 먼저 BCG 매트릭스에 대해 살펴본다.

1990년대에 보스턴 컨설팅 그룹(BCG)은 시장 성장률-점유율 매트릭스를 개발하였다. BCG 분석은 주요 경쟁자에 대비한 자사의 상대적 성장률-시장 점유율 매트릭스를 구성하는 것으로 시작한다. 매트릭스 상에 사업부들을 배치하는 과정은 주관적인 기준에 의해 이루어지지만 시장에서 달성한 연간 매출의 비율로 각 사업부의 규모를 표시해줌으로써 모델을 더욱 정교화할 수 있다. 고성장 시장은 대체로 연간 10% 이상의 성장률을 보이고 시장 점유율이 높은 제품들은 소속 시장에서 리더의 위치를 점한다. 즉 시장을 리드하는 제품들은 최소한 1.0의 상대적인 시장 점유율을 갖기 때문에 수직·수평축의 중간점은 0.1과 1.0을 나타낸다.

다음의 BCG 매트릭스의 각 사분면은 서로 다른 성장률과 점유율의 조합을 보여준다.

〈BCG 매트릭스의 각 사분면〉

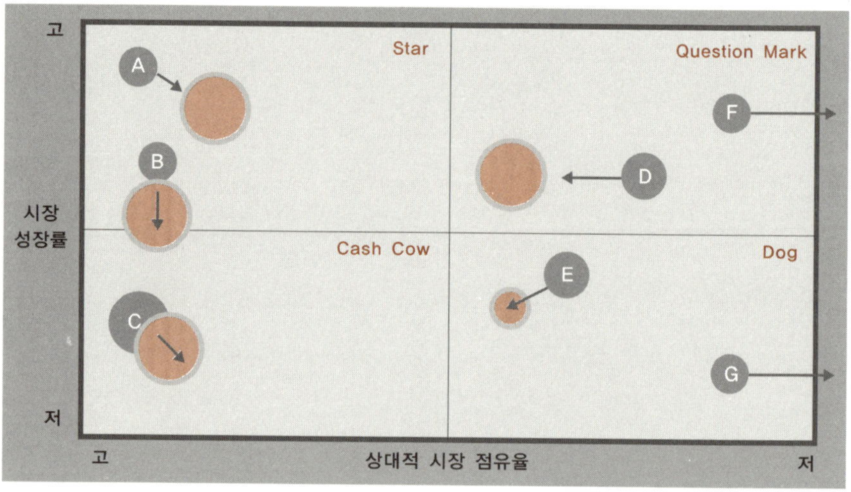

Star는 시장 점유율도 높고 시장 성장률도 높은 사업으로서 현재의 점유율을 유지하면서 성장하기 위해 투자를 하여 장래의 현금 낳는 Cash Cow로 계속 키워야 한다. Question Mark는 시장 점유율은 낮지만 시장 성장률은 높은 사업이다. 이러한 사업 부문이 선도적 위치로 가기 위해서는 상당한 현금 투자가 필요하다. 미래의 현금 낳는 젖소로 성장한다면 사업이 성공적으로 운영된 것이다. Dog는 시장 점유율과 시장 성장률이 모두 낮은 경우이다. 따라서 많은 현금이 창출되지도 않고 많은 현금 투자를 필요로 하지도 않는다. 기업들이 추구해야 하는 가장 전략적 과업은 현금 젖소로부터 발생한 초과 현금을 포트폴리오 내에서 유망한 사업, 즉 별이 될 가능성이 있는 물음표 사업에서의 시장 점유율을 증가시키기 위한 자금 조달에 사용하는 것이다. 따라서 상대적으로 약한 경쟁적 지위를 가진 물음표 사업에서는 투자가 철수되거나 자본 투자가 중단되는 상황이 발생한다.

이 모델은 반자율적인 사업부들의 다양한 배치를 위한 합리적인 논거를 창출하고 일관성 있는 전략을 고안해 내기 위해 노력하는 경영자들을 지원하기 위해 고안되었다. 포트폴리오 분석에 관한 BCG의 접근은 다사업부, 다품종의 기업들이 다각화되지 않은 기업들에 비해 생산성이 높은 부서에 자원을 집중시킬 수 있는 능력이 월등하다는 전제를 기반으로 하고 있다. 즉 최적의 자원 배분을 위해 회사의 전략적 사업 부서들이 갖는 개별적인 역할을 인지하고 이러한 역할들을 하나의 전체적인 포트폴리오 접근으로 통합하는 것이다. 기업이 생산하고 있는 각 제품의 역할은 각 제품 사업부가 가진 현금 창출의 잠재력과 주요 경쟁자들 대비 원가 수준에 근거하여 결정된다. 성장성과 현금 창출의 잠재력 측면에의 차이로 포트폴리오 간에 배분할 자금의 양을 결정한다.

: GE의 비즈니스 스크린

GE의 비즈니스 스크린(GE Business Screen)은 기업의 포트폴리오를 설명하기 위하여 장기적인 산업 매력도와 사업 강점이라는 두 가지 축을 사용한다. 산업의 매력도는 산업의 성장률, 투자 강도, 기술 강도, 정부 영향력과 그 외의 규제 요인과 같은 요소들을 포괄하는 개념으로 정의한다. 사업 강점은 시장 점유율, 기술상의 강점, 경영 응집성 및 깊이, 재무적 자원에 대한 접근성과 같은 개념을 포함한다. 두 가지 축을 기반으로 매긴 기업 평점의 교차점에 기반하여 성장/투자, 선택적 투자/수익 혹은 수확/철수 전략을 제시한다.

다음 그림 중 왼쪽 상단의 세 셀을 핵심 사업, 중간의 세 셀을 선택 전 전개 사업, 오른쪽 하단의 세 셀을 수확 철수 사업이라고 한다.

〈GE의 비즈니스 스크린〉

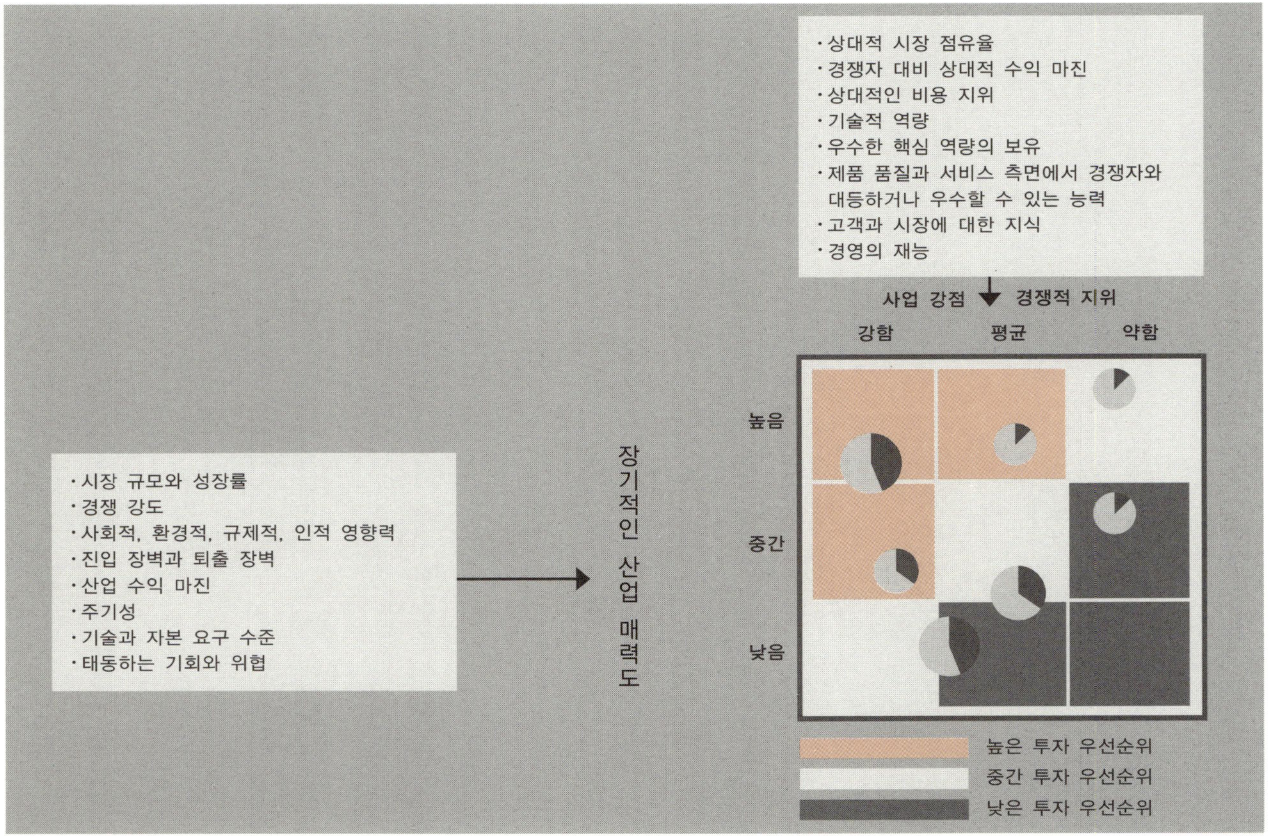
·상대적 시장 점유율
·경쟁자 대비 상대적 수익 마진
·상대적인 비용 지위
·기술적 역량
·우수한 핵심 역량의 보유
·제품 품질과 서비스 측면에서 경쟁자와 대등하거나 우수할 수 있는 능력
·고객과 시장에 대한 지식
·경영의 재능
사업 강점 경쟁적 지위
강함
평균
약함
높음
중간
낮음
·시장 규모와 성장률
·경쟁 강도
·사회적, 환경적, 규제적, 인적 영향력
·진입 장벽과 퇴출 장벽
·산업 수익 마진
·주기성
·기술과 자본 요구 수준
·태동하는 기회와 위협
장기적인 산업 매력도
높은 투자 우선순위
중간 투자 우선순위
낮은 투자 우선순위

: 3C 분석

3C 분석은 거시 환경보다 더욱 개별적이고 구체적인 분석을 할 때 사용되는 프레임워크이다. 3C는 시장 고객(Customers), 경쟁사(Competitors), 자사(Company)를 의미한다. 시장 분석과 경쟁사 분석은 외부 분석에 속하며 자사 분석은 내부 분석에 해당한다.

〈3C 분석〉

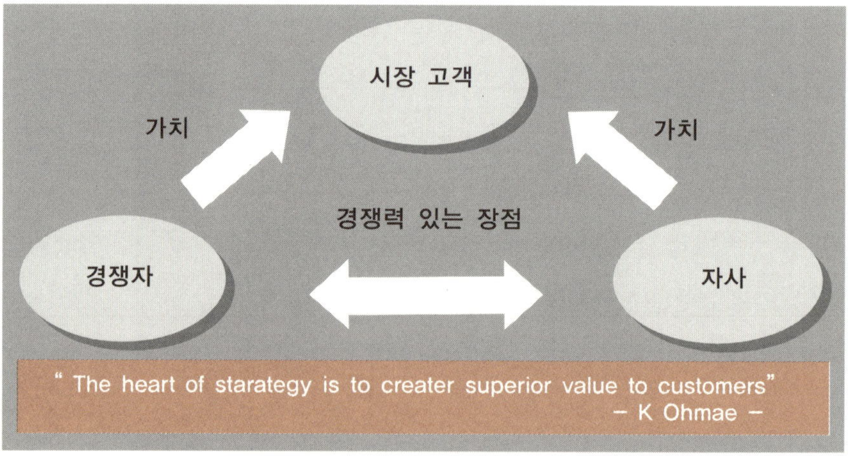

그러므로 3C 분석은 자사, 경쟁사, 시장 고객에 대한 이해와 분석을 바탕으로 고객에게 경쟁사보다 우월한 가치를 제공함으로써 경쟁 우위를 유지·향상시키기 위한 분석 도구이다. 기업이 이 분석 도구를 통해 고객 지향적 경쟁 우위를 실천할 수 있도록 해준다.

자사

회사 내부의 그룹들을 분석하는 것으로 검토 대상으로는 최고 경영층, 재무, R&D, 구매, 제조, 회계 등 다양하다. 이러한 기능이 '고객 중심'으로 고객에게 더 높은 가치와 만족을 제공할 수 있도록 조화롭게 조정되고 있는지를 분석한다.

시장 고객

회사의 주고객을 정의하고, 그 고객의 니즈를 명확히 파악하는 것이다. 고객의 구분 방법으로는 국내 vs 해외 또는 일반 소비자 vs 기업 vs 정부와 같은 식으로 구분하거나, 또는 인종, 문화, 인류학적 구분 등 여러 가지 구분이 있을 수 있다. 검토 대상 사업이나 회사가 과연 분류된 목표 고객의 니즈를 만족시킬 수 있는 것인지를 확인해야 한다.

경쟁사

경쟁사 대비 고객의 마인드에 자사의 오퍼가 강력한 포지션을 하여 경쟁 우위를 가지고 있는지를 분석한다. 자사의 규모와 산업 내에서의 포지션을 경쟁사의 것과 대비하여 상황에 맞는 경쟁 전략을 수립하여야 한다. 마켓 리더, 추종자(Follower), 틈새시장 고객(Nicher)에 따라 각기 다른 경쟁 전략을 수립해야 한다.

⁝ SWOT

SWOT 분석은 기업의 자원, 역량과 외부 환경 사이의 전략적 적합성(Strategic Fit)을 공식화한 개념으로서(켄 앤드류, 1971) 외부 환경의 기회 요인과 위협 요인을 파악하고 기업 내부의 강점과 약점을 분석한 후 전략적 대안을 도출하는 분석 방법이다.

SWOT 분석을 통해 기업의 강점을 최대한 활용하면서 새로운 사업 기회를 포착하고 기업의 약점을 최소화하면서 위협 요인에 대처하는 전략을 다각적으로 모색할 수 있다. SWOT 분석은 사실에 입각한 객관적인 분석이 요구된다. 특히 강·약점 분석에 있어서 막연한 희망이나 지나친 자신감은 위험하며, 기회·위협 분석에 있어서도 현실을 직시할 수 있는 안목이 필요하다.

즉 현재의 강점이 약점이 될 수 있고 약점이 강점이 될 수 있으며, 기회가 위협이 되고 위협이 기회가 될 수 있으므로 상황의 변화를 자신에게 유리하게 활용할 수 있는 발상의 전환을 모색하여야 한다. 이 방법은 특정 상황이나 의사 결정 문제의 함의를 점검하고 활동 계획을 결정하기 위한 기초 도구로서 사용되며, 개인이 또는 그룹 단위로 분석을 할 수도 있다. 이슈는 조직 외적인 문제일 수도 있으며, 조직 내적인 문제에 적용될 수도 있다.

강점(Strengths)과 약점(Weaknesses)은 주로 상황이나 의사 결정 문제의 내적인 요소들이다. 강점은 가용 자원, 구성원의 능력, 조직의 전문성 등이며, 약점은 기회를 획득하는 데 제약이 되는 요인들이다. 기회(Opportunities)와 위협(Threats)은 주어진 상황에서의 외적인 영향 요인들을 검토하는 것이다. 위협은 조직 외부로부터 가해지는 활동이나 관점들로서 목표 달성에 방해가 되는 것들을 가리키며, 기회는 해당 문제를 해결하는 데 보충이 될 수 있는 외적인 요소들이다. 대개 기회와 위협을 먼저 검토하고 강점과 약점을 나중에 기회와 위협의 관계 속에서 검토한다.

〈SWOT 분석〉

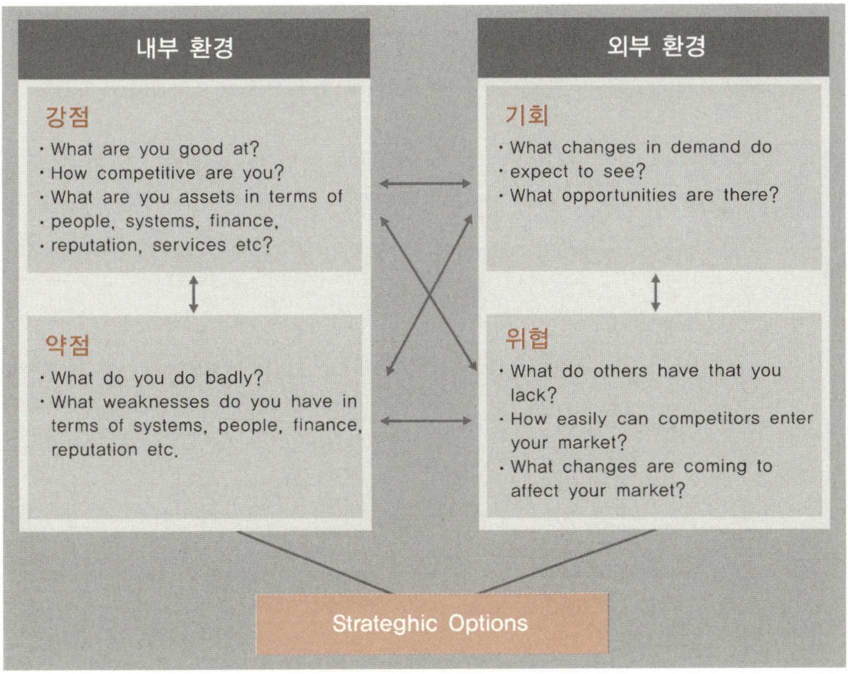

같은 문제를 한 개 영역 이상에서 동시에 포함되지 않도록 하여야 한다. SWOT 분석은 조직 내에서 당면 문제에 대한 불확실성이나 서로 다른 견해가 존재할 때 실시하는 게 보통이다. 이 방법을 통해 개인적인 견해가 서로 검토될 수 있는 기회를 제공한다.

SWOT 분석은 4단계로 진행한다.

1단계

기업의 S, W, O, T를 평가한다. 이때는 통제력이 기준이 된다.

통제력이 강했을 경우

내부 환경	강점	성과 목표 달성을 위해 효과적으로 이용할 수 있는 자원, 역량
	약점	목표 달성을 저해하는 단점, 한계, 결함

통제력이 약했을 경우

외부 환경	기회	제품이나 서비스에 대한 수요 창조, 기업 내 우호적인 현재나 미래 상황
	위협	장애물, 제약, 손해, 악영향, 손실 등 비우호적인 상황

2단계

SWOT로 분류된 이슈에 순위를 부여한다. 이때 순위 부여 기준을 명확히 하여 의사 결정자가 순위 결정의 근거를 잘 이해하도록 한다.

내부 강점	내부 약점
1. 2. 3.	1. 2. 3.
외부 기회	**외부 위협**
1. 2. 3.	1. 2. 3.

3단계

기업의 전략적 적합성을 파악한다. 이 단계는 기업의 대응 전략을 만드는 단계이다.

구분		내부 요소	
		강점	약점
외부 요소	기회	내부 강점을 외부 기회와 매칭함	내부 약점을 외부 기회에 대응시킴
	위협	내부 강점을 외부 위협과 매칭함	내부 약점을 외부 위협에 대응시킴

: 산업 분석

기업이 사업 전략을 수립할 때 업계 구조에 대한 분석이 필요하다. 마이클 포터는 1980년『경쟁 전략(Competitive Strategy)』이라는 저서에서 경제학의 산업 조직론에서 진화된 산업 구조 분석을 기업에 적용하기 쉽도록 변형시킨 분석 틀을 제시했다. 이것이 바로 다섯 가지 힘(5 Forces)이다. 다섯 가지 힘은 대체재와의 경쟁, 잠재적 진입자와의 경쟁, 기존 사업자와의 경쟁, 공급자와 구매자의 교섭력에 의해 산업의 수익률이 결정된다.

따라서 다섯 가지 힘은 산업의 매력도를 분석할 때 유용한 분석 틀이다. 산업의 매력도, 즉 산업의 이익 창출 가능성은 다음의 5가지 구조적 요인에 의해 결정된다.

- 산업 내 기존 업체들 간의 경쟁(Rivalry among existing firms)
- 새로운 경쟁자의 위협(Threat of new entrants)
- 대체재의 위협(Threat of substitutes)
- 구매자의 교섭력(Bargaining power of buyers)
- 공급자의 교섭력(Bargaining power of suppliers)

〈다섯 가지 힘 분석〉

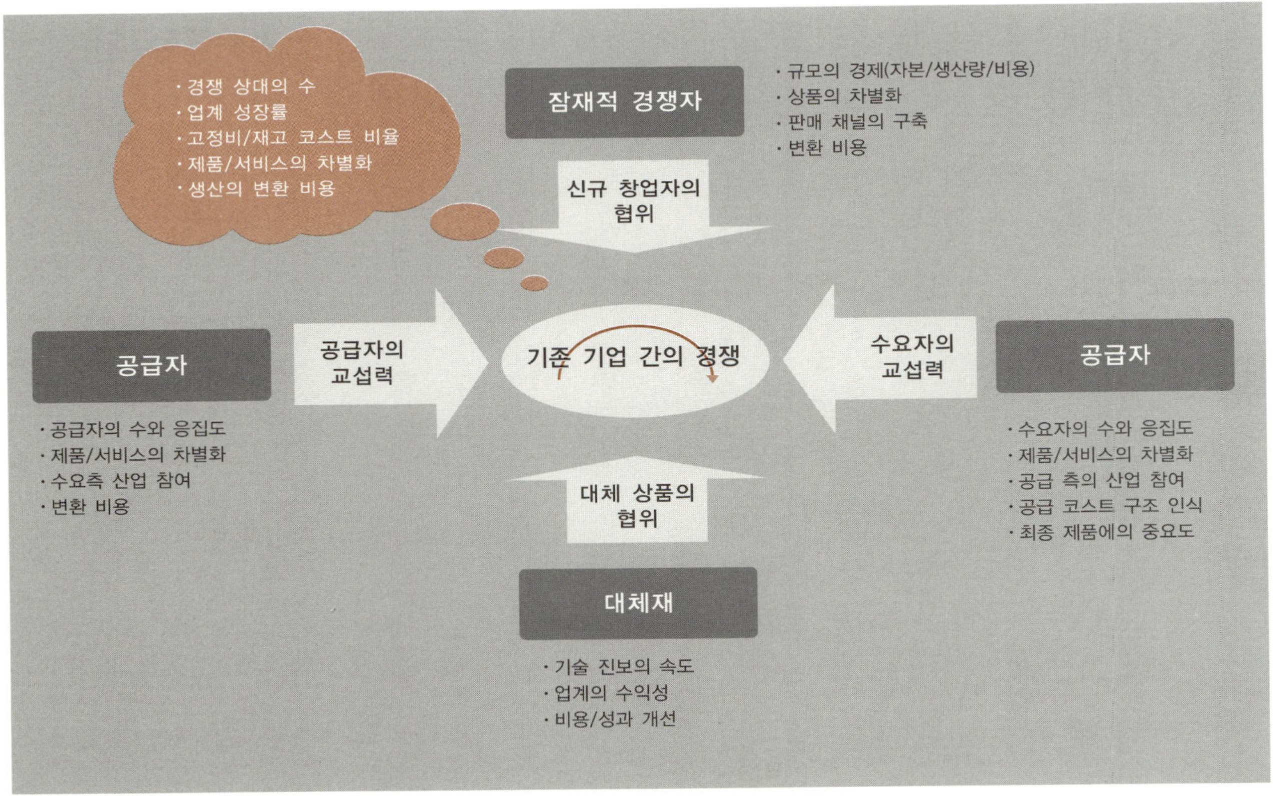
· 경쟁 상대의 수
· 업계 성장률
· 고정비/재고 코스트 비율
· 제품/서비스의 차별화
· 생산의 변환 비용
잠재적 경쟁자
· 규모의 경제(자본/생산량/비용)
· 상품의 차별화
· 판매 채널의 구축
· 변환 비용
신규 창업자의 협위
공급자
공급자의 교섭력
기존 기업 간의 경쟁
수요자의 교섭력
공급자
· 공급자의 수와 응집도
· 제품/서비스의 차별화
· 수요측 산업 참여
· 변환 비용
· 수요자의 수와 응집도
· 제품/서비스의 차별화
· 공급 측의 산업 참여
· 공급 코스트 구조 인식
· 최종 제품에의 중요도
대체 상품의 협위
대체재
· 기술 진보의 속도
· 업계의 수익성
· 비용/성과 개선

: 가치 사슬 분석

마이클 포터는 1985년 그의 저서 『경쟁 우위(Competitive Advantage)』에서 가치 사슬(Value Chain) 개념을 세상에 널리 알렸다. 포터의 선구적인 업적은 MIT의 제이 포레스트(Jay Forrester)에 의해 개발된 시스템 분석으로 알려진 전략 분석의 영역을 확장시킨 것인데 가치 사슬 분석 고유의 강점은 기업의 역량과 경쟁 환경의 위협 및 기회 간의 전략적 갭을 메울 수 있는 분석 툴로서 사용될 수 있다는 것이다.

따라서 가치 사슬 분석의 2가지 주요 목적은 비용 우위를 확보하기 위한 기회 파악과 제품·서비스 차별화 속성을 창조할 수 있는 기회를 파악하는 것이다. 가치 사슬 분석은 경쟁 전략의 목표에서 시작되며 경쟁 전략의 목표는 가치 전달에 사용되는 비용을 초과하는 고객 가치를 창조하는 것인데 이것이 바로 기업 이익의 원천이 된다.

가치 사슬 분석은 회사의 경쟁하는 방법을 검증하는 중요한 기법으로서 회사 전체의 비즈니스 프로세스 · 활동 파악, 프로세스에 대한 코스트 할당, 각 프로세스에 의해 발생된 가치 결정, 각 부분이 비용(Cost)·속도(Speed)·효율(Efficiency) 측면에서 최적으로 운용되고 있는지 판단한다.

지원 활동	회사 인프라	회계/법률/기획/이해관계자와 같은 운영 지원 활동
	인적 자원 관리	고용/인센티브 시스템/등기/훈련/승진/노사 관계 등
	기술 발전	엔지니어링/R&D/정보 기술/기타
	조달	회사 전반적으로 필요한 자원의 구매
주 활동	내부 물류	재고 관리 및 취급
	Operations	투입 요소를 최종 제품과 서비스로 전환
	외부 물류	유통
	마케팅 & 판매	마케팅, 가격 책정 및 채널 관리, 기타
	서비스	사후 판매 지원

가치 사슬 분석을 통하여 각 단계에서 부가 가치 창출 관련 핵심 활동을 규명하고, 각 단계 및 핵심 활동들의 강·약점 및 차별화 요인을 분석하고, 각 활동 단계별 원가 동인(Cost Drivers)을 분석하여 경쟁 우위 구축 전략을 수립할 수 있다. 따라서 가치 사슬 분석은 기업의 원료 조달에서 제품 생산, 판매 및 서비스까지의 전 과정을 하나의 사업 사슬로 개념화하여 고객에게 최대의 가치를 전달할 수 있도록 전 과정을 통합하여 계획, 관리, 통제하는 도구가 된다.

한편 현대 기업의 경쟁은 한 기업만의 경쟁이 아니라 그 기업이 속한 산업의 제품 및 서비스의 가치 사슬과 경쟁 가치 사슬 간의 효율성 및 고객 가치 창조 능력의 차이에 따른 경쟁으로 그 성격이 변화되고 있다.

: 7S 프레임워크

7S 프레임워크가 처음 언급된 것은 1981년 발간된 리처드 파스칼(Richard Pascale)과 앤서니 애서스(Anthony Athos)의 공저 『일본 경영의 기술(The art of Japanese Management)』에서였다. 이 두 사람은 당시에 일본 경제가 미국 경제를 추월하여 오는 데 위기감을 느끼고 일본 기업이 왜 그렇게 강한가를 연구하기 시작했는데, 이와 동시에 톰 피터스(Tom Peters)와 로버트 워터맨(Robert Waterman)이 비슷한 주제인 기업의 탁월함에 대하여 연구를 하였고 1978년 이들 네 사람이 같이 모여 7S 모델을 창안하였다. 뒷날 톰 피터스와 로버트 워터맨의 공저 『위대한 기업을 찾아서(In search of excellence, 1982)』에서도 7S 모델을 소개하였고, 이들 두 사람이 맥킨지(McKinsey)의 컨설턴트로서 활동하고 있었으므로 맥킨지의 기업 기초 분석 도구로 활용하면서 7S 프레임워크로 널리 알려지게 되었다. 7S 프레임워크는 조직을 향상시키고 싶을 때 무엇부터 손대야 하는지를 생각하는 데 많은 도움을 주는 모델이다.

7가지 S로 시작되는 요소는 Hard S와 Soft S로 크게 구분할 수 있다.

- Hard S : Strategy(전략), Structure(구조), System(시스템)
- Soft S : Style(스타일), Skill(기술), Staffs(인적 자원), Shared Value(공유 가치)

〈7S 프레임〉

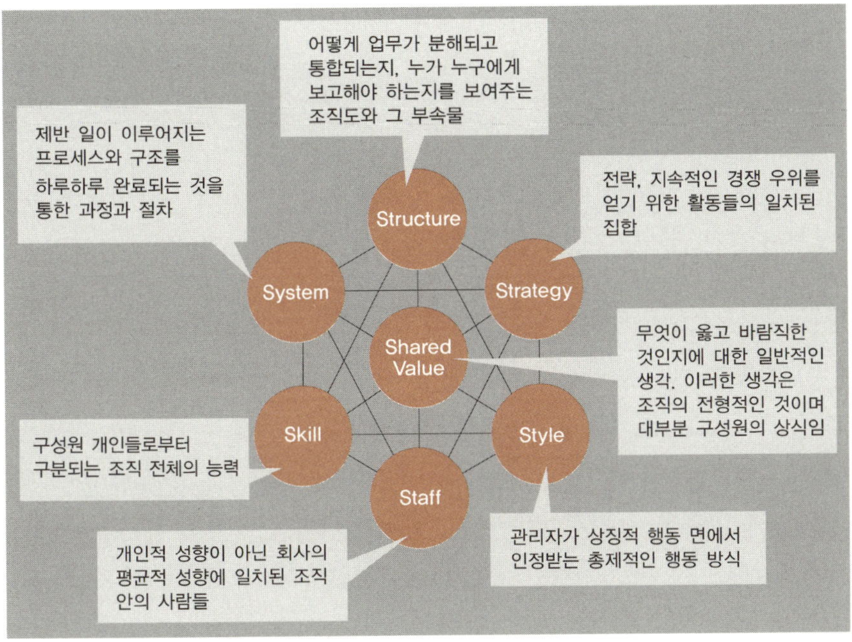

주의해야 할 점은 7S가 각기 따로 움직이는 것이 아니라 모두 같이 연계하여 움직인다는 것이다. 즉, 한 가지 요소에 변화를 주면 바로 다른 요소에도 영향을 미치게 된다. 많은 리더들이 조직 변화에 실패하는 이유 중의 하나가 한 부분을 변화시키면 다른 부분도 같이 영향을 받는다는 것을 고려하지 않은 채 변화를 주도하기 때문이다.

Strategy

전략(Strategy)은 고객이나 경쟁사와 같은 외부 환경의 변화에 대응하거나 선제적인 목적으로 취하는 행동을 말한다. 전략은 낮은 생산 비용이나 빠른 운송과 같은 경쟁적 포지셔닝(Positioning) 또는 고객에 대한 더 높은 가치 제공이나 시장의 선도적 지위 확보와 같은 방법 등을 통해 회사가 자신의 경쟁적 포지션을 높이려는 목적이다.

Structure

구조(Structure)는 이 과업을 어떻게 구분할 것인가 하는 문제가 아니라 어떻게 하면 전체 업무를 조화롭게 진행할 수 있을까에 관한 것이다. 그러므로 조직 내의 모든 가능한 업무의 영역을 이해하는 것보다는 조직의 발전을 위해 어느 영역에 집중해야 하는가를 파악하는 것이 중요한 문제이다.

Systems

시스템이란 공식, 비공식적으로 조직이 운영되는 절차를 말하며 자본 예산 시스템(Capital Budgeting Systems), 훈련 시스템(Training Systems), 비용 회계 절차(Cost Accounting Procedures), 예산 시스템(Budgeting Systems)과 같은 것들이다. 일곱 가지 요소 중에서 다른 것들을 확립하는 데 가장 위협이 될 수 있는 요소가 바로 시스템이다. 조직 내에서 일이 되고 안 되고는 대개 시스템과 관련이 있으며 특히 급격한 Restructuring 없이 조직을 변화시키고자 한다면 시스템을 변화시켜야 한다.

Style

관리자의 스타일이란 그가 시간을 어떻게 사용하는가 하는 것이다. 헨리 민츠버그(Henry Mintzberg)가 지적했듯이, 관리자는 계획(Planning), 조직(Organizing), 동기 부여 및 통제(Motivating and Controlling)와 같은 수많은 업무를 처리하고 있다.

Staff

인적 자원(Staff)은 기업 경쟁력의 원천이다. 예를 들면 초우량 기업은 기업 내의 소위 사회화(Socialization) 프로세스에 지대한 관심을 보인다. 즉 신입 채용 직원을 조직의 주류로 동참시키는 절차나 제도 및 그들이 내일의 관리자로 경력을 쌓아갈 수 있도록 관리 과정을 가지고 있어야 한다.

Skil

기술(Skill)은 기업이 가장 잘하는 그 무엇 즉 그 기업을 특징 지우는 것이다. 예를 들어 IBM의 시장에 대한 오리엔테이션이나 최상의 고객 서비스 능력, 듀퐁의 연구 능력, 프록터&갬블스(Procter & Gamble's) 제품 관리 능력, ITT의 재무 통제 능력, 휴렛패커드의 혁신과 품질과 같은 것이 기술이다. 강력한 기술은 때때로 경영 환경의 변화로 새로운 기술이 요구될 때 새로운 기술의 도입을 방해하는 가장 강력한 방해물이 되기도 한다.

Shared Value

가치 공유(Shared Value)란 기업이 바탕으로 하는 가장 기초적인 생각과 가치이다. 미래에 대해 최고 경영층이 조직 전체에 공유하고자 하는 넓은 공감대이다. 예를 들면 IBM의 '고객 서비스(Customer Service)'에 대한 신념 같은 것이다.

: 점유율 분석

시장 및 세부 시장에서 경쟁사의 절대적/상대적 크기를 파악하기 위해 계량적 방법으로 분석하는 것이 필요하다. 또한 분석 결과를 활용하면 시장의 매력도를 판별하는 데 좋은 기준이 될 수 있다.

점유율(Sizing) 분석을 통하여 경쟁사의 역량을 파악할 수 있으며 경쟁사의 상대적 역량 및 위치를 파악하고 시간 흐름에 따른 변화를 파악할 수도 있다.

시장 점유율은 특정 회사가 점유한(판매량이나 매출액으로 정의한) 시장 비율이다.

판매량 기준 시장 점유율 = 판매량 ÷ 전체 시장 판매량
매출액 기준 시장 점유율 = 매출액 ÷ 전체 시장 매출액

시장 점유율은 한 회사가 경쟁 회사에 비해 얼마나 잘했는지를 나타내는 지표이다. 일반적으로 1차 수요(시장 전체의 성장)로 인해 매출이 증가하면 경쟁 회사로부터 점유율을 빼앗는 것보다 비용이 적게 들고 이윤이 많다. 반대로 시장 점유율이 하락하면 심각하고 장기적인 문제가 있어 전략적 조정이 필요하다는 신호이다.

상대 시장 점유율은 주요 경쟁자와 비교한 회사나 브랜드의 시장 점유율이다.

> 상대 시장 점유율 = 브랜드 시장 점유율 ÷ 가장 큰 경쟁자의 시장 점유율

이런 점유율 계산은 단순한 산술식이기 때문에 계산의 어려움은 전혀 없다. 중요한 것은 분석의 기준이다.

시장의 정의를 어떻게 할 것인가

시장을 너무 넓게 잡으면 분석의 초점이 흐려지고 너무 좁게 잡으면 기회를 놓치거나 위협을 감지할 수 없다. 이런 함정을 피하기 위해서는 구체적인 경쟁자, 제품, 판매 채널, 지역, 고객, 기간에 대한 리스트를 만들고 판매량이나 매출액 기준으로 시장을 정의해야 한다.

데이터 매개 변수는 신중히 정의한다

매개 변수에 따라 시장 점유율 계산 값이 바뀐다. 이런 차이는 어떤 시장 점유율(매출액이냐 판매량이냐)이냐, 판매 채널의 어떤 부분 기준인가, 어느 시점에서 측정했는가(제조업체 출하 혹은 소비자 구매), 시장에 대한 정의(경쟁 영역의 범위)와 측정 오차와 같이 다양한 측면에서 차이가 발생한다.

> "그해 첫 두 달의 시장 점유율이 27.2%에서 24.9%로 하락하면서 G자동차는 일사분기 8억 달러의 순손실을 예상하고 있다. 이는 1998년 파업으로 두 달간 공장을 닫았던 이래 가장 낮은 시장 점유율이다."

이런 기사를 보면 다음의 질문을 떠올릴 수 있다.

- 시장 점유율은 매출액 기준인가, 판매 대수 기준인가?
- 판매 대수와 매출액에서 모두 같은 추세인가?
- 매출액 기준이라면 중개상에 대한 리베이트나 할인을 반영한 것인가, 반영하기 전인가?
- 판매 데이터는 공장 출하 기준인가, 중개상의 소비자 판매 기준인가?
- G자동차 매출이 시장 점유율과 같은 비율로 떨어졌다고 볼 수 있는가, 아니면 시장 전체가 변화한 것인가?

측정 기간을 신중히 선택하라

측정 기간이 짧으면 해당 기간의 변화를 파악하기 유리하다. 그러나 짧은 기간에 측정된 데이터는 장기간의 자료와는 달리 각종 다른 변수의 개입 여부를 분리하기 힘들다. 반면 장기간의 데이터는 안정적이지만 최근 시장의 변화는 보이지 않을 수 있다. 분석할 시장과 기간을 정할 때는 가장 중요한 신호가 어떤 것인지를 찾아 그 신호를 최적화할 수 있는 방법을 선택해야 한다.

: 고객 세분화

경제학자 에드워드 챔벌레인(Edwaed Chanmberlain)은 1933년에 발표한 『독점 경쟁론(The Theory of Monopolistic Competition)』을 통해 소비자의 상이한 니즈를 충족시키기 위한 차별화 전략의 결과, 시장에는 여러 개의 수요 곡선이 존재한다고 주장함으로써 총수요와 총공급의 개념을 처음 제시하였다. 1956년 웬델 스미스(Wendell Smith)는 자신이 'The Journal of Marketing'에서 발표한 '대체적인 마켓 전략으로서의 상품 차별화와 시장 세분화(Product Differentiation and Market Segmentation as Alternative Marketing Strategies)'라는 제목의 논문을 통해서 챔벌레인의 개념에 대한 관심을 다시 불러일으켰다. 전통적인 경제론이 수요를 가격과 경쟁과의 함수관계로 정의했다면, 스미스는 수요를 결정짓는 중심요소의 하나로서 고객의 가치에 대한 인식을 포함시켰다.

스미스의 연구가 갖는 전략적 의미로 인해서 기업들은 마케팅 전략을 다시 생각하게 되었고 그 범위를 확장하게 되었다.

즉 점점 복잡해지는 제조 기술과 보다 부유해지는 시장 상황으로 인해서 기업에게는 또 다른 전략적 선택이 존재한다고 시사한다. 불완전한 시장에서 점점 다양해지는 소비자의 수요에 맞추기 위해서 마케팅과 생산 전략을 변화시킬 것을 주장하였다.

글로벌화로 인한 경쟁 압력에 소비자의 재산 증가가 합쳐져서 푸시(Push) 경제가 풀(Pull) 경제로 이행하게 되었고 기업들은 공급 과잉과 강력한 경쟁에 직면하게 되어 규모의 경제에 토대를 둔 대량 생산은 점점 더 효력을 잃어가고 그 자리를 세분화가 대신하게 되었다.

현재의 고객 세분화 분석은 마케팅 영역이 현대의 전략론에 가장 크게 기여한 공헌 중의 하나이고, 고객 세분화 분석이 경쟁 우위라는 궁극적인 목표에 밀접하게 연관되어 있기 때문에 기업들은 환경 분석을 위한 첫 단계로서 이것을 정기적으로 활용하고 있다.

효과적인 시장 세분화가 이루어지기 위해서는 각각의 세분 시장은 측정 가능성, 규모, 접근 가능성, 그리고 차별적 반응의 요건을 갖추어야 한다.

- 측정 가능성 : 측정 가능성은 마케터가 각 세분 시장의 규모와 구매력을 측정할 수 있는 것을 의미한다.
- 규모 : 규모는 각 세분 시장에 기업이 개별적인 마케팅 프로그램을 실행할 수 있을 정도로 충분한 규모를 지니고 있어야 한다는 것이다. 즉, 세분화된 각각의 시장이 개별적인 마케팅 전략의 수립과 적용에 소요되는 비용을 회수하고 기업에 충분한 수익을 보장해 줄 수 있을 정도의 규모를 가져야 한다.
- 접근 가능성 : 접근 가능성은 마케팅 노력으로 세분 시장에 효과적이며 경제적인 접근을 할 수 있는 적절한 수단이 존재하는가를 말한다. 만약 어떤 세분 시장이 존재한다는 것을 측정하였고, 그 규모가 기업의 이윤을 보장해 줄 수 있는 크기라 할지라도 그 세분 시장이 구체적으로 어떤 특성을 가진 사람들로 구성되었으며 이들에게 접근할 방법이 무엇인가를 알지 못한다면 세분 시장으로서의 가치를 상실하게 된다.
- 차별적 반응 : 차별적 반응이란 각각의 세분 시장이 세분 시장 마케팅 전략 수립 후에 구성된 마케팅 믹스에 대하여 서로 차별되게 반응하는 것을 말한다. 만약 마케팅 믹스에 대해 모든 세분 시장이 동일하게 반응한다면 세분 시장에 따른 차별적 마케팅 전략을 구사하는 것이 의미가 없다. 따라서 세분 시장이 의미를 가지기 위해서는 각 세분 시장은 마케팅 믹스에 대해 서로 다른 반응을 나타내어야 한다.

시장 세분화가 마케팅 전략 수행 과정의 핵심적인 개념이라 할지라도 잘못 사용될 경우에는 피해가 발생한다. 그중에서 흔히 발생하는 현상이 과도한 세분화이다. 이런 현상은 무리한 마케팅 비용의 지출을 가져오게 되어 수익 구조를 나쁘게 변화시킨다. 따라서 시장 세분화가 항상 기업에 수익을 가져온다는 신념으로 전략을 수립하기보다는 세분화에 대한 문제점을 한 번쯤은 고려하면서 마케팅 전략을 수립하는 것이 바람직하다.

시장 세분화 기준은 인구 통계적 변수, 심리적 변수, 구매 행동 변수, 사용 상황 변수, 추구 편익 변수 등이 있다. 시장 세분화 기준을 수립할 때 중요한 것은 시장 세분화의 기준으로 사용되는 변수가 마케팅 목표를 달성하는 데 중요한 변수이어야 한다는 점이다.

예를 들어 마케팅 목표가 단기적인 수익일 경우 가격에 덜 민감한 상류층의 고급(High-End) 소비자들에게 어필하기 위해서 제품의 추구 편익 변수를 통해 시장 세분화를 해야 할 것이다. 그러나 이런 마케팅 목표를 가지고 있음에도 불구하고 단순한 인구 통계적 변수만을 고려하여 시장을 세분화한다면 수익이라는 단기 목표를 결코 달성할 수 없을 것이다.

〈고객 세분 기술〉

Customer Segmentation

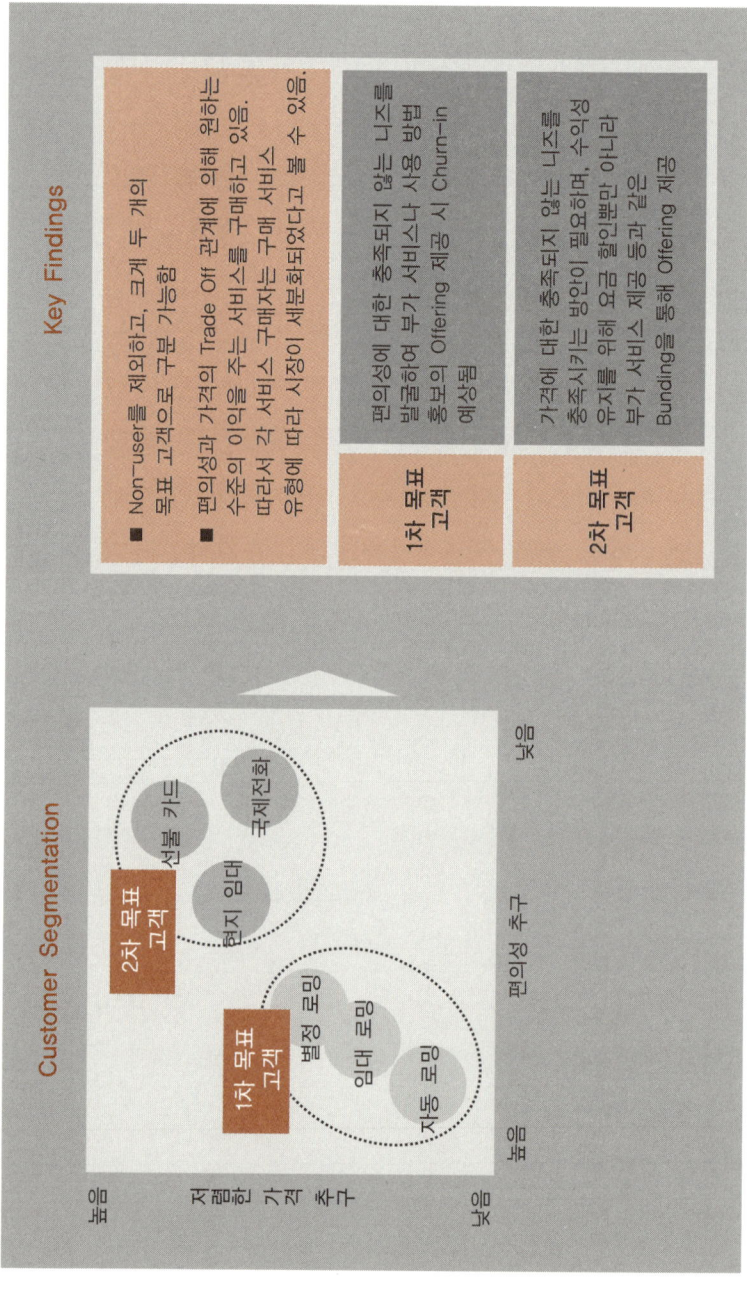

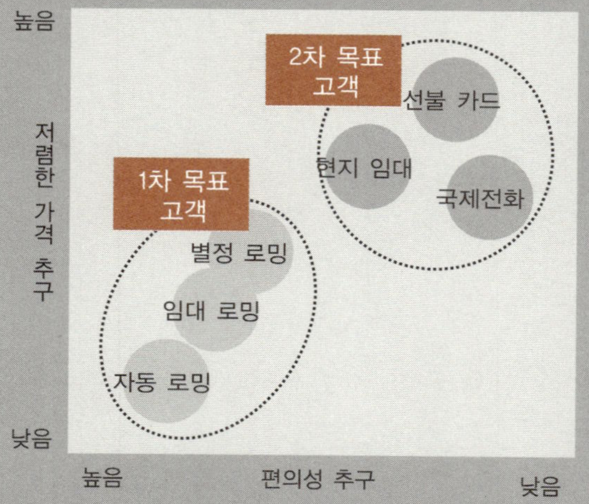

Key Findings

- Non-user를 제외하고, 크게 두 개의 목표 고객으로 구분 가능함
- 편의성과 가격의 Trade Off 관계에 의해 원하는 수준의 이익을 주는 서비스를 구매하고 있음. 따라서 각 서비스 구매자는 구매 서비스 유형에 따라 시장이 세분화되었다고 볼 수 있음.

1차 목표 고객	편의성에 대한 충족되지 않는 니즈를 발굴하여 부가 서비스나 사용 방법 홍보의 Offering 제공 시 Churn-in 예상됨
2차 목표 고객	가격에 대한 충족되지 않는 니즈를 충족시키는 방안이 필요하며, 수익성 유지를 위해 요금 할인뿐만 아니라 부가 서비스 제공 등과 같은 Bunding을 통해 Offering 제공

: 고객 만족 모델

고객이 상품이나 서비스를 구매하는 것은 특정한 니즈(Needs;욕구)를 충족시키기 위해서이다. 따라서 고객이 원하는 서비스를 효과적으로 설계하기 위해서는 고객의 욕구뿐만 아니라 고객이 우리 서비스에 대해 기대하는 바가 무엇인지를 정확하게 규명하는 노력이 필요한 것이다.

특히 고객 기대는 고객의 인구 통계적 특성(나이, 성별, 학력, 직업 등)과 지리적인 위치에 따라서도 크게 달라질 수 있으므로 우리의 목표 고객은 누구인지 그들이 우리가 제공하는 서비스에 대해 기대하는 바가 무엇인지를 조사하고 이해하는 노력은 서비스 설계를 위해 필수적인 것이다.

Kano 모델

일본 도쿄 리카대학의 노리아케 가노는 고객 만족을 위해 상품이 가져야 할 특성들을 설명하면서 상품 특성에 대한 고객 목소리의 차별화 방안을 제시한 바 있다. 이러한 Kano 모델의 개념은 특히 상품 아이디어의 창출 단계 혹은 시제품 개발 단계 등의 초기 상품 개발 단계에서 고객 목소리를 효과적으로 반영해 줄 수 있는 방법으로 널리 알려져 있다.

Kano 모델은 다음 페이지의 그림과 같이 고객이 필요로 하는 요구 사항에 대한 상품 혹은 서비스의 충족 정도가 고객이 지각하는 만족 수준에 미치는 영향을 나타내고 있다. 수평축은 고객 요구 사항의 충족 정도, 수직축은 고객의 만족 정도를 나타낸다. Kano 모델에 따르면 고객의 요구 사항은 고객이 명시적으로 드러내게 되는 만족 요인(Satisfier)과 명시적으로 드러내지 않는 기본 요인(Must-be) 및 감동 요인(Exciters)으로 나눌 수 있다.

만족 요인

고객이 명시적으로 표현할 수 있는 서비스 요구 사항을 나타낸다. 이 요구 사항에 대한 만족감은 직선으로 나타나는데 충족되는 정도에 따라 비례적으로 증가 혹은 감소하게 된다. 서비스 제공 속도가 좋은 예이다. 은행에서 서비스를 받기 위해 대기하는 시간은 짧을수록 만족감이 증가하고 길어질수록 만족감이 감소한다.

기본 요인

고객이 명시적으로 표현할 필요가 없을 정도로 서비스가 반드시 충족되어야 할 요구 사항을 나타낸다. 고객의 입장에서 보면 평상시에는 별다른 인식이 없으나 충족되지 않을 경우에는 급격하게 불만족감이 증가되는 욕구이다. 그런데 이를 잘 충족시켜 준다고 해서 만족감이 생기는 것은 아니다. 예를 들면 패스트푸드점에서 주문한 제품이 30분이 지나서 나온다면 넓고 청결한 매장, 심지어 주차 서비스가 제공되더라도 고객이 좋아하지는 않을 것이다.

〈Kano 모델〉

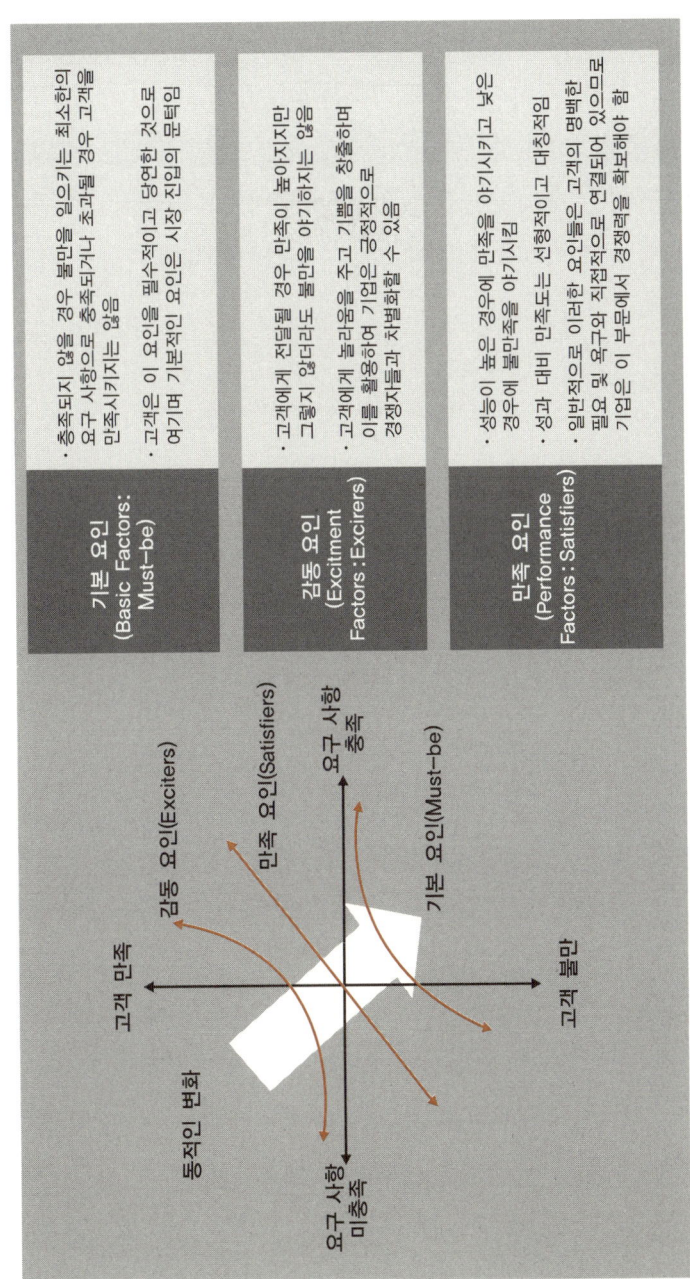

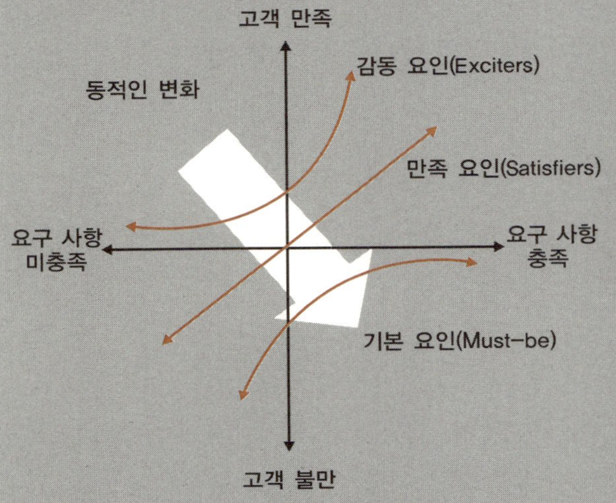

기본 요인 (Basic Factors: Must-be)	· 충족되지 않을 경우 불만을 일으키는 최소한의 요구 사항으로 충족되거나 초과될 경우 고객을 만족시키지는 않음 · 고객은 이 요인을 필수적이고 당연한 것으로 여기며 기본적인 요인은 시장 진입의 문턱임
감동 요인 (Excitment Factors : Excirers)	· 고객에게 전달될 경우 만족이 높아지지만 그렇지 않더라도 불만을 야기하지는 않음 · 고객에게 놀라움을 주고 기쁨을 창출하며 이를 활용하여 기업은 긍정적으로 경쟁자들과 차별화할 수 있음
만족 요인 (Performance Factors : Satisfiers)	· 성능이 높은 경우에 만족을 야기시키고 낮은 경우에 불만족을 야기시킴 · 성과 대비 만족도는 선형적이고 대칭적임 · 일반적으로 이러한 요인들은 고객의 명백한 필요 및 욕구와 직접적으로 연결되어 있으므로 기업은 이 부문에서 경쟁력을 확보해야 함

감동 요인

고객이 서비스에 대해 기대하지 못하는 요구 사항을 나타낸다. 감동 요인은 충족시키지 못하더라도 불만감을 초래하지는 않는다. 그러나 이를 충족하게 되면 고객의 만족감이 급격하게 증가하여 감동하는 수준에 다다르게 된다. 예를 들면 은행을 갔을 때 자신의 이름을 기억하고 반갑게 맞아준다면 감동하게 될 것이다.

Kano 모델이 제시하는 시사점 중의 하나는 요인 변화의 동적 특성이다. 즉 시간의 변화에 따라 기본 요인, 감동 요인, 만족 요인이 변화한다는 것이다. 즉 어느 시점에서는 감동 요인이 되었던 것이 어느 시점에는 만족 요인으로 변하기도 한다. 가령 제품 판매 후 교환이나 환불이 잘 되지 않는 때에는 교환이나 환불 서비스가 감동 요인이었을 것이다. 그러나 누구나 이런 서비스를 제공한다면 환불이나 교환의 소요 시간 자체가 만족 요인이 된다.

: 벤치마킹

벤치마킹이란 어느 특정 분야에서 우수한 상대를 찾아 성과 차이를 확인하고, 그 차이를 극복하기 위해 상대의 뛰어난 운영 방식 또는 최우수 관행(Best Practice)을 배우면서 자기 혁신을 추구하는 기법이다. 끊임없이 개선을 추구함으로써 고객에게 보다 나은 가치를 전달하고자 하는 대표적인 노력 중의 하나이다. 따라서 벤치마킹은 최우수 실행 사례를 이해하기 위한 도구이고 나의 상대적 위치를 평가하기 위한 방법이며 조직을 움직이기 위한 수단이 된다.

기업에서 벤치마킹을 실시하는 목적은 다음과 같다.

- 기존 사고의 틀을 탈피하여 항상 새롭고 보다 우수한 방식을 채택하고자 하는 경영 체질을 구축한다.
- 탁월한 실행 능력으로 잘 알려진 조직의 최우수 관행을 습득하여 자사의 업무 관행에 적용함으로써 총체적 고객 만족과 경쟁 우위를 확보한다.

벤치마킹의 4가지 원칙은 다음과 같다.

호혜성(Reciprocity)

- 양자 승리(Win–Win) 상황을 창출할 것
- 정보의 범위 및 자료 교환에 대한 명시적인 협상을 할 것
- 벤치마킹 대상 기업에 약속한 사항을 반드시 실천할 것

유추(Analogy)

- 고도의 지식 전수를 위해서는 가급적 유사한 프로세스를 조사할 것
- 조사에서 터득한 교훈을 자사에서 어떻게 응용할 것인가를 파악할 것
- 다른 조직의 문화적, 구조적 상황을 이해하여 자사와의 비교 시 근본적으로 다른 부분을 도출할 것

측정(Measurement)

- 상대방의 프로세스에 대한 치밀한 측정과 관찰을 통해 파악된 프로세스 실행 동인을 자사에게 적용할 수 있는 방안을 창출할 것
- 상대방 프로세스 분석 시 동일한 측정 시스템과 도구를 사용할 것
- 자료나 측정 결과 해석 시 프로세스의 전후 관계를 고려할 것

타당성(Validity)

- 비교 목적으로 이용되는 자료의 타당성을 항상 검토할 것

벤치마킹의 4단계는 다음과 같다.

- 1단계 : 무엇을 벤치마킹하고, 누구를 대상으로 할 것인가를 결정하는 준비 작업
- 2단계 : 성과의 차이 정도를 분석하고, 미래의 성과 수준을 계획하는 작업
- 3단계 : 발견된 결과물과 시사점을 파악하고, 운영 효율의 목표를 설정함은 물론, 변화의 필요성을 모든 임직원에게 알리는 작업
- 4단계 : 실행 계획을 설립하고 수행하는 작업

계획 수립 단계에서 벤치마킹 주제 선정 시 유의할 점은 다음과 같다.

- 너무 단순한 과제 : 벤치마킹 프로세스에 대한 회의 유발
- 너무 민감한 과제 : 압력에 의한 무산 가능성(예: 인원감축)
- 지나치게 장기간/복잡한 과제 : 경영진의 관심이 줄어들거나 완료 시점에 대한 현실감이 결여될 수 있음

그리고 비교 대상 기업을 선정할 때에는 동종 산업에만 국한하지 말고 다양한 기업을 대상으로 하여 최우수 실무 관행을 보유하고 있거나 가장 독특한 프로세스를 수행하는 회사까지 포함하여 검토하고 선정하도록 노력하여야 한다.

벤치마킹을 수행할 팀원의 역량은 벤치마킹의 성과를 좌우하는 중요한 사항이므로 업무에 대한 전문 지식, 회사에 대한 높은 로열티, 훌륭한 커뮤니케이션 기술, 효과적인 그룹 내 상호 교류 기술, 왕성한 의욕을 보유하고 있어야 한다. 만약 팀 구성원들의 역량이 부족하다면 사전에 충분한 교육을 실시하여 역량을 높여야 한다.

2단계인 자료 수집은 내부, 2차 자료, 외부 자료 수집으로 구분할 수 있는데 내부 자료 수집은 자사의 성과 수준을 파악하는 것으로서 이러한 활동이 중요한 것은 자체 수준을 파악하지 않고는 선진 수준과의 갭 분석이 불가능하여 개선 목표 설정이 곤란하고 내부에서 벤치마킹 정보를 획득할 수 있는 기회를 지나칠 수 있으며 벤치마킹 대상 기업 또한 우리 수준을 알고 싶어 하기 때문이다.

정보 수집 방법을 결정할 때는 시간적 제약, 경영 자원의 제약, 벤치마킹 수행 경험, 회사 방침 등을 고려하여야 하며 외부 조사 시에는 다음의 방법을

활용한다.

- 전화 인터뷰 : 사전에 질문 내용을 준비하고 대상자 리스트를 작성한 후 우선순위대로 통화함
- 현장 방문 조사 : 꼭 필요한 기업에 국한하되 가급적 단기간에 방문함
- 설문 조사 : 수집해야 할 정보의 목적에 따라 질문 형태 및 설문 구성을 하고 추후 자료 분석에 용이하도록 설계함

특히 현장 방문 시에는 다음의 사항을 유의하여 진행한다.

- 조사 대상 회사의 기업 문화를 현장 방문 전에 평가하라.
- 질문서를 사전에 준비하여 활용하라. 그리고 상대방 회사에도 가급적 질문서를 사전에 송부하라.
- 서면을 통해 사전에 약속하고 면담 수일 전에 전화로 확인하라.
- 중간 단계에서 필요한 수정을 행하라.
- 추가적인 조사에 대한 기대감을 표현하라.
- 현장 방문 후 반드시 감사의 표시를 서면으로 하라.

3단계인 자료 분석 단계는 성과 갭 분석, 실행 동인의 파악, 벤치마킹 결과 보고 및 공유로 이루어진다.

성과 갭 분석은 정량적으로 분석하여 선진 수준과의 격차를 파악하고 성과 측정치(척도)의 선정, 목표 수준을 설정하는 것과 정성적으로 분석하여 수준 차가 생긴 원인 해석(Why), 실행 동인(Enabler)·사용 기법·조직·체계·시스템 등의 차이를 밝히는 것이다.

〈벤치마킹 4단계〉

	계획 수령(Plan)	자료 수집(Do)	자료 분석(See)	프로세스 개선(Act)
주요 활동	Step 1 1-1 벤치마킹 주제 선정 1-2 벤치마킹 및 구성 1-1 벤치마킹 대상 기업 선정	Step 2 2-1 내부 자료 수렴 (자사의 성과 수준 파악) 2-2 2차 자료 조사 2-3 1차 외부 조사 및 자료 수집	Step 3 3-1 성과 갭 분석 3-2 실행 동인 파악 3-3 벤치마킹 결과의 보고 및 정보 공유	Step 4 4-1 개선 프로젝트의 선택 4-2 개선 목표의 설정 4-3 활동 계획의 수립 및 실행 4-4 개선 성과의 파악 및 성공 조건의 점검 4-5 벤치마킹에 대한 주기적인 재조사
주요 체크 사항	· 핵심 분야 선정을 위한 분석 작업을 정확히 함 · 비교 상대는 분석 목적에 따라 다른 사업까지 충분히 검토함 · 무엇을 분석할지 철저히 고려함	· 자료 수집 방법에 있어서 자사가 추구하는 목적에 적합한 방법을 사용함	· 성과 차이를 확인함 · 비교 상대의 우수한 운영 방식을 확인함 · 자사의 업무 프로세스에 적용할 수 있는 우수 운영 방식이 무엇인지 검토함	· 비교 대상 분석 결과를 자사의 상황에 최적으로 응용할 수 있는 계획을 수립하고 활동으로 연계함 · 활동의 지속과 성과의 가시화를 위해 계속적으로 Follow-up함

제 11 장

재무·관리 회계 도구

제1절 회계란 무엇인가
제2절 재무 회계
제3절 관리 회계
제4절 회계 정보 분석

: 회계란 무엇인가

회계의 정의와 기능

회계는 기업 활동을 화폐 단위로 측정하고 이를 정보 이용자에게 전달하는 과정을 말한다. 즉, 정보 이용자가 기업에 대하여 합리적인 의사 결정을 할 수 있도록 기업에 관한 재무적 정보를 식별, 측정하여 전달하는 과정이다. 또한 회계는 현금 흐름과 이익 개념을 사용해 행동 계획의 실행 가능성을 검증하는 도구이다. 즉, 회계는 '회계 정보 이용자의 경제적 의사 결정에 도움을 주기 위하여 경제적 실체와 관련된 정보를 식별하고 측정하여 보고하는 과정'이다.

회계의 근본 기능은 기업의 재무적 사실을 있는 그대로 기록한다는 것을 전제로 한다. 따라서 기업의 이해관계자, 즉 경영자·주주·채권자·감사인·관청 등의 요구에 응할 수 있는 회계 기능을 수행할 필요가 있다. 이러한 회계 기능에는 이익 측정 기능, 경영 관리 기능, 정보 전달 기능이 있다.

1. 이익 측정 기능

영리를 목적으로 하는 기업에서는 정확한 이익 산정(손익 계산)이 회계의 핵심이 되고 영속적인 기업 활동을 기간으로 나누어 일정 기간마다 이익을 측정한다. 기간 이익 측정을 위해서는 영업 이익 계산뿐 아니라 동일 기간 내 회사 자산에 대한 계산도 필요하며, 복식 부기 수법에 의해 이익 계산과 자산 계산이 동시에 수행된다.

〈회계 정보 시스템과 이용자〉

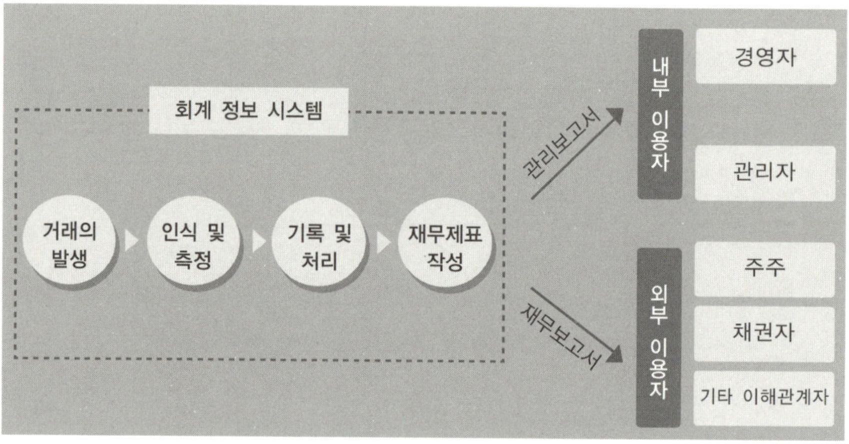

2. 경영 관리 기능

경영자의 입장에서 기업을 관리·통제하기 위한 기능이다. 이익 관리, 원가 관리, 자금 관리, 예산 통제 등의 형식으로 이루어지는 경영 활동의 회계적 관리 기술이 이에 해당된다. 경영 관리 기능은 이익 측정 기능과는 달리 사후 기록·계산에 한정하는 것이 아니고 사전 계산적·미래적 성격까지 갖는다.

3. 정보 전달 기능

일정한 규칙에 따라 매일의 기록을 계산, 처리한 뒤 보고서를 작성하여 경영 관리자·주주·채권자·관청 등에 보고하는 기능이다. 이 가운데 경영 관리자에 대한 정보 전달을 '관리 회계'라 하며, 그들의 관리 활동에 유효한 회계 자료를 제공하여 기업 내의 한정된 자원들을 적절히 이용하도록 조치하는 일이다. 외부의 주주·채권자 등에 대한 정보 전달은 '재무 회계'라 하며, 기업의 경영 성적 및 재정 상태를 공개하고 기업의 실태를 판단할 수 있는 자료로서 제공되는 것이므로 법률적으로 제도화되어 있어 '제도 회계'라고도 한다. 각 관청에 대한 전달은 납세 의무를 수행하기 위한 납세 신고서나 공공 기관이 실시하는 통계 작성을 위한 자료로서의 회계 정보 등 국가나 지방 공공 단체에 대한 각종 보고서를 통한 정보 제공을 말한다.

회계의 중요성

경영의 출발점은 회계이다. 한마디로 회계는 기업(또는 법인)의 이익과 손해, 재산과 채무 등을 기록함으로써 그 기업(또는 법인)이 잘 운영되고 있는가, 앞으로도 잘 운영될 것인가, 문제가 있다면 어떤 분야에서 문제가 있는가 등을 판단하는 데 중요한 자료가 된다.

'회계'라고 하면 대부분의 사람들이 고리타분하거나 어렵고 복잡한 것, 혹은 같은 일을 반복하는 지루한 일이라고 생각하기 쉽다. 하지만 회계가 정말 그런 것일까? 의식하지 못할지 모르지만 우리의 일상생활 속에서도 회계는 여러 가지 모습을 하고 숨어 있다. 또한 생활 속에서 회계를 실천하는 사람이 부자, 성공하는 사람이 된다. 그리고 회계는 세계적으로 기업뿐 아니라 모든 형태의 조직에서 가장 보편적인 의사소통 수단으로 사용되고 있을 만큼 중요한 요소로 자리 잡고 있다. 그만큼 개인이나 조직 모두 회계를 모르고서는 성공할 수 없는 것이다.

회계는 상업이 시작되면서 바로 출발한 기업 경영 활동이다. 경영이란 말이 대두되고 연구되기 이전부터 회계는 이루어지고 있었다. 회계는 기업 경영의 기본이며 의사 결정의 가장 중요한 정보로 받아들여지고 있다. 회계를 알고 잘 활용하는가가 개인이나 조직의 경쟁력이 되고 있다.

회계의 종류

회계는 정보 이용자의 유형에 따라 크게 재무 회계와 관리 회계 및 세무 회계로 구분한다. 재무 회계는 주로 회사 외부의 이해관계자들에게 재무 정보를 제공하는 것을 목적으로 하고, 관리 회계는 주로 경영진 및 내부 정보 이용자에게 유용한 정보를 제공하는 것을 목적으로 한다. 세무 회계는 과세 관청이 세금 부과의 기초로 사용하는 것을 목적으로 한다.

: 재무 회계

재무제표의 이해

재무제표(Financial Statements)는 회사의 숫자를 집대성한 것이다. 이것은 '회사가 얼마나 벌었나'라는 정보를 총망라하고 있기 때문에 회사의 성적표라고 할 수 있다. 재무제표의 종류는 법률로 정해져 있는 것부터 회사가 경영 관리를 위해 임의로 작성하는 것에 이르기까지 그 수가 헤아릴 수 없을 정도로 많다.

재무제표의 목적은 (1)기업의 재무 상태 (2)경영 성과 (3)재무 상태 변동 및 (4)위탁받은 자원에 대한 경영진의 수탁 책임 결과에 대한 정보를 제공하는 것이다. 이러한 목적을 충족하기 위하여 재무제표는 자산, 부채, 자본, 수익과 비용, 출자와 소유주 지분 및 현금 흐름에 대한 기업 정보를 제공한다. 즉 재무제표란 정보 이용자의 경제적 의사 결정에 유용한 정보를 제공하는 것을 목적으로 작성된다.

현재 우리나라의 한국 채택 국제 회계 기준에서는 재무제표에 재무 상태표, 포괄 손익 계산서, 현금 흐름표, 자본 변동표와 이를 작성하는 데 기준이 된 중요한 회계 정책의 요약 및 그 밖의 설명으로 구성되는 주석이 포함된다.

- 재무 상태표 : 특정 시점에서 기업의 재무 상태(자산, 부채 및 자본의 잔액)를 나타내는 보고서
- 포괄 손익 계산서 : 일정 기간의 기업 경영 성과(수익과 비용의 총액)를 나타내는 보고서
- 현금 흐름표 : 일정 기간의 현금 유입 거래와 유출 거래의 내역을 나타내는 보고서
- 자본 변동표 : 자본을 구성하는 자본금, 자본 잉여금, 자본 조정, 기타 포괄 손익 누계액 및 이익 잉여금(결손금)의 변동에 대한 정보를 제공하는 보고서
- 주석 : 중요한 회계 정책 요약 및 그 밖의 설명으로 구성

상법 등에서 이익 잉여금 처분 계산서(또는 결손금 처리 계산서)의 작성을 요구하는 경우에는 재무 상태표의 이익 잉여금(또는 결손금)에 대한 보충 정보로서 이익 잉여금 처분 계산서(또는 결손금 처리 계산서)를 주석으로 공시한다.

재무 상태표

재무 상태표(Statement of Financial Position)는 특정 시점의 재무 상태를 나타내는 정태적 재무제표이다. 이는 기업의 영업 활동에 투자되어 있는 경제적 자원인 자산과 이러한 투자를 위해 조달된 자금의 원천인 부채와 자본을 표시하여 주는 보고서이다.

1. 재무 상태표의 구성 요소

재무 상태표는 '자산=부채+자본'이라는 항등식에 의해 작성된다.

자산

회계에서는 자산(Assets)을 기업이 소유하는 자원(Resources)으로 정의하고, 이러한 자산은 기업에 미래 경제적 효익(Futureeconomic Benefits)을 가져다줄 것으로 기대한다. 미래 경제적 효익이란 기업에 미래에 현금 유입을 가져올 수 있

는 잠재력을 의미한다. 자산에는 현금, 예금, 제품(재고 자산), 건물·비품·기계 장치(유형 자산), 매출 채권 등이 포함된다.

> 예) 미래자동차㈜가 갖고 있는 판매용 완성 차량(제품)은 미래자동차㈜의 자산이다. 왜냐하면 이를 판매하고 대가를 받음으로써 회사에 경제적 효익(현금 유입)을 가져다줄 수 있기 때문이다.

부채

부채는(Liabilities) 기업이 부담하고 있는 빚으로, 미래에 자원의 유출이나 사용이 예상되는 의무를 말한다. 부채에는 차입금, 매입 채무, 미지급금, 미지급 비용 등이 포함된다.

> 예) 미래전자㈜가 은행으로부터 1억 원을 차입했다면 1억 원의 차입금은 부채이다. 왜냐하면 미래전자㈜는 미래에 차입금을 갚아야 하는 의무를 지며, 이러한 의무를 이행하기 위해서 현금이라는 자원의 유출이 예상되기 때문이다.

자본

자본(Equity)은 자산에서 부채를 차감한 잔여분을 말한다, 기업에 대한 출자자의 청구권으로서 소유주 지분이라고도 하는데, 출자자로부터 불입된 자본 및 기업의 영업 활동을 하는 과정에서 가득한 순이익을 포함한다.

2. 재무 상태표의 양식

재무 상태표의 왼쪽에는 기업이 특정 시점에 보유하고 있는 자원들이 열거되고 오른쪽에는 이 자원들이 어떤 이유로 기업에 존재하게 되었는지 그 원인들이 열거된다. 재무 상태표의 왼쪽은 자금의 운용 상황, 오른쪽은 그 자금의 조달처를 나타낸다. 즉 왼쪽은 결과이고 오른쪽은 원인이라고 말할 수 있다.

〈재무 상태표 양식〉

<table>
<tr><th rowspan="1">자산</th><th>부채</th></tr>
<tr><td rowspan="3">당좌 자산
재고 자산
투자 자산
유형 자산
무형 자산
기타 비유동 자산</td><td>유동 부채
고정 부채</td></tr>
<tr><th>자본</th></tr>
<tr><td>자본금
자본 잉여금
자본 조정
기타 포괄 손익 누계액
이익 잉여금</td></tr>
</table>

3. 재무 상태표와 위험 관리

자금의 운영 면에서 보면 보유 자산 중 유동성이 높은 유동 자산은 투자 자금의 회수 위험이 상대적으로 낮은 반면에 유동성이 낮은 고정 자산은 투자 자금의 회수 위험이 상대적으로 높다고 볼 수 있다. 자금의 원천에 대한 상환 부담에서 보면 자기 자본은 상환 부담이 없고 부채는 상대적으로 상환 부담이 높다고 할 수 있다. 따라서 만기가 짧은 유동 부채가 고정 부채보다 부채 상환에 대한 위험이 상대적으로 높다고 할 수 있다.

〈재무 상태표와 위험〉

<table>
<tr><th></th><th>자금의 운용(차변)</th><th>자금의 원천(대변)</th><th></th></tr>
<tr><td rowspan="4">회수 위험
높다 (↑)</td><td rowspan="2">유동 자산</td><td>유동 부채</td><td rowspan="4">상환 위험
높다 (↑)</td></tr>
<tr><td>고정 부채</td></tr>
<tr><td rowspan="2">고정 자산
(=비 유동 자산)</td><td rowspan="2">자기 자본</td></tr>
<tr></tr>
</table>

부채의 적정성이 위험 관리의 주요 이슈다. 부채를 적당하게 쓰면 기업에 도움이 되지만 많이 쓰면 치명적일 수도 있다. 부채의 자본 비용은 자기 자본의 자본 비용보다 높다. 한국 기업의 자기 자본 비용은 대기업이 10~12%, 비상장 기업은 20%쯤 된다고 한다. 즉 주주는 이 정도의 배당 또는 주가 상승을 기대하므로 기업은 이를 만족시켜 주어야 한다는 것이다. 따라서 기업에서는 부채를 사용하는 것을 선호한다. 하지만 부채가 지나치게 많으면 이자율 등이 상승하거나, 기업의 영업 실적이 좋지 않을 때 회사가 도산할 가능성이 높아진다. 그러므로 기업의 능력과 부채 상환 시기 등을 고려하여 적정 부채를 사용해야 한다.

포괄 손익 계산서

포괄 손익 계산서는 일정 기간 동안의 기업 성과에 대한 보고서로 그 기간 동안의 수익과 비용의 다양한 정보를 보여준다. 정보 이용자는 포괄 손익 계산서 정보를 이용하여 일정 기간 영업 활동의 결과 전년도에 비하여 변동된 내용을 확인하고 그 원인을 분석하여 미래의 영업 활동을 예측 가능케 함으로써 영업 활동의 방향을 수정하고 새로운 전략을 적용하게 한다.

1. 포괄 손익 계산서의 구성 요소

포괄 손익 계산서는 '수익−비용=이익'이라는 항등식을 기반으로 작성된다.

수익

수익(Income)은 영업 활동을 통해서 증가하는 기업의 순자산을 의미한다. 수익이 발생하면서 그 대가로 현금을 수령하면 그만큼 기업의 순자산은 증가한다. 만약 그 대가를 즉시 받지 못해도 미래에 현금을 수령할 권리가 발생하기 때문에 매출 채권과 수익이라는 순자산의 증가가 나타난다.

비용

비용(Expense)은 영업 활동을 통해서 감소하는 기업의 순자산을 의미한다. 비용은 수익을 창출하는 과정에서 소비된 자산의 원가를 의미한다. 비용이 발생하면서 현금을 지급하면 그만큼 기업의 순자산이 감소한다. 비용이 발생하였지만 이를 즉시 지급하지 않았더라도 미래에 현금을 지급할 의무가 발생하므로 비용과 부채가 동시에 발생하며 그 결과 기업의 순자산은 감소한다.

이익

이익(Profit)은 특정 기간의 총수익이 총비용을 초과하는 금액을 말한다. 수익과 비용은 반드시 현금의 수취와 지급을 의미하는 것이 아니므로 순이익과 순현금 흐름은 다르다.

2. 포괄 손익 계산서의 양식

포괄 손익 계산서에는 그 기업의 매출액과 매출 총이익, 영업 이익, 세전 이익 및 당기 순이익 등을 표시하게 된다. 수익과 비용은 모두 성질이 다른 몇 개의 그룹으로 구성되어 있다. 따라서 어느 수익과 비용을 비교하느냐에 따라 차액의 결과인 이익 손실의 종류가 달라진다.

〈포괄 손익 계산서〉

제xx기 20x1년 1월 1일부터 20x1년 12월 31일까지

제xx기 20x0년 1월 1일부터 20x1년 12월 31일까지

과목	당기		전기	
		xxx		xxx
		xxx		xxx
매출액		xxx		xxx
매출 원가		xxx		xxx
매출 총이익(또는 매출 총손실)		xxx		xxx
판매비와 관리비		xxx		xxx
영업 이익		xxx		xxx
영업 외 수익		xxx		xxx
영업 외 비용		xxx		xxx
법인세 비용 차감 전 계속 영업 손익		xxx		xxx
법인세 비용		xxx		xxx
계속 영업 당기 순손익		xxx		xxx
중단 영업 당기 순손익		xxx		xxx
당기 순손익		xxx		xxx
기타 포괄 손익		xxx		xxx
매도 가능 금융 상품 평가 손익		xxx		xxx
유형 자산 재평가 잉여금		xxx		xxx
총포괄 손익		xxx		xxx
지배 소유주 귀속 당기 순손익	xxx	xxx	xxx	xxx
비지배 지분 귀속 당기 순손익	xxx	xxx	xxx	xxx
지배 기업 소유주 귀속 총포괄 손익	xxx	xxx	xxx	xxx
비지배 지분 귀속 총포괄 손익		xxx		xxx

3. 이익에 대한 비교

포괄 손익 계산서에는 매출 총이익, 영업 이익, 법인세 비용 차감 전 계속 영업 손익, 당기 순손익 등의 이익이 있다. 기업의 가치를 평가하기 위해서는 해당 기업이 얼마나 지속적으로 이익을 창출할 것인지를 예측해야 한다. 이때

지속성은 매출 총이익이 제일 높고 손익 계산서 아래로 내려갈수록 감소한다(최종화, 2009).

예를 들면 금년도 당기 순이익이 200억 원이라 해도 다음 해에 당기 순이익이 200억 원이 될 가능성은 상당히 낮다, 오히려 200억 원 적자가 될 수도 있다. 하지만 금년도 매출 총이익이 1000억 원이라면 내년도도 1000억 원 근처가 될 가능성이 높다. 따라서 매출 총이익의 지속성은 높고 당기 순이익의 지속성은 낮다는 것이다.

현금 흐름표

현금 흐름표(Statement of Cash Flows)란 회계 기간 동안 현금의 유입과 유출 혹은 현금의 원천과 사용에 관한 정보를 제공하는 재무제표의 하나이다. 현금 흐름표는 기업의 현금 흐름을 나타내는 표로서 현금의 변동 내용을 보고하기 위하여 작성하며, 대차대조표나 손익 계산서를 작성할 때 적용되는 발생주의(Accrual basis)가 아니라 현금주의(Cash Basis)에 의해 작성된다.

현금 흐름표는 회계 정보 이용자에게 기업이 영업 활동을 통하여 창출한 현금 흐름과 관련된 정보를 제공하여 손익 계산서만으로 파악할 수 없는 현금주의 이익을 알 수 있게 해주며, 또한 자산, 부채, 자본의 변동을 가져오는 투자 활동 및 재무 활동과 관련된 거래에 대한 정보를 제공하여 기업의 재무 상태 변동을 알 수 있게 해준다. 현금 흐름표는 ① 영업 활동으로 인한 현금 흐름 ② 투자 활동으로 인한 현금 흐름 ③ 재무 활동으로 인한 현금 흐름 등 세 가지로 구성돼 있다. 이 중 영업 활동으로 인한 현금 흐름이 플러스를 기록했는지 체크할 필요가 있다.

〈D사의 현금 흐름표〉

제38기 2006년 1월 1일부터 2006년 12월 31일까지
제37기 2005년 1월 1일부터 2005년 12월 31일까지
기관명 : D사 (단위 : 원)

과 목	제38기	
	금액	
Ⅰ. 영업 활동으로 인한 현금 흐름		984,575,987,180
1. 당기 순이익	58,628,766,351	
2. 현금의 유출이 없는 비용 등의 가산	1,121,845,551,627	
3. 현금의 유입이 없는 수익 등의 차감	(239,209,619,372)	
4. 영업 활동으로 인한 자산 · 부채의 변동	43,311,288,574	
Ⅱ. 투자 활동으로 인한 현금 흐름		(2,869,904,953,707)
1. 투자 활동으로 인한 현금 유입액	575,032,472,566	
2. 투자 활동으로 인한 현금 유출	(3,444,937,426,273)	
Ⅲ. 재무 활동으로 인한 현금 흐름		1,960,359,717,759
1. 재무 활동으로 인한 현금 유입	3,316,493,659,614	
2. 재무 활동으로 인한 현금 유출	(1,356,133,941,855)	
Ⅳ. 현금 및 현금 등가물의 증가(Ⅰ+Ⅱ+Ⅲ)		75,030,751,232
Ⅴ. 기초의 현금 및 현금 등가물		90,159,730,545
Ⅵ. 기말의 현금 및 현금 등가물		165,190,481,777

재무제표 간 상호 연계성

재무제표 간의 연계성은 다음과 같이 나타난다. 당기에 발생한 수익과 비용은 포괄 손익 계산서에 표시되며, 수익과 비용의 누적액만큼 기초 이익 잉여금 및 기초 기타 포괄 이익이 변동되어 기말 재무 상태표의 이익 잉여금 및 기타 포괄 손익 누계액이 결정된다. 또한 이익 잉여금 및 기타 포괄 손익 누계액 이외에 자본금, 자본 잉여금 및 자본 조정을 포함한 전체 자본의 당기 증감 내역은 자본 변동표에 표시된다. 한편 당기에 발생한 현금 유입 및 현금 유출 거

래는 현금 흐름표에 표시된다.

〈기초 재무 상태표와 기말 재무 상태표〉

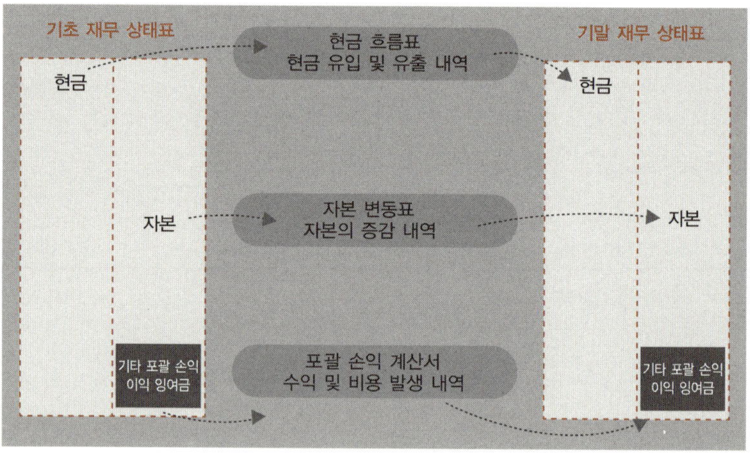

: 관리 회계

CVP 분석

손익 분기점(Break-even Point)은 총수익과 총원가가 일치하여 영업 이익이 0이 되는 조업도(판매량 또는 매출액)를 의미한다. 손익 분기점 분석은 이러한 손익 분기점을 찾아내는 분석 기법으로서 CVP(Cost-Volume-Profit) 분석의 일부분이라고 할 수 있다. 손익 분기점을 계산하는 방법에는 등식법과 공헌 이익법이 있다.

등식법

등식법은 '총수익과 총원가가 일치되면 영업 이익은 0이 된다.'는 공식을 이용하여 손익 분기점의 정의에 따라 영업 이익을 0으로 놓고 손익 분기점 판매량이나 매출액을 구하는 방법이다. 총수익과 총원가를 일치시키는 판매량과 매출액을 구하여 손익 분기점을 도출하는 등식이 다음과 같다.

영업 이익이 0일 때 총수익(매출액) = 총원가(변동비 + 고정비)

총수익(매출액) = (매출액 × 변동 비율) + 총고정비

공헌 이익 = 총고정비

매출액 × 공헌 이익률 = 총고정비

(판매량 × 단위당 판매 가격) = (판매량 × 단위당 변동비) + 총고정비

손익 분기점에서는 영업 이익이 0이 될 것이다. 따라서 손익 분기점의 판매량은 위의 식에서 영업 이익을 0으로 놓고 판매량에 대한 공식을 얻을 수 있다.

손익 분기점의 판매량( ) = 총고정비 / 단위당 공헌 이익
(단위당 판매 가격 – 단위당 변동비)

공헌 이익법

공헌 이익이란 매출액에서 변동비를 차감한 것을 말하며 공헌 이익과 고정비가 일치될 때에 영업 이익은 0이 된다. 이에 따라 공헌 이익법은 공헌 이익과 고정비를 일치시키는 판매량과 매출액을 구하여 손익 분기점을 도출하는 방법이다.

공헌 이익법은 공헌 이익의 개념을 사용하여 손익 분기점을 계산하는 방법인데 관리적 측면에서 볼 때에는 공헌 이익법이 등식법보다 더 유용하다고 할 수 있다.

따라서 이 방법에 따르면 손익 분기점의 판매량은 총고정비를 제품이 단위당 공헌 이익으로 나누어 구한다.

손익 분기점의 판매량 = 총고정비 / (단위당 판매 가격 - 단위당 변동비)
= 총고정비 / 단위당 공헌 이익
= 손익 분기점 매출액 / 단위당 판매 가격

또한 손익 분기점의 매출액도 공헌 이익률에 대한 자료만 주어진다면 똑같은 방법으로 계산할 수 있다.

손익 분기점의 매출액 = 총고정비 / 1 – 변동 원가율
= 총고정비 / 공헌 이익률
= 손익 분기점 판매량 × 단위당 판매 가격

기업은 이익 획득을 목적으로 하기 때문에 CVP 분석에서는 손익 분기점은 물론 목표 이익(Target Income)을 달성할 수 있는 조업도(판매량 또는 매출액)를 구하는 것이 무엇보다도 중요하다. 기업이 목표 이익을 달성하는 데 필요한 판매량이나 매출액을 구하고자 하는 경우에도 앞의 손익 분기점 공식을 적용할 수 있다.

따라서 목표 이익을 달성하려면 손익 분기점 판매량(매출액)에 그 목표 이익 달성을 위한 판매량(매출액)을 추가하여 판매하면 된다.
목표 이익은 총수익에서 총원가를 차감한 금액이므로 다음의 식이 성립한다.

(단위당 공헌 이익×판매량) - 총고정비 = 이익

식의 이익을 목표 이익이라고 보면 그때의 목표 이익 달성을 위한 판매량 Q를 고려하면 '단위당 공헌 이익×Q – 총고정비 = 목표 이익'이므로 목표 이익을 달성하기 위한 판매량이나 매출액은 다음과 같이 계산한다.

목표 이익 달성을 위한 판매량 Q
= 총고정비 + 목표 이익 / 단위당 공헌 이익
= 손익 분기점 판매량 × 목표 이익 달성을 위한 추가 판매량

목표 이익 달성을 위한 매출액
= 총고정비 + 목표 이익 / 공헌 이익률
= 목표 이익 달성을 위한 판매량 × 단위당 판매 가격

경영자들은 자주 CVP 분석 시 많은 의사 결정 모형을 도입해 사용하기 위하여 편의상 요소들의 확실성을 가정한다. 그렇지만 만일 그중의 어느 한 요소가 불확실하다면 회계 담당자의 예측은 그 불확실성의 정도에 따라 영향을 받게 되므로 이러한 불확실성의 영향을 분석하여야 한다. 불확실성의 영향을 분석하는 기법 중 가장 널리 이용되고 있는 방법은 민감도 분석을 적용하는 것이다.

민감도 분석(Sensitivity Analysis)은 어떻게 될 것인가의 의문(What-if Questions)에 대한 분석 방법으로 원래 예측한 것이 성취 또는 성취되지 못할 경우 결과가 어떻게 변화할 것인가를 측정하는 기법(What-if Technique)이다. 즉, 어떤 모형의 독립 변수에 변동이 있을 경우 이에 의존하여 결정되는 종속 변수의 반응이 어떻게 될 것인가를 분석하는 것이다. 기업의 회계 모형에서 독립 변수에는 판매량, 매출액, 원가가 속하며, 종속 변수로는 이익 또는 현금 흐름 등을 들 수 있다.

ABC

ABC(Activity Based Cost)는 '활동 기준 원가'라는 뜻이다. 이 시스템은 개별적인 활동의 원가를 계산하고, 각각의 제품이나 용역의 생산 또는 제공을 위해 취하는 활동에 근거해 제품과 용역 등의 원가 대상으로 원가를 할당하는 방식이다. 즉 활동 기준 원가 계산제도에서는 원가를 특정한 활동(Activity)으로 인해서 발생한다고 간주하고 활동 단위별로 원가를 집계하고 각 활동 단위에 적합한 원가 동인(Cost Driver, 배부 기준)을 정하고 이 원가 동인을 기준으로 원가를 제품별로 배부하는 원가 계산 제도이다.

제1단계 활동 분석

활동 분석은 제품을 완성하거나 서비스를 제공하는 데 필요한 활동을 체계적으로 분석하는 것이다. 따라서 경영 활동을 기술하고 그 활동의 원가 및 성과를 결정할 수 있는 기준을 확립하기 위하여 기업의 주요 활동을 구분하여 세분화한다. 면담이나 설문지 조사 또는 자기 분석 등의 방법에 의해 이루어지는 활동 분석은 이익과 품질 등과 같은 경영 성과를 개선시키기 위해 기업이 어떻게 제 기능을 다할 수 있는지를 파악할 수 있게 한다.

제2단계 활동별 원가 집계

1단계에서 실시한 활동 분석 자료를 이용하여 제조 활동 과정에서 발생한 원가를 제조 활동에 수행되는 활동별로 구분하여 집계하는 과정이다. 원가 집계는 가능한 한 활동별로 직접적인 부과가 바람직하다. 그러나 복수의 활동에 공동으로 이용되는 자원인 경우 각 활동이 소비하는 자원을 가능한 한 명확하게 반영할 척도가 필요하다.

제3단계 원가 동인의 규명

원가 동인이란 활동량을 계량적으로 표현하는 측정 척도로서 작업 준비, 직접 노동 지원, 자재 관리 등과 같은 기업 내 다양한 활동을 유발시키는 요인을 말한다. 활동 원가를 가장 직접적으로 변동시키는 것이어야 하며, 이는 활동 원가의 배부 기준이다. 따라서 집계된 활동별 원가와 상관관계를 가져야 하며 동질성과 경제성 및 계량적 평가 가능성이 있어야 한다. 전통적인 조업도 ABC 시스템으로 기준 원가 시스템보다 정확한 원가 정보를 제공할 수 있는 것은 다양한 원가 동인을 사용하기 때문이다. 그러나 기업 내에는 수많은 활동이 이루어지고 있기 때문에 각 활동에 대하여 각각의 원가 동인을 사용하는 것은 경제적이지 못하다. 따라서 실무에서는 몇 가지 활동을 통합하여 하나의 원가 동인으로 활동 원가를 추적하는 방법이 사용된다.

제4단계 원가 동인의 단위당 원가 산출

2단계에서 산출된 활동별 원가를 3단계에서 규명된 원가 동인으로 나누어 단위 활동당 원가를 계산하는 것이다. 즉, 원가 동인 단위당 원가(활동별 제조 간접비 배부율)를 다음과 같이 계산한다.

> 활동별 제조 간접비(원가) 배부율 = 활동별로 집계된 제조 간접비
> / 활동별 원가 동인 총 수

제5단계 활동 원가 계산

4단계에서 계산된 단위 활동당 원가에 제품을 제조하는 데 소요된 활동 수를 곱하여 제조 간접비를 배부함으로써 제품 원가 계산은 완료된다.

> 활동별 제조 간접비 배부액 = 제품별 소비된 활동 수(제품별 원가 동인 수)
> × 활동별 제조 간접비 배부율

많은 기업들이 수익성을 따져보기 위해 한번쯤은 활동 기준 원가 계산제도의 도입을 고려하고 있다. ABC 시스템은 각각의 제품들이 실제로 얼마만큼의 이익을 가져오고 손해를 끼치는가를 알 수 있는 매우 유용한 회계 기법이다. 이는 활동 기준 원가 계산 방법이 전통적 원가 계산 방법의 문제점을 개선해 줄 수 있다는 것이 입증되고 있기 때문이다.

목표 원가

목표 원가(Target Cost)는 시장의 정보로부터 원가를 도출하는 방식이다. 즉 목표 원가란 목표 판매 가격에서 목표 이익을 차감한 금액으로 기업이 목표 이익을 얻기 위하여 달성해야 할 원가를 말한다.

목표 원가 = 목표 판매 가격 – 목표 이익

제품 가격을 소비자들이 지불할 의향이 있는 가격으로 결정(목표 판매 가격)할 경우 기업은 목표 이익을 얻기 위하여 목표 원가를 달성해야 한다. 이러한 목표 원가가 설정된 경우에는 기업은 연구, 개발 및 설계 단계에서 목표 원가를 달성하기 위한 노력을 기울어야 한다.

전통적 원가 관리 시스템과 목표 원가 관리 시스템은 다음과 같은 차이가 있다.

〈전통적 원가 관리 시스템과 목표 원가 관리 시스템 비교〉

구분	전통적 원가 관리 시스템	목표 원가 관리 시스템
1 단계	시장 조사를 통하여 소비자 욕구 파악	시장 조사를 통하여 소비자 욕구 파악
2 단계	소비자 욕구에 맞는 제품을 설계	시장 상황을 분석하여 목표 가격 결정
3 단계	설계에 맞는 제품의 예상 원가 결정	목표 가격에 목표 이익을 차감하여 목표 원가 결정
4 단계	예상 원가에 예상 이익을 가산하여 예상 판매 가격 결정	목표 원가가 달성되도록 연구·개발·설계 단계에서 원가 기획 수행
5 단계	제품을 생산하면서 주기적으로 원가 절감 노력	제품을 생산하면서 지속적으로 원가 절감 노력

목표 원가를 달성하기 위해서는 ① 초기 원가 추정치와 목표 원가를 비교하는 갭 분석 ② 가치공학 등을 이용한 원가 절감 설계안 도축 및 ③ 제품 생산 및 지속적 개선을 실시한다.

제약 이론

제약 이론은 기업이 프로세스를 개선해 가는 데 여러 가지 제약이 존재하는데 이러한 제약 요인을 개선하여 기업의 목표를 달성해야 한다는 이론이다. 이러한 제약 요인은 외부적 제약 요인과 내부적 제약 요인으로 구분할 수 있는데 제약 이론은 내부적 제약에 초점을 맞추고 있다.

제약 이론에서는 다음의 5단계를 거쳐 제약을 개선하는 방법을 채택한다.

- 1단계 : 기업의 성과 달성을 방해하는 제약 요인을 발견한다.
- 2단계 : 발견한 제약을 개선하는 방안을 고려한다.
- 3단계 : 기업 내 다른 요소를 2단계 개선 방안에 종속시킨다.
- 4단계 : 제약 요인을 완화하기 위해 노력한다.
- 5단계 : 제약이 해소되면 1단계로 돌아가 과정을 반복한다.

가치 공학

가치 공학(VE : Value Engineering)은 기능과 원가를 동시에 고려하는 개념으로 원가 절감에 유용한 도구이다. 즉 가치 공학은 원가를 최소화하면서 기능을 최대화하려는 목적이다.

VE에서 가치는 다음과 같이 원가 외 기능을 서로 비교하여 측정한다.

가치(V) = 기능(F)/ 원가(C)

이 식에 의하여 제품의 가치는 원가에 대한 기능을 제고하거나, 동일한 기능을 유지하면서도 원가를 낮춤으로써 가치를 증가시킬 수 있다.

가치 공학의 실행은 다음과 같은 총 5단계의 절차를 거쳐 실행한다.

① 기획 단계 : 조직이 가치 공학을 지향하도록 한다. 상위 및 중간 경영층에게 VE의 잠재력을 알려주며 VE 분석팀을 구성한다.

② 정보 수집 단계 : 제품이나 서비스의 목적, 기본적 기능 및 2차적 기능을 파악하고 분석한다. 각 기능의 비용을 계산하고 기능의 통합 또는 수정, 삭제 등을 검토한다.

③ 창조적 설계 단계 : 창조적 대안을 만들어내는 것이다. 좋은 아이디어를 위하여 개방적이고 혁신적인 팀 내 분위기를 유지하도록 한다.

④ 평가 단계 : 도출한 아이디어를 타당성, 비용 및 가치에의 기여도 측면에서 평가하고 계획에 반영한다.

⑤ 실행 단계 : 선택된 개선안을 실행한다.

: 회계 정보 분석

수익성 분석

수익성이란 회사가 벌어들이는 수익 능력을 측정하는 지표로서 매출액 총이익률, 매출액 영업 이익률, 매출액 경상 이익률, 매출액 당기 순이익률로 측정한다. 투자 자산 대비 효율을 측정하는 지표로서는 총자산 순이익률, 자기자본 순이익률, 총자산 경상 이익률 등이 있다.

매출보다 매출 총이익이 중요

매출은 체격을 나타내고 매출 총이익은 회사의 체력을 나타낸다. 매출의 외형은 시장에서 회사의 위치라고 말할 수 있고 매출 총이익은 회사의 실력이다. 만일 매출이 높은 회사라 하더라도 매출 총이익이 고정 비용을 밑돌면 회사는 어려워진다.

매출만을 중시하는 전략은 직원들의 심리에도 영향을 미친다. 즉 매출 목표액을 맞추기 위해 가격 인하, 밀어내기 등을 진행하는 부작용이 나타난다. 이렇게 되면 매출은 증가하지만 이익은 감소하는 결과를 낳는다.

비율 구분	산출 근거	표준 비율
매출액 총이익률	**매출 총이익 / 매출액 × 100** 매출 총이익이 매출액에서 차지하는 비중을 나타내는 비율로서 기업 원가율 또는 마진율을 측정하는 지표	양호 30% 이상 불량 20% 이하
매출액 영업 이익률	**영업 이익 / 매출액 × 100** 기업의 주된 영업 활동에 대한 성과를 분석하기 위한 지표로서 제조 및 판매 활동과 직접 관계가 있는 영업 이익에 대한 영업 효율성을 나타내는 지표	양호 20% 이상 불량 10% 이하
매출액 경상 이익률	**경상 이익 / 매출액 × 100** 기업의 주된 영업 활동뿐만 아니라 재무 활동에서 발생한 경영 성과를 동시에 분석할 수 있는 지표(경상적인 수익력을 총괄적으로 표시하는 대표적인 지표)	양호 10% 이상 불량 5% 이하
매출액 순이익률	**당기 순이익 / 매출액 × 100** 최종적인 경영 성과인 당기 순이익을 매출액으로 나누어 계산하는데 제품이나 상품의 최종적인 수익력을 측정하는 지표	양호 5% 이상 불량 2% 이하

자산 수익률과 자기 자본 순이익률 = 순자산 수익률

재무 상태표의 차변에 있는 자산은 기업의 전체 자원으로서 부채와 자본의 합계이다. 경영자는 자산을 효율적으로 사용하여 부를 창출해야 하는데 자산을 당기 순이익으로 나눈 것이 자산 수익율(Return On Asset, ROA)이다. 경영자의 입장에서 자산 수익률은 중요한 경영 성과 지표이다. 이는 기업 활동을 위해 조달한 재원 전체를 얼마나 효율적으로 활용하였는가를 평가하는 지표가 되기 때문이다.

그러나 주주의 입장에서는 자기 자본 순이익률에 더 많은 관심을 갖고 있다. 자기 자본 순이익률은 순자산 수익률(Return On Equity, ROE)이라고도 하는데 순자산은 자산에서 부채를 차감한 값이다. 따라서 순자산 수익률은 주주의 자산인 자기 자본을 경영 활동에 투입함으로써 얼마만큼의 수익성을 창출하였는지를 보여준다.

비율 구분	산출 근거	표준 비율
총자산 경상 이익률	**경상 이익 / {(기초 총자산 + 기말 총자산) / 2} × 100** 회사가 보유하고 있는 총자산을 활용하여 어느 정도의 경상적인 수익 능력을 가지고 있는가를 분석하기 위한 지표	양호 6% 이상 불량 3% 이하
총자산 순이익률	**당기 순이익 / {(기초 총자산 + 기말 총자산) / 2} × 100** 자금 원천에 관계없이 기업에 투입된 총자산이 얼마나 효율적으로 운용되었는가를 나타내는 지표	양호 10% 이상 불량 5% 이하
자기 자본 순이익률	**당기 순이익 / {(기초 자기 자본 + 기말 자기 자본) / 2} × 100** 주주들이 회사에 대한 투자 자금의 수익력을 측정하는 지표	양호 20% 이상 불량 10% 이하

안정성 분석

안정성이란 회사가 부도나 파산 가능성 없이 안정적으로 운영될 수 있는지 여부를 나타내는 지표이다. 단기적으로는 가까운 장래에 상환 기간이 도래하는 부채를 적절하게 지불할 수 있는지를 나타내는 단기 지급 능력과, 자기 자본과 부채의 비율을 나타내는 부채 비율 등의 장기 지급 능력을 나타내는 비율로 나누어진다. 이러한 지급 능력은 기대하지 않은 성장 기회 또는 일시적인 수익 저하 등으로 인한 경영난 등을 효과적으로 대처할 수 있는 재무적 유연성을 나타내는 지표이다.

단기 지급 능력

단기 지급 능력을 나타내는 지표는 유동 비율과 당좌 비율 및 영업 현금 비율로 측정할 수 있다. 구체적인 비율에 대한 산출 근거 및 일반적인 표준 비율은 다음과 같다.

비율 구분	산출 근거	표준 비율
유동 비율	**유동 자산 / 유동 부채 × 100** 1년 이내에 갚아야 하는 부채를 1년 이내에 현금화가 가능한 자산으로 상환할 수 있는지 여부를 측정하는 지표	양호 150% 이상 불량 100% 이하
당좌 비율	**당좌 자산 / 유동 부채 × 100** 유동 자산 중 현금화하는 데 시간이 소요되는 재고 자산을 제외시킨 당좌 자산만을 유동 부채와 대응시킴으로써 단기 채무에 대한 기업의 초단기적인 지급 능력 측정	양호 100% 이상 불량 50% 이하
영업 현금 비율	**영업 현금 / 유동 부채 × 100** 영업에서 벌어들이는 현금으로 1년 이내에 갚아야 하는 부채를 상환할 수 있는지를 나타내는 지표	양호 100% 이상 불량 50% 이하

장기 지급 능력

장기적인 지급 능력을 나타내는 지표로서 장기 자금인 자기 자본(혹은 장기 차입금 포함)을 초과하여 고정 자산에 투자한 경우를 나타내는 고정 비율, 고정 장기 적합률 그리고 총자본 중 부채 비율의 비중을 나타내는 부채 비율로 측정한다. 또한 영업에서 벌어들인 돈으로 이자의 지급 능력을 나타내는 이자 보상 능력이나 당기 순이익과 이자 비용의 비율 및 이자 비용 대 매출액 비율 등이 사용될 수 있다. 구체적인 비율에 대한 산출 근거 및 일반적인 표준 비율은 다음과 같다.

비율 구분	산출 근거	표준 비율
고정 비율	**고정 자산 / 자기 자본 × 100** 회사의 고정성 자산을 자기 자본(고정성 자본)으로 얼마만큼 조달하였는지 여부를 측정하는 지표(기업 자산의 고정화 정도를 측정하는 대표적인 비율)	양호 100% 이상 불량 150% 이하
고정 장기 적합률	**고정 자산 / (자기 자본 + 고정 부채) × 100** 고정성 자산을 취득하기 위해 고정성 자금(자기 자본과 고정 부채)을 어느 정도 조달하여 운용하고 있는가를 나타내는 지표(고정 비율의 보조 지표)	양호 100% 이상 불량 150% 이하
부채 비율	**(유동 부채 + 고정 부채) / 자기 자본 × 100** 부채(타인 자본)와 자기 자본과의 관계를 나타내는 대표적인 안정성 지표. 부채 비율을 구할 때 분모를 자기 자본 대신에 자산을 사용해서 산출하기도 한다.	양호 200% 이상 불량 40% 이하
이자 보상 비율	**영업 이익 / 이자 비용 × 100** 영업 이익을 가지고 이자를 몇 번 상환할 수 있는지를 측정하는 비율. 분자에 영업 이익 대신 실제 영업에서 벌어들인 영업 현금을 사용하기도 한다. 이자 비용과 매출액 및 당기 순이익 규모를 비교하기도 한다.	양호 2배 이상 불량 1배 미만

부채 조달 비용 절감 방안

기업의 자금 조달은 내부 유보금, 타인 자본, 자기 자본의 3가지 원천이 있다. 세 가지 자본 조달 수단 중 경영자는 낮은 자본 비용을 지불하고 자금을 조달하고자 할 것이다. 부채 조달 비용을 낮추기 위해서는 채권자의 투자 회수에 대한 불안감을 낮추는 것이 필요하다.

채권자의 불안감을 낮추는 방법으로는 다음과 같은 방법이 있다(황이석, 2008년).

① 신용 평가 기관에서 높은 신용 등급을 받는 방법

높은 신용 평가는 채권 발행 시 이자율을 낮추는 수단이 된다. 은행에서 개인의 신용이 좋을 때 이자율이 상대적으로 낮은 것과 같은 이치이다.

② 재무 약정을 설정하는 방법

재무 약정(Covenants)이란 기업과 채권자가 재무 관리 방안에 대한 계약을 체결하여 채권자의 불안감을 낮추어 주는 방법이다. 재무 약정 계약에는 다음과 같은 사항들이 포함될 수 있다. 즉 자산 매각 대금에 대한 사용 제한, 부채/영업 현금 흐름의 일정 배수 초과 금지, 이자 보상 비율 및 자산의 적정선 유지 등을 계약에 포함할 수 있다.

③ 성과 연동 변동 이자율 차입금

성과 연동 변동 이자율 차입금(Performance Pricing Loans)은 부채 조달 기업의 경영 성과에 따라 차입금의 이자율이 변동하는 차입금을 말한다. 이에는 주로 2가지가 사용되는데 첫째, 경영 성과가 좋아지면 이자율이 낮아지는 방안과 둘째, 경영 성과가 악화되면 이자율이 상승하는 방안이 있다.

활동성 분석

활동성 분석이란 영업 활동과 관련된 매출 채권 및 재고 자산의 변동 내역을 통하여 영업 활동의 성과를 지표로 나타내는 것이다.

매출과 자산 회전율

자산이 100억 원인 기업이 200억 원의 매출을 올린 경우와 자산이 10억 원인 기업이 30억 원의 매출을 올린 경우 어느 기업의 매출이 높은지 판단하는 기준이 자산 회전율이다.

총자산 회전율은 총자산에 대한 매출 실적을 나타내는 것이고, 유형 자산 회전율은 총자산 중 매출에 직접적으로 공헌하는 영업 자산인 유형 자산의 실적을 나타낸다.

지표의 종류

활동성 지표를 나타내는 구체적인 비율에 대한 산출 근거 및 일반적인 표준 비율은 다음과 같다.

비율 구분	산출 근거	표준 비율
총자산 회전율	**매출액 / {(기초 총자산 + 기말 총자산) /2}** 총자산이 1년 동안 몇 번 회전하였는가를 나타내는 비율(총자본 회전율이라고도 한다)	양호 1.5회 이상 불량 1.0회 이하
유형 자산 회전율	**매출액/ {(기초 유형 자산 + 기말 유형 자산) /2}** 매출액에 대한 유형 자산의 활용도 를 나타내는 지표로서 기업이 보유하고 있는 설비 자산의 적정 수준 여부를 판단하는 데 이용	양호 3회 이상 불량 2회 이하

성장성 분석

성장성 비율이란 회사의 규모나 경영 성과가 전년에 비해 어느 정도 증가하였는가를 측정하는 지표로서 미래 그 기업의 경쟁력이나 수익 창출 능력의 예측이 가능하다. 주요 비율로는 총자산, 자기 자본, 매출액, 영업 이익 및 당기 순이익 증가율의 지표를 사용할 수 있다. 구체적인 비율에 대한 산출 근거는 다음과 같으며 성장성의 경우 산업에 따라 많은 편차가 있으므로 표준 비율은 제시되지 않는다.

비율 구분	산출 근거
총자산 증가율	**(당기 말 총자산 / 전기 말 총자산) × 100 −100** 기업 활동을 위해 회사가 보유하고 있는 자산의 총액이 전년도에 비해 어느 정도 증가하였는가를 나타내는 비율
영업 이익 증가율	**(당기 영업 이익 − 전기 영업 이익) × 100 − 100** 전년도 영업 이익에 비해 당해 연도 영업 이익이 어느 정도 증가하였는가를 나타내는 지표
당기 순이익 증가율	**(당기 순이익 / 전기 순이익) × 100 − 100** 전년도 순이익에 비해 당해 연도 순이익이 어느 정도 증가하였는가를 나타내는 지표
자기 자본 증가율	**(당기 말 자기 자본 / 전기 말 자기 자본) × 100 − 100** 회사의 자기 자본이 전년도에 비해 얼마나 늘어났는가를 나타내는 지표
매출액 증가율	**(당기 매출액 / 전기 매출액) × 100 − 100** 전년도 매출액에 비해 당해 연도 매출액이 어느 정도 증가하였는가를 나타내는 지표

성과 분석

PER

PER(Price Earning Ratio, P/E, 주가 수익 비율)은 저평가된 주식을 발굴할 때 쓰이는 대표적인 지표이다. 기업이 당기 순이익을 전액 배당한다고 가정하면 PER은 투자자의 원금을 기업의 당기 순이익으로 회수하는 데 걸리는 횟수를 의미한다. 일반적으로 PER이 낮을수록 저평가이고 높을수록 고평가이다. 그러나 업종 및 국가에 따라 평균 수준이 다르기에 일괄 적용은 곤란하다.

PER = 시가 총액 / 당기 순이익 = 주가 / 주당 순이익

PBR

PBR(Price Book value Ratio, 주가 순자산 비율)은 가치 투자의 창시자인 벤자민 그레이엄이 개발한 안전 마진(Margin of Safety)과 관련이 있다. 안전 마진은 투자

자의 입장에서 손해가 없는 한계선이다. 그레이엄이 말하는 안전 마진은 시가 총액과 순유동 자산의 차이를 말한다. 그는 시가 총액이 순유동 자산의 2/3 이하인 기업에만 투자하라고 조언했다.

안전 마진 = 시가 총액 - 순유동 자산
순유동 자산 = (현금과 현금성 + 자산 매출 채권 + 재고 자산) - 부채

이러한 개념이 PBR로 발전했다. 요즘에는 시가 총액이 순자산-부채보다 낮은 기업을 안전 마진을 가진 기업으로 본다. 시가 총액이 순자산 가치보다 낮은가를 알려주는 지표가 주가 순자산 비율(PBR)이다.

PBR = 시가 총액 / 순자산 = 시가 총액 / (자산 – 부채) = 주가 / 주당 순자산

PBR은 재무 체질 면에서 주가를 판단하는 척도이다. 주가가 기업의 자산 가치보다 낮게 형성되어 있다면, 즉 PBR이 1보다 작다면 그 기업은 저평가되어 있다고 말할 수 있다. 우리나라의 PBR은 다른 나라에 비하여 낮은 편이다.

EVA

EVA(Economic Value Added)는 우리말로 '경제적 부가 가치'라고 한다. 1980년대 후반 미국에서 도입되었으며, 선진국에서는 기업의 재무적 가치와 업적을 평가하는 데 있어 순이익보다 많이 활용되고 있다. 이는 또한 새로운 투자에 대한 사전 검증은 물론 사후 평가까지 할 수 있다는 점에서 기업의 투자나 경영 성과를 보다 근본적으로 파악할 수 있는 유용한 판단 기준을 제공해 준다.

EVA의 도출식은 다음과 같다.

영업 이익 기준의 EVA = 세후 영업 이익 - 자본 비용
경상 이익 기준의 EVA = 경상 이익 - 법인세 비용 - 자기 자본 비용
현금 흐름 기준의 EVA = 영업 활동을 통한 현금 흐름 - 감가 상각비 - 자기 자본 비용

TSR

TSR(Total Shareholder Return, 총주주 수익률)은 주주들에 대한 연평균 수익률로서 주식의 배당 수익에 자본 이득을 합산한 개념이다.

TSR = 배당 수익 + 자본 이득

기업의 경영 성과에 영향을 미치는 모든 요인과 활동을 포섭하는 포괄적인 평가 지표이다. TSR에 영향을 미치는 거시 경제적 요인이나 산업 사이클을 파악하기 위해서는 전체 주식 시장이나 동종 업계를 벤치마킹해야 한다. TSR을 움직이는 핵심 동인은 크게 3가지 재무적 동인으로 구성되어 있다.

ROI(투자 수익률)와 성장을 위한 투자는 자본 이득에 영향을 미치는 핵심 동인이다. 투하 자본(Invested Capital)에 대한 수익률이 투자자의 기대치보다 높은 성과를 낼 수 있는 기업의 경우에는 수익률이 높은 부분에 더 많은 자본을 투자하는 성장 투자 전략으로 주식 가격을 상승시킬 수 있다. 주식 가격의 상승은 투자자들이 주식거래에서 더 많은 자본 이익을 얻을 수 있다는 뜻이다.

상대적 TSR을 높일 수 있는 세 번째 동인은 자유 현금 흐름(Free Cash Flow : FCF)이다. 기업 본부 차원의 FCF는 배당금, 자사주 취득, 부채 상환 등에 투자

함으로써 TSR을 높일 수 있다. 주주에 대한 배당이 이루어지면 당연히 TSR이 높아질 것이고, 자사주 취득이나 부채 상환의 경우는 기업의 이익이 누출되는 경로를 줄인다는 점에서 주주에게 돌아갈 이익을 높일 수 있다. 사업 단위 차원의 FCF는 기업 본부로 환원되어 수익성이 높은 다른 사업 단위에 투자함으로써 수익성을 향상시킬 수 있다.

TSR은 투자자들이 소유하고 있는 주식으로부터 얻어낸 가치의 크기이다. 즉 일정 기간 동안(대부분은 1년을 기준으로 한다) 기업이 수행한 가치 창조 활동의 결과를 외부에서 평가하는 외부적 평가 지표이다. 따라서 기업에서 의사 결정의 기준으로 TSR을 이용하려면 미리 TSR 결과치를 측정할 수 있어야 한다. TSR을 측정할 수 있는 사전적 내부 평가 도구가 바로 내부 평가 지표이다.

시장 평균 이상의 TSR을 수년 동안 계속해서 지속시키기 어려운 이유는 이미 달성된 TSR 실적이 주식 가격 상승을 통해서 시장에 반영됨으로써 주주의 자본 이득으로 실현되었기 때문이다. 따라서 다음 연도에 TSR을 높이기 위해서는 다시 백지 상태에서 시작해야 한다. 결국 시장 평균 이상의 TSR을 지속적으로 유지하기 위해서는 경영자가 가치 창조를 위한 경영 개선 노력을 끊임없이 기울이지 않으면 불가능한 것이다.

제 12 장

통계 도구

제1절 통계의 중요성
제2절 숫자 경영과 통계
제3절 통계학의 이해
제4절 통계 분석의 활용 목적
제5절 통계 분석의 절차
제6절 숫자와 통계 해석의 주의 사항
제7절 숫자와 통계에 대해 빠지기 쉬운 함정

: 통계의 중요성

앞의 장들을 통해 숫자 경영을 위해서는 경영 활동의 모든 것을 수치화·계량화하는 것이 선행돼야 한다는 것을 살펴보았다. 그렇다면 이 숫자들을 단순한 데이터가 아니라 의미를 가진 정보로 다시 태어나도록 하기 위해서 숫자가 가진 의미를 찾고, 그 의미가 객관적이며 현상과 사실을 나타내고 있다는 확신을 가질 수 있도록 해야 한다.

이렇게 숫자 경영을 위한 계량적인 수치들에 정당성을 부여하고 숫자가 중요한 역할을 하게끔 이해하고 응용하도록 하는 것이 바로 통계이다.

현대인은 데이터의 홍수 속에서 살고 있다고 해도 과언이 아닐 것이다. 컴퓨터와 인터넷의 사용으로 원하는 데이터를 쉽게 획득할 수 있으며 이를 통해 주가, 환율 등 경제 데이터, 경쟁사의 시장 점유율이나 산업 동향과 같은 경영에 관한 데이터를 수집할 수 있다. 특히 기업은 이러한 데이터를 이용하여 미래를 예측하고 적절한 의사 결정을 내린다.

가깝게 우리 주변부터 살펴보자. 거의 매일 우리가 일상생활에서 통계적 개념을 사용하고 있다는 것에 놀랄 것이다. 아침에 일어나면 날씨가 어떨 것인지, 비가 올 가능성은 얼마나 될 것인지 생각한다. 식사를 하면서 국 맛을 보기 위해 국자로 약간 떠서 맛 본 후 간을 조절한다. 기업에서도 이런 유사한 일들을 행한다. 공장에서는 생산된 제품이 표시 용량에 합당한가를 확인하기 위해 주기적으로 제품을 무작위 추출하여 함량을 측정한다. 정부에서는 부동산 가격이나 물가 동향을 파악하기 위해 주기적으로 일부 지역이나 상품의 가격을 조사하여 관리한다.

이처럼 통계적 기법은 기업 활동뿐 아니라 정치, 행정 등 모든 분야에서 중요한 의사 결정을 위한 필수적 도구로 자리 잡고 있다. 100여 년 전, 영국의 역사학자 허버드 조지 웰스(Herbert George Wells)는 "향후 통계적 사고는 책을 읽을 수 있는 능력과 같은 정도로 효율적인 사회인이 되기 위해 필수적으로 갖추어야 할 능력이 될 것이다."라고 하였다.

: 숫자 경영과 통계

기업을 경영하는 데 있어 숫자는 첫째, 의사 결정의 기초 자료이자 둘째, 목표 설정의 기준이며 셋째, 성과 측정의 근거이다.

기업을 운영하는 경영자는 주어진 데이터를 이용하여 현재와 미래를 예측하여 적절한 의사 결정을 내려야 한다. 그런데 기업의 의사 결정은 결과의 불확실성을 추정하는 문제에 많이 이용된다. 즉 통계는 의사 결정의 결과를 사전에 예측하여 의사 결정에 따른 위험을 최소화할 수 있게 한다. 또한 경영 활동의 결과로 얻어진 데이터를 수집하고 분석하여 기업이 경영을 잘하고 있는지 평가하는 지표로 삼을 수 있어야 하고, 그 결과를 활용하여 다음의 경영 목표를 수립하는 데 반영할 수 있어야 한다.

기업의 경영은 데이터를 바탕으로 의사 결정하고, 목표를 수립하며, 성과를 측정하게 되는데 이때 데이터를 의미 있는 정보로 만들어줄 수 있는 것이 바로 통계인 것이다.

: 통계학의 이해

통계학이란 집단 현상을 수량적으로 관찰하고 분석하는 방법을 연구하는 학문으로 크게 사회 통계학과 수리 통계학으로 나눌 수 있다. 사회 통계학은 사회관계와 현상에서 합법칙성을 양적으로 표현한 것이고, 수리 통계학은 확률론에 기초한 통계학으로서 경영학, 심리학에서뿐 아니라 실무 조사, 시장 조사 등 각종 통계 조사에서 이용된다.

웹스터 사전의 정의에 따르면 통계란 "데이터의 수집, 분석, 해석 및 표현을 다루는 수학의 한 분야"로 정의하고 있다. 이것을 풀이하면, 자신의 관심사를 수치화하여 기술 또는 요약하고 이를 통해 관심사 전체를 파악하고자 하는 일련의 체계를 다룬다고 보면 되겠다. 통계학의 분석 절차는 복잡하지도, 전혀 새롭지도 않다. 우리가 늘 해오던 의사 결정 과정과 유사하다고 볼 수 있다.

통계는 데이터를 분석하는 목적에 따라 크게 두 가지 통계, 즉 기술 통계와 추론 통계로 구분된다. 기술 통계(Descriptive Statistics)란 상세한 분석을 수행하기 전에 수집된 데이터를 묘사하고 정리하기 위한 방법으로 정리된 데이터를 의사 결정자에게 보고할 목적으로 수행하는 통계 분석 방법이다. 반면에 추론 통계(Inferential Statistics)는 표본으로부터 획득된 정보를 바탕으로 전체 집단의 특성에 대한 결론을 도출하는 것, 즉 의사 결정을 위해 미래를 예측하는 것을 목적으로 하는 통계 분석 방법이다.

기술 통계

자료의 수집·정리·해석 과정을 통하여 모 집단의 특성을 규명하는 방법이다. 어떤 정보에 대한 성질을 기술·요약할 수 있도록 하는데, 예를 들어 수집된 데이트를 정리하여 평균값, 중앙값, 최댓·최솟값, 분산, 표준 편차, 평균 편차 등으로 정제하여 그 내용을 쉽게 파악할 수 있도록 도표를 작성하거나, 그래프화(차트, 그림, 도수분포표 등의 형태)하는 것이 기술 통계이다.

확률 통계(추측 통계)

미래에 대한 불확실성을 확률 분포로 표시하여 최적의 의사 결정 기법을 이용할 수 있게 한다. 모 집단의 성격을 대표하는 표본에서 얻은 통계량을 기초로 해서 모 집단의 특성을 추론하는 방법을 말한다. 구할 수 있는 통계 자료의 기술 통계를 구해서 미래를 추측하거나 구할 수 없는 자료를 예측하는 데 활용한다.

추정 및 가설 검정

신속하고 경제성 있는 의사 결정을 하게 한다. 예를 들어 모 기업에서 생산된 특정 제품의 수명을 알아보기 위하여 표본을 추출하여 이 표본에서 평균 수명을 조사하고, 이를 근거로 기업에서 생산된 제품의 수명을 추정할 수 있다. 이의 대표적인 통계 기법이 추정과 가설 검정이다. 분산 분석과 회귀 분석이 일반적으로 경영상에서 나타나는 현상들의 인과 관계를 설명하여 준다.

경영에서 통계란 공식이나 복잡한 계산을 할 수 있느냐가 중요한 것이 아니다. 의사 결정 상황에 직면했을 때 어떤 데이터를 수집하여야 하는지, 어떤 방법으로 데이터를 처리하여야 하는지, 그리고 그 분석 결과를 어떻게 해석하여 의사 결정에 활용할 것인지 이해하는 것이 무엇보다 중요하다.

: 통계 분석의 활용 목적

앞서 통계학이란 의사 결정에 필요한 자료를 수집하고 분석하는 기술이라 하였다. 기록된 모든 정보는 자료가 되고 통계의 대상이 될 수 있다.

기업의 경영 활동과 관련하여 우리가 흔히 접할 수 있는 자료들을 살펴보면 다음과 같다.

첫째, 기업의 현황을 알아보고 투자 결정을 내리도록 돕는 자료인 기업 재무제표, 주식 가격 및 거래량 자료, 회계 및 투자 자료 등이 있다.

둘째, 기업 내부의 자료인 생산 및 판매 실적 자료, 인사 관리 자료, 성과 관리 자료 등이 있다.

셋째, 제품 개발 및 마케팅 자료로 활용되는 시장 조사, 소비자 조사와 같은 리서치 자료들과 정부가 정기적으로 발표하는 경제 성장률, 산업 성장률, 금리 등과 같은 정부 공시 자료들이 있다.

이러한 정보들은 수많은 숫자와 값들이 모여서 큰 규모의 데이터를 이루고 있는데, 통계학은 이러한 상황을 분류하고 분석하여 집단 전체의 본질적인 큰 그림을 제공한다.

즉 통계학과 통계 분석이 활용되는 목적은 다음의 네 가지로 정리할 수 있다.

활용 1. 자료의 요약

한국도로공사의 각 영업소별 통행료 징수 자료가 시스템상에 한 줄 한 줄로 기록되어 있다고 하자. 이 상태로는 단지 통행료 징수 한 건 한 건에 대한 상황을 파악할 수 있을 뿐이다. 그러나 이 자료를 차종별, 요금별, 시간대별 등으로 정리하고 요약해 보면 영업소를 통과하는 차량 수, 차종 수, 혼잡 시간대, 부진 영업소 등 경영 활동에 활용이 가능한 보다 많은 정보를 알 수 있다.

활용 2. 표본 조사

두 번째는 표본 조사이다. 예를 들어 우리나라에는 현재 약 1,300만 가구가 있다. 이들 중 독신 가구와 4인 가구의 구매력 차이를 조사하기 위해서 이들의 월 평균 생활비 지출액을 알아야 한다면 어떻게 해야 할 것인가? 이들 전체를 조사하는 것은 시간과 비용 측면에서 현실적으로 불가능하다. 그러므로 우리는 전체를 대표할 수 있는 표본을 만들고 이 표본을 조사한 후 그 결과를 전체 집단에 적용한다. 전체를 가장 근사하게 대신할 수 있는 표본을 추출하는 방법이 필요하다.

활용 3. 인과 관계 파악

또 한 가지 활용은 여러 가지 관심 대상이 되는 변수 사건들 간의 인과 관계를 파악하는 것이다. 어떤 도로가 주변 도로에 비해 혼잡도가 월등히 높다는 문제가 있다고 가정하자. 혼잡한 상황을 해소하기 위한 방법을 수립하기 위해서 우리는 그 원인이 무엇인지 파악해야 한다. 이때 통계적 방법이 매우 유용하게 작용할 수 있다. 즉, 혼잡도에 영향을 미칠 수 있는 인접 도로 수, 거주 인구 수, 상업 지구 규모와 같은 여러 가지 변수 중 무엇이 가장 중요한지를 알 수 있게 해준다.

활용 4. 예측

기업의 많은 의사 결정은 미래를 대비하기 위한 것이다. 즉 통계가 기업 경영 활동에 기여하는 한 가지 활용 방안은 미래의 활동을 예측하는 것이다.

계획 단계에서 미래의 예측은 필수이다. 예를 들어 국가가 도로를 신설한다고 할 때, 도로 정비 기본 계획에 따라 투자 계획을 수립할 것이다. 이때 먼저 사업 타당성 검토, 수요 예측, 자금 조달 및 회수 계획 등을 통계 기법을 통해서 예측할 수 있다. 사업 타당성 검토를 예로 들어보면 세부적으로 경제성 지수와 균형 개발 지수를 산정하도록 되어 있다. 여기서 경제성 지수란 비용 편익비라고 하여 사업비, 운행비, 통행 시간, 사고 등을 통해 신설 도로 건설에 경제적인 사업 타당성을 검증해 보는 것을 말한다. 이렇듯 통계적 기법을 적용하여 가장 가능성이 높은 미래의 시장 수요와 경제적 타당성을 예측할 수 있는 것이다.

: 통계 분석의 절차

의사 결정에 필요한 정보를 위해 통계적 방법을 활용할 때 우리가 수행하는 통계적 분석 작업은 설계 → 탐색 → 추정 → 가설 검정 등의 네 영역으로 구분할 수 있다.

〈통계 분석 절차〉

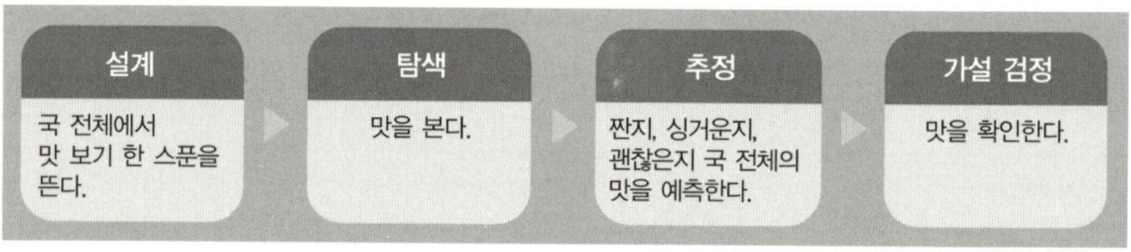
설계
국 전체에서 맛 보기 한 스푼을 뜬다.
탐색
맛을 본다.
추정
짠지, 싱거운지, 괜찮은지 국 전체의 맛을 예측한다.
가설 검정
맛을 확인한다.

설계 단계

통계 분석의 대상은 숫자이다. 앞에서 숫자로 된 자료는 통계적 분석을 거치지 않으면 의미를 가지지 못한다는 것을 살펴보았다. 어떤 자료가 숫자들만 나열되어 있어 우리가 알고자 하는 정보와 관련된 자료를 구하지 못하거나 많은 자료들 중 어느 자료를 보아야 하는지 알 수 없다면 자료 수집을 위한 설계 단계가 반드시 필요하다. 자료 수집을 위한 설계 단계에서는 수집할 자료의 유용성과 자료 수집에 필요한 비용을 고려하여 설계해야 한다. 시간과 비용을 투입하여 수집한 자료에서 중요한 조사 목적에 대한 해답을 얻을 수 없다면 잘못된 설계인 것이다.

통계 분석에서 사용하는 자료 수집 방법은 크게 표본 조사, 실험 계획, 과거 실적 자료 세 가지로 나누어 볼 수 있다.

표본 조사

어느 집단의 특성을 알고자 할 때 집단의 일부를 조사함으로써 집단 전체의 특성을 추정하는 방법을 말한다. 집단에 속하는 사례 전부를 조사하는 전수 조사(全數調査)와 대비되는 방법으로서 일부 조사·표본 추출 조사·샘플 조사 등으로도 불린다.

표본 조사는 조사의 성격상 전수 조사가 불가능할 경우나 전수 조사가 가능하나 비용·시간 등의 면에서 표본 조사가 선호되는 경우에 실시된다.

〈모집단과 표본〉

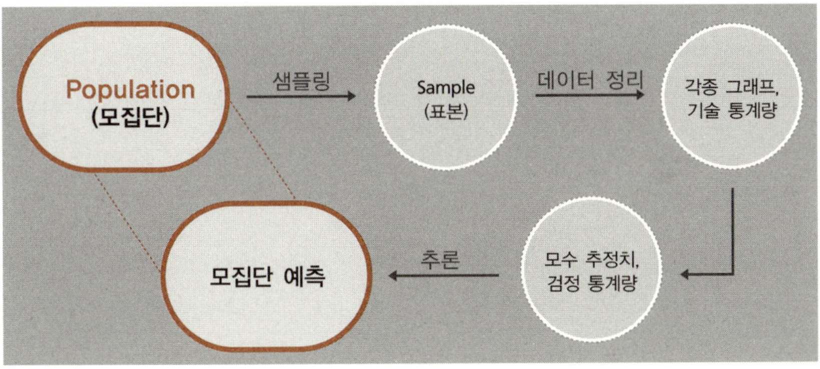

실험 계획(Experimental Survey)

기업이 근대적 통계해석법(統計解析法)을 기반으로 이상 변동을 가져오는 많은 원인 중에서 중요한 원인을 적은 비용으로 선정, 그 효과를 수량적으로 측정하는 방법을 말한다. 경영 활동상에서는 주로 품질 관리 등 시장 조사에 활용된다. 예를 들면 동일 내용, 동일 가격의 자재가 별개의 업자로부터 납품된 경우, 그것들이 가공 산출률에 있어서 의미 있는 차이점을 가지는지 그 여부를 각 단위량에서 샘플을 추출하여 실험적으로 확인해 보는 것이다.

과거 실적 자료(Historical Data)

경제 주체의 과거 실제 활동 상태를 기록한 자료이다. 사회과학 분야에서 주로 접하는 자료로, 관심 변수 이외의 다른 변수에 의한 효과를 많이 포함하고 있다.

탐색 단계

자료가 확보되면 그 내용을 개략적으로 검사하여 자료의 용도에 적합한지를 알아볼 필요가 있다. 탐색 단계에서는 여러 각도에서 자료를 검토하고 설명하고 요약한다. 여기서 우리는 우리가 확보한 자료가 우리가 원하던 것인지 또는 눈에 띄는 문제점은 없는가를 확인한다. 자료가 잘못되면 아무리 우수한 통계적 방법도 좋은 결과를 주지 못한다.

추정 단계

통계학에서 우리의 중요한 관심사는 우리가 알지 못하는 미래에 대해 추정할 수 있다는 것이다. 숫자를 통해 가장 그럴듯한 추측치를 얻어내는 것이다. 정확한 값은 아무도 모르지만 신뢰성이 높은 자료를 가지고 있을 때 우리는 통계적인 방법을 통해 자료 전체에 대해 가장 그럴듯한 추정치를 얻어낼 수 있다.

다음 분기의 시장 이자율, 내년도 경제 성장률, 다음 분기의 매출액, 신규 도입 제조 공정의 불량률, 혁신 활동 수행을 통한 경제적 이득 등 경영 활동상에서 예측하고자 하는 값들은 무수히 많다.

그러나 이 모든 통계적 추정치는 많은 가능성 중 가장 그럴듯한 하나의 추측치일 뿐 틀릴 수도 있다는 것을 알아야 한다. 그러므로 이 추정치가 얼마나 정확한지 알 수 있어야 하는데 그것이 바로 '신뢰 구간'이다. 신뢰 구간이란 추측치의 불확실한 정도를 나타내는 것으로 이후 확률(Probability), 확률 분포(Probability Density), 표준 분포(Sample Distribution)를 통해 더 자세히 알아보게 될 것이다.

가설 검정 단계

가설 검정이란 불확실한 상황에서 가능성 중 하나를 선택하는 것을 말한다. 증명되어 있지 않은 모든 주장을 가설이라 하며, 가설 검정은 자신의 주장과 그 반대 주장 중 어느 것이 더 타당한가를 통계적으로 확인하는 방법이다.

예를 들어 'A에서 B 구간에 유료 고속도로가 신설되면 일대의 교통 혼잡도가 낮아질 것이다', 'A사의 불량률은 산업 평균보다 낮다.' 등과 같은 주장을 두고 통계적 검정을 통해서 가설을 수용하거나 기각하는 결정을 한다. 그러나 이것은 가설을 증명하는 것과는 다르다는 점에 유의해야 한다.

앞의 네 가지 단계를 가지고 솥 안에 든 국의 간을 맞추는 것을 통계 단계에 맞춰서 설명할 수 있다. 통계의 목적이자 우리가 예측하고자 하는 사실은 국 전체의 맛이다. 이것은 모집단(Population)이라고 한다. 모집단 전부를 조사한다면 좋겠지만, 그게 사실상 어려운 경우가 많다. 국을 통째로 마셔보면 그 맛을 알 수 있지만, 그렇게 할 수는 없다.

설계 단계

그래서 모집단 전체 중 일부를 수집하여 평가하는 과정을 거치게 된다. 국 전체 중 한 스푼 뜨는 것과 같은 것이다. 그런데 한 스푼 뜨기 전에 휘휘 젓는 것은 국 맛을 균일하게 하는 과정이다. 국 맛이 균일해야 한 스푼으로 국 전체를 파악하는 것이 의미 있는 일이기 때문이다. 이렇듯 휘휘 젓는 과정이 샘플링 과정이다. 요약하면 표본 샘플은 모집단의 일부이기는 하지만, 모집단의 특성이 잘 반영되어야 한다는 것이다. 그러려면 모집단의 특성을 잘 반영하도록 샘플을 얻어야 한다. 그 방법론이 샘플링이라 불리는 표본 조사이다.

탐색 단계

일단 표본이 얻어지면 이 표본을 다각도로 분석한다. 통계에서는 얻어진 표본을 가지고 그래프도 그리고 기술 통계량을 구하기도 한다. 기술 통계량이라는 것은 모집단의 특성을 표현하는 대푯값을 의미한다. 여기까지 분석한 그래프나 기술 통계량은 표본에 대한 것이다.

추정 단계

이제는 표본의 결과를 가지고 모집단을 예상하는 과정을 거친다. 이것이 통계적 추정 및 가설 검정이다. 한 스푼을 맛봄으로써 국 전체의 맛을 예측하는 과정이다.

가설 검정

그런데 한 스푼 맛본 거 가지고 전체 맛을 아주 정확하게, 완벽하게 판단할 수 있을까? 아무리 휘휘 잘 저었다 하더라도 냄비 아랫부분과 윗부분의 국 맛이 다르고, 맛본 후 좀 더 끓이기 때문에 시간적인 효과도 있다. 따라서 아무리 잘 평가해도 100% 정확하게 예측하기란 불가능하다. 그래서 통계에서는 잘못 판단할 가능성을 열어둔다. 즉, 내가 내린 판단을 95% 신뢰한다, 99% 신뢰한다, 90% 신뢰한다 등등. 이렇듯 95%, 99%, 90%를 신뢰 수준, 틀릴 수 있는 수준을 유의 수준이라고 한다.

: 숫자와 통계 해석의 주의 사항

경영 통계에 있어 올바른 해석 능력이 숫자 경영을 위한 가장 기본이라 해도 과언이 아닐 것이다. 기업 경영에서 접하는 수많은 정보의 핵심은 바로 숫자이다. 통계라는 가공 절차를 거친 숫자가 '정보'로 다시 태어나는 것이다. 각종 그래프와 도표와 함께 제시되는 수익률, 다양한 리서치 기관에서 실시한 설문 조사와 여론 조사. 실업률, 출산율, 이혼율, 물가 상승률, 경제 성장률……. 이 다양한 수치들을 바탕으로 우리는 끊임없이 무언가를 결정하고 선택한다. 결국 우리에게 제공된 숫자들을 어떻게 해석하고 판단하느냐에 따라 성공의 성패가 갈리는 것이다.

경영 활동을 통해 수집된 데이터를 어떻게 처리하고 바람직하게 해석할 수 있는지 그 역량을 키우는 것이 중요하다. 특히 통계 자료가 각기 다른 해석 과정을 거쳐 서로 상반된 주장을 뒷받침하는 근거로 이용되는 아이러니가 벌어지기도 한다.

경영 활동에 있어 통계의 해석은 가정과 해석의 차이에 따라 민감하게도 상반된 분석 결과를 만들어내기도 한다. 따라서 '통계 자료를 이해하고 해석하는' 능력과 통계적 사고를 지니고 객관성과 타당성을 파악할 수 있는 힘을 가져야 할 것이다.

올바르지 못한 숫자에 대한 인식과 해석은 결과와 의사 결정을 불러올 수 있다. 숫자에 점을 하나 찍는다고 하자. 이 점이 앞쪽에 위치하느냐 뒤쪽에 위치하느냐에 따라서 엄청난 결과가 나타난다. 점이 앞쪽으로 가면 음(-)이 되어 기업이라면 부도 상태가 될 것이고, 뒤쪽이면 양(+)이 되어 커다란 이익이나 부가 가치를 불러오는 것을 나타내는 표현으로 쓰일 수 있다. 이처럼 숫자는 판단에 중요한 역할을 하고 있다. 이러한 숫자에 대한 해석과 응용을 올바르게 하지 않은 경우 기업, 정부, 공공 기관에 있어 정책적 실패나 위기를 가져올 수도 있다. 기업과 정부 및 공공 기관은 숫자를 응용하고 판단할 때 숫자의 해석이 미칠 개념과 파장의 범위를 인정할 수 있어야 할 것이다.

: 숫자와 통계에 대해 빠지기 쉬운 함정

데이터 수집에서 범하기 쉬운 오류

이렇듯 고객 만족도를 알기 위해서든 새로운 상품이나 서비스를 개발하기 위해 시장 조사를 실시하는 것과 같이 우리가 어떤 조사를 한다고 가정할 때, 우리는 소비자와 시장의 이해관계자 모두를 조사할 수 없는 게 현실이다. 그렇기 때문에 우리는 소수의 대표자를 뽑아서 이들의 의견을 들어 판단해야 한다. 이때 표본을 어떻게 선정하고 데이터를 수집하느냐가 매우 중요하다. 즉 통계학적으로 말해서 '표본을 선정하는 법과 조사 방법을 명확하게 정의하는 것, 그리고 일관성 있게 데이터를 수집하는 것에 대한 고려'가 매우 중요하다는 것이다.

표본 선정의 오류 : 표본은 대표성을 띠어야 한다.

솥 안에 든 국의 간을 맞추기 위해 국을 다 마셔볼 필요는 없다. 국자로 조금 떠서 맛을 보는 것으로 국이 짠지 싱거운지를 알 수 있는 것처럼 표본은 맛보기 국자와 같이 국의 간을 대표하는 대표성을 띠어야 한다.

몇 해 전 실시한 설문 조사 하나가 사람들 입에 우스갯거리로 오르내린 적이 있었다. 대한민국 국민들의 인터넷 이용 실태를 묻는 온라인 조사였는데 설문 내용이 "당신은 최근 1주일 동안 인터넷에 접속한 적이 있습니까?"였다. 온라인 설문이었으므로 당연히 응답자의 100%가 '그렇다'라고 응답했고 우리나라는 금세 전 국민이 인터넷을 이용하는 인터넷 초강대국이 될 수밖에 없었다.

일례로 도로공사에서 고속도로 휴게소 이용 실태 조사를 위한 대고객 서비스 만족도 조사를 실시한다고 가정하자. 조사의 목적은 고객들이 고속도로 휴게소를 이용하면서 불편한 점은 무엇인지 알아보는 것을 목적으로 휴게소 화장실의 복잡도, 주차 공간의 용이성, 휴게 공간의 적정성, 휴게소 메뉴의 맛과 질, 가격 등등의 요소들에 대해 고객의 만족도와 VOC(Voice of Customer, 고객의 목소리)를 조사하여 고속도로 휴게소 재계약 및 서비스 만족도 향상에 이용하려는 것이다.

이런 경우 우리는 무작정 일정 기간을 정해서 고객에게 설문을 실시할 수 없다.

고속도로 휴게소에서는 고객이 몰리는 기간인 연휴나 명절을 피하고, 붐비는 시간대를 피해서 설문 조사를 할 가능성이 높다. 또한 이런 형태의 설문 조사는 우리가 달성하고자 하는 목적에 별 도움이 되지 않고 조사 비용만 낭비하며 왜곡된 경영 정보를 전달할 위험도 있다.

만약 공사에서 설문 조사 진행을 휴게소에 위임했다면 휴게소 담당자의 입장에서는 고객 만족도가 상대적으로 높게 나올 시간을 택해서 설문을 실시해야 좋은 만족도를 얻는 것이 유리할 것이다. 그러나 생각해 보면 휴게실 화장실의 복잡도나 주차 공간의 용이성 등에 대해 고객이 체감하는 바와 불만 사항에 대해 어떠한 정보도 얻을 수 없게 된다. 즉, 원래 조사 목적인 서비스 품질 개선에 아무런 도움을 줄 수 없을 것이다.

위와 같은 오류에 빠지지 않기 위해서는……

표본 선정을 잘해야 한다. 앞서 살펴본 인터넷 이용 실태를 묻기 위해서는 모집단에 대한 특성을 알아보기 위한 표본을 선정하는 데 큰 틀을 정하고 이에 맞추어 자료를 수집해야 한다. 또한 고속도로 이용 실태 설문 조사에서 발생할 수 있는 문제처럼 아침과 저녁, 명절 성수기와 비수기에 따라 고객의 만족도가 다를 수 있다는 것을 파악하는 것이 중요하다. 고객 불만 차이가 있을 것으로 추측되는 시간대와 성수기, 비성수기를 나누어 자료를 수집하는 것이 바람직할 것이다. 그렇지 않고 '하반기 1회 1000개 샘플에 대해 설문 조사를 실시함'과 같은 기준으로 자료 수집을 실시하도록 휴게소에 지침을 내린다면 휴게소 담당자의 이해관계에 따라 수집자에게 가장 유리한 값을 얻을 수 있는 시간대나 담당자가 편리한 시간대에 데이터가 수집될 것이다. 그 결과로 무가치한 자료를 만들어내고 아무 의미도 찾지 못하는 헛수고를 하게 된다.
위의 사례들에서 공통적으로 발생한 오류는 어느 한쪽에서 많은 수의 표본을 선정하고 이를 전체의 의사로 일반화했다는 것이다.
즉, 응답자들을 동일하게 구분할 수 있는 기준을 먼저 조사하고, 이에 따라 층을 나누어 층별로 적정 수의 표본을 뽑아야 한다.

다양성 사이에서 효율적인 결론에 도달하는 것

'성급한 일반화의 오류'라는 것이 있다. 일부만을 보고 전체로 확대하여 결론을 내리는 것이다. 통계에 숨은 뜻을 잘 해석해 내지 못한다면 이와 같은 결론에 도달할 수 있는 위험을 내포하고 있다. 기업의 경영 활동에 있어서도 부서 간 이해관계에 따라 같은 데이터를 두고 서로에게 유리한 해석을 하기도 한다. 이는 마치 영화 '식스 센스'에서 이야기하는 것처럼 '보고자 하는 것만 믿는 것'에서 기인한다. 다양한 주장과 논리가 난무하는 요즘 "남들은 자신이 보고 싶은 것을 보려고 한다. 그러나 나는 보고 싶지 않은 것도 보려고 한다."고 하는 줄리어스 시저와 같이 다양성을 고려하는 사고가 필요하다.

조사를 잘 설계하여 표본 선정을 잘하고 수집된 자료를 통해 신규 사업 진출을 위한 여러 데이터를 얻었다고 하자. 시장 동향에 대한 기초라든지, 소비자 니즈 조사라든지, 시장 점유율 등등의 자료를 구했을 테고 이 자료들은 다양한 값을 가지고 있을 것이다. 소비자의 계층별로, 지역별로, 참여 주체별로 복잡하고 다양한 값이 변동을 가지며 우리 앞에 있을 것이다. 그렇다면 이 복잡하고 많은 양의 데이터를 어떻게 분석하고 의미를 해석해 낼 것인가?

자료를 그래프로 도식화하거나 다양한 값들에서 대푯값들을 찾아내어 그 값이 가지는 의미를 찾는 방법이 있다. 이때 특정한 상황에 대한 오용 사례를 통해 사용상의 주의가 따른다.

이러한 오류를 피하는 방법으로 우리는 평균값과 최빈값, 최솟값과 같은 통계의 대푯값들을 주의 깊게 해석할 필요가 있다.

미국의 일반 가구당 평균 가족 수는 3.6명이라고 한다. 이런 통계적 평균에 맞추어 건축업자들은 평균 가구에 해당하는 3~4명의 가족을 대상으로 하는 주택을 짓는다. 하지만 평균적인 가족 수에서 벗어나는 가족도 상당수에 달하고 있다. 통계에 의하면 미국에는 3인이나 4인 가족이 전체의 45%에 불과하고 1인이나 2인 가족이 35%, 그리고 5인 이상의 가족이 20%에 달한다고 한다. 건축업자들로서는 평균에 가까운 주택을 짓는 것이 분양에 더 유리할 수 있으나 과거 대량 생산 시대, 생산자 중심 시대에서 소량 다품종 시대, 소비자 중심 시대에서는 평균보다 개별에도 관심을 가져야 한다는 것을 말해 주고 있다. 평균은 대상들을 대표하는 요약 값일 뿐 모두 그 값을 가진다는 것은 아니기 때문이다. 통계학자들이 흔히 평균의 맹점을 꼬집을 때 "어떤 사람이 왼손은 영하 30도의 냉동고에 넣고, 오른손을 70도의 오븐에 넣었을 때 평균이 20도라고 해서 편안한 상태인가?"라는 예를 들고는 한다. 즉, 평균 이외에도 여러 대푯값들을 동시에 고려해야 한다는 것을 보여주는 예이다.

어느 중소기업의 한 해 1인당 교육비를 살펴보니 290만 원가량으로 나타났다. 우리나라의 근로자 1,000명 이하 중소기업의 평균과 비교하면 월등히 높은 수준이다. 그러나 실상을 살펴보면 우리가 상상하는 것처럼 임직원들이 충분한 교육을 받고 있는 것은 아니라는 것을 알 수 있다. 그 중소기업은 국내 모 저가 항공사로 7억 9천여만 원의 교육 투자비의 대다수인 약 7억 원이 조종사 교육 비용이며, 4천만 원이 정비사 교육 비용으로 지급되고 있었다. 즉, 조종사와 정비사를 제외한 일반 직원에게는 연간 8만원도 채 되지 않는 비용을 교육에 투자하고 있었던 것이다. 과연 1인당 교육비 평균값만으로 이 중소기업의 직원들이 충분히 교육을 받고 있다고 말할 수 있는지 잘 살펴보아야 할 것이다.

통계가 가진 맹점

통계에는 통계가 가진 맹점이라고 할 수 있는 것이 존재한다.

통계와 통계 분석을 그대로 적용시키기가 쉽지 않은 중요한 이유는 사회현상, 특히 경영 환경이 매우 복잡하기 때문이다. 우리의 통계적 지식이 예외 없이 발휘되기 위해서는 '수리적인 가설이 성립되는' 자료를 바탕으로 분석해야 한다. 그러나 실제 기업의 경영 현장에서 얻게 되는 자료는 '통계적 왜곡'이 발생할 수 있는 여지를 가지고 있는 것이 사실이다. 그래서 실제 업무 또는 현실의 문제를 판단하기 위해서는 통계 분석의 가정에 대해 검토하고 분석하는 것을 필요로 한다.

통계학의 기본 목적은 추론이다. 추론은 표본에서 얻은 정보를 기초로 모집단의 특성을 일반화시키는 것이다. 이것에는 분명히 불확실성이 내재되어 있다. 그래서 우리는 다시 한 번 통계를 통해 이러한 추론이 얼마나 정확한 것인지 표본에 기초한 추론의 신뢰도(reliability)를 계산했다.

그러나 가장 근본적인 것은 숫자를 통한 의사 결정 시, 숫자를 바르게 해석하는 통계적 사고와 경영에 대한 지식과 경험을 통한 분석력과 감각이 결합할 때 가장 훌륭한 의사 결정을 할 수 있을 것이다.

제 13 장

개선 도구 : 6시그마

제1절 6시그마의 역사
제2절 6시그마의 개념, 목표 및 특징
제3절 6시그마 로드맵
제4절 6시그마 프로세스
제5절 SIPOC를 이용한 DMAIC
제6절 6시그마와 다른 문제 해결 방법의 차이점

: 6시그마의 역사

6시그마(Six Sigma)는 프로세스에서 발생하는 문제를 추출하여 이를 해결한 후 다시 프로세스로 피드백해 주어 프로세스의 수준을 올리는 방법론이다. '프로세스의 개선 및 능력 확보를 통한 고객 만족 및 경영 수익 개선'의 도구로 개발된 6시그마는 1987년 모토롤라에서 시작되었다.

6시그마를 통해 품질 개선 성과를 얻은 모토롤라는 1988년 미국 정부에서 수여하는 말콤볼드리지 국가 품질상의 첫 번째 수상 기업이 되었다. 6시그마의 개발자인 해리 박사는 이후 모토롤라를 나와 Six Sigma Academy(SSA)를 설립하고 본격적으로 6시그마 컨설팅을 시작한다. 이후 모토롤라의 6시그마는 텍사스인스투르먼트, 얼라이드시그널, 아세안브라운보바리(ABB) 등으로 전파된다. 그리고 6시그마를 도입한 이들 기업은 모두 말콤볼드리지 국가 품질상을 수상했다.

이러한 다수 기업들의 성공 사례는 '6시그마 = 품질 개선의 베스트 프랙티스(BP)'라는 인상을 심어주게 된다. 보통 "6시그마의 시초는 모토롤라지만 꽃을 피운 것은 GE"라는 말을 한다. 이처럼 GE는 6시그마를 기존의 6시그마와는 다른 모습으로 확대 발전시켰다.

모토롤라의 6시그마와 GE의 6시그마를 비교해 보면 다음과 같다.

첫 번째로, 모토롤라가 6시그마를 개발, 실시하게 된 배경에는 일본 기업의 시장압박에 의한 생존의 위기감으로부터 출발하였다. 한편 GE가 6시그마를 도입한 배경은 모토롤라의 상황과 약간 다르다. GE는 당시에도 선두 기업(Leading Company)이었지만, 향후 미래에도 선두 기업으로서 영속적으로 성장하기 위한 목적으로 6시그마를 도입하였다.

두 번째로, 모토롤라의 6시그마는 품질 문제를 개선하고자 하는 품질 개선 방법론으로 개발되었다. 하지만 GE는 품질 개선에 그치지 않고 6시그마를 경영 혁신의 도구로 정의하고 확대 적용하였다. 즉, 모토롤라에서의 6시그마는 품질 개선 도구로 정의되었지만, GE에서의 6시그마는 경영 혁신 활동으로 정의된다. 따라서 모토롤라에서는 주로 제조 공정에서 Hidden Factory를 개선하는 용도로 6시그마를 활용하였으나, GE에서는 회사 전 부문에 걸쳐 총체적인 경영 프로세스를 대상으로 6시그마를 적용하였다. 모토롤라의 6시그마는 제조 공정에 산재해 있는 품질 문제들을 발굴, 이를 프로젝트화하여 보텀-업(Bottom-up) 방식으로 진행하였다. 하지만 GE는 6시그마를 경영 혁신 활동으로 정의하였으므로, 경영 수익과 관련된 이슈를 톱-다운(Top-down)으로 전개하여 이를 6시그마 프로젝트화하여 진행하였다.

: 6시그마의 개념, 목표 및 특징

6시그마의 개념

6시그마를 품질 수준에서 협의적으로 정의하면 100만 개당 3.4개의 불량품이 나오는 수준을 의미한다. 그러나 6시그마는 광의 개념으로 모든 업무에서 과학적 통계 기법을 적용하여 결함을 발생시키는 원인을 찾아 분석·개선하는 활동으로, 불량 감소, 수율 향상, 업무 사이클 타임(Cycle Time) 단축 및 고객 만족도 향상을 실현함으로써 경영 성과에 기여하는 경영 혁신 활동이라 할 수 있다. 여기서 모든 업무라 함은 고객에게 제공되는 제품 또는 서비스를 생산하는 제조 프로세스뿐만 아니라 경영 전반에 걸친 프로세스, 그리고 제품 및 서비스의 연구 개발까지를 모두 포함한다.

시그마는 산포, 즉 자료의 흩어져 있는 정도를 표현하는 통계학 용어이다. 산포가 적다는 것은 다음을 의미한다.

첫째, 기업이 제공하는 산출물의 수준이나 품질의 변동이 적다.

둘째, 산포가 적으면 예측 가능성을 높여준다.

셋째, 산포가 적다는 것은 높은 수준에서 관리되고 있다.

그리고 '시그마 수준'은 프로세스가 얼마나 잘 작동되고 있는지를 나타내는 통계적 척도이다.

산포와 시그마 수준은 역의 관계를 갖는다. 즉 산포가 커지면 시그마 수준은 낮아진다. 예를 들어 6시그마 수준에서 불량률(목표에 도달하지 못한 결과물)은 100만 개 중 3.4개(0.0004%)이지만, 3시그마 수준에서는 66,807개(6.6807%)이고, 1시그마 수준에서는 691,462개(69.1462%)이다.

이러한 개념을 정시 출근 여부에 적용해 보면 3시그마 수준에서는 1년(365일 기준)에 24.38일을 늦는다는 것이고, 1시그마 수준에서는 252일 정도를 늦는다는 것이다. 그러므로 이러한 시그마 개념을 적용하면 단위가 달라지더라도 통일된 계량치를 가지고 지표를 측정할 수 있게 된다.

〈시그마 수준과 불량률〉

시그마 수준	100만 개 중 불량품 개수 DPMO	불량률
1 시그마	691,462	69.1462
2 시그마	308,538	30.8538
3 시그마	66,807	6.6807
4 시그마	6210	0.621
5 시그마	233	0.0233
6 시그마	3.4	0.0004

6시그마의 목표

모토롤라가 처음 시작할 당시의 6시그마는 단순히 품질 문제를 해결하는 품질 개선 활동으로 인식되었으나, 이후 GE에 의해 수익성 향상 및 고객 만족도 제고를 위한 경영 혁신 운동으로 그 개념이 확대되었다. 따라서 지금은 단순히 프로젝트를 통해 품질 문제를 해결하는 차원으로부터 기업 문화를 바꾸는 경영 혁신 운동으로 그 개념이 확대되었다.

6시그마의 통계적 목표는 업무나 프로세스의 산포를 줄이고 프로세스의 중심을 정중앙에 위치하도록 하는 것이다. 예를 들어 회사에 매일 오전 8시까지 출근해야 한다. 버스와 지하철의 이용이 가능하다면 어느 교통편을 이용할 것인가? 직선 거리로 가는 버스는 평균 30분 걸리지만 도로 교통 사정에 따라 1시간이 걸리는 날도 있고, 지하철은 평균 45분 걸리지만 거의 일정하다. 이 경우 버스를 이용하면 산포가 커져서 지각하는 날이 생기게 된다. 그러므로 산포가 적은 지하철을 택하게 되는 것이다.

6시그마의 특징

기업의 체질과 문화를 근원적으로 혁신하고자 하는 6시그마는 크게 3가지의 특징을 가지고 있다. 바로 '고객 중심, 프로세스적 사고 방식, 체계적 접근 방식'이다.

첫째, '고객 중심'이라 함은 고객의 입장에서 고객이 생각하는 문제를 발굴·해결하고자 하는 것이다. 둘째, '프로세스적 사고 방식'이라 함은 기업의 경영 활동을 프로세스적인 관점으로 바라보는 것이다. 6시그마는 고객에게 고품질의 제품(또는 서비스)을 제공하기 위해 관련되는 모든 프로세스의 역량을 확보하고자 하는 활동이다. 따라서 프로세스적 사고방식하에서 모든 문제를 바라보고 해결하고자 하는 것이다. 셋째, '체계적 접근 방식'이라 함은 문제 해결을 위한 절차, 즉 로드맵이 체계적으로 구성되어 있다는 것이다.

이러한 3가지 특징에 대해 하나하나 살펴보도록 하겠다.

첫 번째로, 6시그마는 고객 관점에서 개선의 기회나 문제점을 정의하여 이를 프로젝트화한다.

왼쪽 사진은 스튜 레오나드(Stew Leonard's)라는 미국 식료품 회사의 정문에 세워진 'Policy Stone'이다.

이 돌에 새겨진 글귀의 내용을 살펴보면 다음과 같다.

우리의 신조
규칙 1 : 고객은 항상 옳다.
규칙 2 : 만약 고객이 옳지 않다면 규칙 1을 다시 읽어라.

어느 날 스튜 레오나드의 사장이 매장을 현장 순시하고 있었다. 그런데 달걀 코너에서 한 할머니 고객과 매장 책임자인 직원이 옥신각신 서로 다투고 있는 장면이 눈에 들어왔다. 그래서 사장은 즉각 그곳으로 가서 어떤 상황인지 파악하려고 각자의 주장하는 바를 들어보았다. 할머니 고객은 "며칠 전 여기서 달걀을 사서 보관해 두었다가 오늘 아침 먹으려고 보니 상해 있었다. 그것은 원래부터 상한 것이거나, 아니면 쉽게 상할 것을 판매한 매장 책임이니 새것으로 교환해 달라"고 주장했다. 이에 대해 매장 책임자는 "우리 회사의 물류 시스템이나 매장 관리 제도를 아무리 살펴보아도 여기서 그런 상품을 판매한다는 것은 도저히 있을 수 없다. 상한 것은 그 원인이 무엇이든 고객의 실수였을 것인 만큼 부당한 교환은 해줄 수 없다."고 반박했다.

두 사람의 얘기를 들은 사장은 회사의 비즈니스 프로세스 전반을 점검해 보았고 회사의 잘못은 없다는 결론을 얻었다. 그래서 그는 "회사에는 근본적인 과실이 발생할 소지가 없으나 고객이 원하시니 교환은 해드리겠다."고 말했다. 그러자 고객인 할머니는 "내가 이 매장을 좋아하기 때문에, 다시는 이런 실수가 없게 하려는 마음에서 12km나 달려와서 얘기했는데……. 내 눈에 흙이 들어가기 전에는 여기서 다시는 물건을 구매하는 일이 없을 거야."라는 말을 내뱉고는 둘러서서 구경하던 사람들을 헤치고 나갔다.

현장 순시를 마친 사장은 본사로 돌아가는 승용차 안에서 할머니 고객의 입장에서 생각해 보았다. 할머니는 자기가 좋아하는 매장이 더 발전하도록 피드백을 한 것인데, 해당 회사에서는 그 마음도 몰라주고 자신의 '정당한 권리' 주장을 '부당한 요구'로 받아들이면서, 마치 자신을 파렴치한으로 규정하는 듯한 매장 책임자와 사장의 대응에 불쾌감을 느끼지 않을 수 없었을 것이라는 생각이 들었다. 그러자 "여기서 다시는 구매하는 일이 없을 거야."라는 말이 커다란 메아리처럼 사장의 마음 속에서 울려 퍼졌다. 이와 같이 고객의 입장을 헤아려 보는 체험에 다다르자, 사장은 회사에 도착하는 즉시 'OUR POLICY(우리의 정책)'를 무게가 3톤이 넘는 커다란 화강암에 새겨 회사 정문 앞에 세웠다고 한다.

피터 드러커는 다음과 같이 말했다. "기업이 공장의 문을 닫거나 정리해고를 하는 것이 아니다. 그것은 고객들이 한다. 고객이 나팔을 불면 기업에 근무하는 모든 사람은 거기에 맞춰 춤을 추지 않으면 안 된다."

기업은 고객이 있기에 존재한다. 따라서 고객의 입장에서 문제점을 파악하고, 해결하고자 하는 사고가 중요하다.

두 번째로, 6시그마는 프로세스적 사고에 입각하여 개선 대상을 도출한다. 대개의 경우 기업은 경영 활동을 위해 기능(Function) 단위로 조직을 구성하여 업무를 수행하고 있다. 만일 문제가 발생하면, 관련 조직을 파악하여 문제를 해결하도록 할 것이다. 6시그마에서는 회사를 하나의 복잡하고 거대한 경영 프로세스로 생각한다. 즉, 시장의 동향과 협력 업체의 주문품을 입력(Input)하면 '마케팅 연구 개발 조달 생산 영업'의 프로세스를 거쳐 고객에게 제공될 완성품이 출력(Output)된다고 표현할 수 있다. 또한 각각의 기능별로 세부 프로세스를 표현할 수 있다. 이처럼 6시그마는 모든 문제를 프로세스로 표현하여 개선 대상을 결정하고자 하는 방식을 가지고 있다.

세 번째로, 6시그마는 과학적 · 객관적 · 논리적인 문제 해결 과정을 제공한다. 6시그마는 통계 분석 도구를 통해 문제를 과학적으로 분석하고자 한다. 여기서 중요한 것은 해당 문제와 관련된 고유 기술을 바탕으로 하여 통계 분석 기술이 지원되는 것이라는 점이다. 기존의 관련 고유 기술을 다 버리고 통계 분석 기술만 가지고 문제를 해결하고자 하는 것이 절대 아니다. 6시그마는 고유 기술만으로 해결할 수 없었던 문제를 통계 분석 기술과의 시너지를 통해 해결하고자 하는 것이다. 6시그마는 신뢰성 있는 데이터에 기반하여 객관적으로 의사 결정을 수행한다. 여기서도 마찬가지로, 담당자의 과거 경험을 고려하지 않는다는 뜻이 아니다. 담당자의 지식과 경험뿐만 아니라 신뢰성 있는 데이터를 바탕으로 종합적인 의사 결정이 필요하다.

: 6시그마 로드맵

6시그마는 논리적인 문제 해결을 위해 체계적인 문제 해결 로드맵을 제공한다. 6시그마에서의 문제 해결 방식은 프로세스를 통해 발굴된 문제를 통계적 문제로 변환한 후, 이를 통계적으로 개선한다. 이러한 통계적 해결안은 현실의 리스크를 고려하여 실질적 해결안으로 변환하게 된다. 이러한 과정을 체계적으로 진행하기 위해 6시그마는 문제 해결 로드맵을 제공한다. 다음 페이지의 그림은 6시그마의 문제 해결 로드맵 구성도이다.

경영 프로세스상에서 문제가 발견되면 이를 선택하여 문제의 핵심이 어디에 있는지를 정의(Define)하게 된다. 만일 문제 해결을 위해 새로운 프로세스를 도입해야 한다면 Yes로, 기존 프로세스를 변경 또는 개선하고자 한다면 No로 이동한다. 기존 프로세스의 개선으로 방향을 결정했다면 현재의 프로세스의 능력을 측정(Measure)하고, 문제에 대한 해당 프로세스의 분석(Analyze)을 통해 핵심 원인을 파악한다. 도출된 핵심 원인의 개선을 위해 새로운 프로세스를 도입해야 한다면 Yes로, 기존 프로세스를 변경 또는 개선하고자 한다면 No로 이동한다. 기존 프로세스의 개선으로 방향을 결정했다면 핵심 원인의 개선(Improve)을 통해 프로세스의 능력을 향상시킨다. 향상된 프로세스의 능력은 지속적으로 관리(Control)되어야 한다.

〈6시그마 로드맵〉

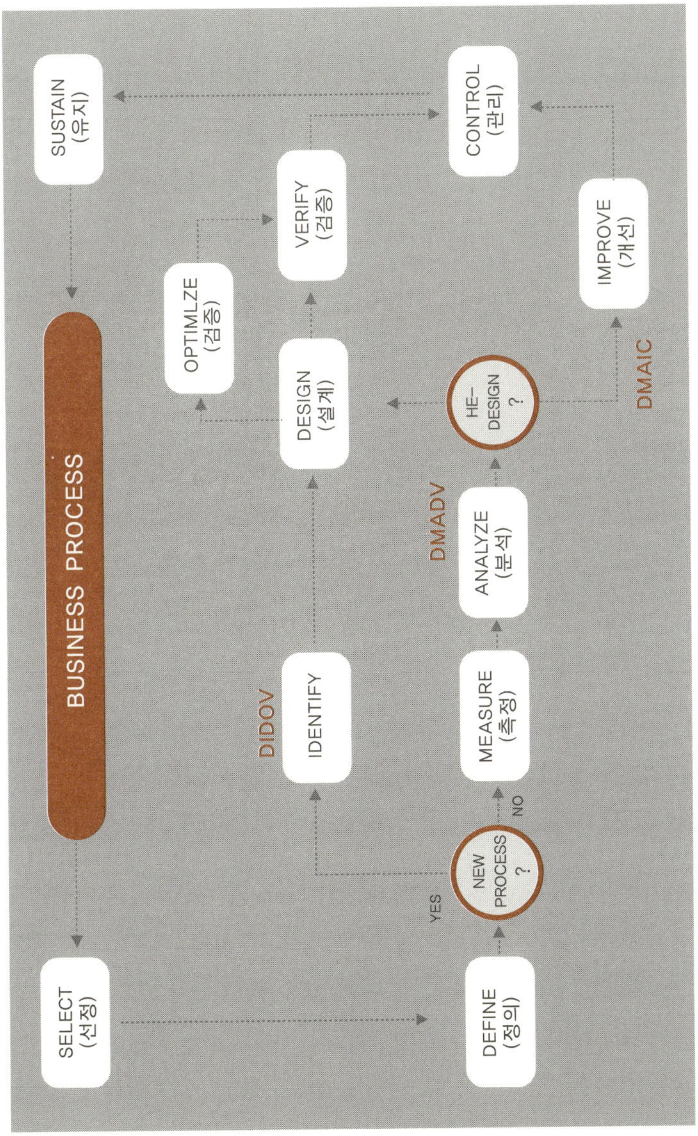
BUSINESS PROCESS
SELECT
(선정)
SUSTAIN
(유지)
DEFINE
(정의)
NEW
PROCESS
?
YES
NO
DIDOV
IDENTIFY
DESIGN
(설계)
OPTIMLZE
(검증)
VERIFY
(검증)
CONTROL
(관리)
MEASURE
(측정)
ANALYZE
(분석)
DMADV
HE-
DESIGN
?
IMPROVE
(개선)
DMAIC

6시그마 프로세스

문제 해결 절차는 흔히 DMAIC, DMADV, DIDOV의 3가지로 구분할 수 있다. 하지만 이들이 독립적으로 존재하는 것이 아니라 문제 해결을 위해 유기적으로 연결되어 있음을 알 수 있다. 본 과정에서는 DMAIC 로드맵, 즉 'Define(정의) → Measure(측정) → Analyze(분석) → Improve(개선) → Control(관리)' 을 위주로 설명하게 된다. DMAIC 프로세스를 살펴보면 다음과 같다.

〈DMAIC 프로세스〉

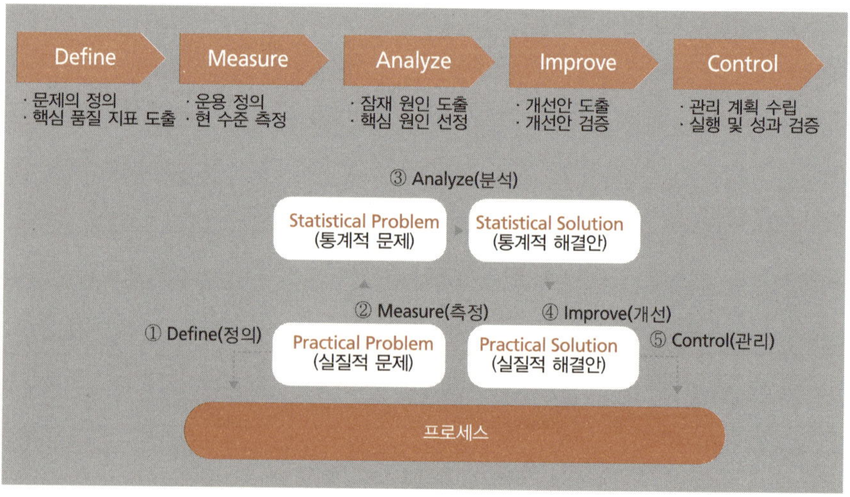

- 정의(Define)는 6시그마 문제를 정의하는 단계이다. 고객의 관점에서 문제를 정의하고 문제의 핵심, 즉 핵심 품질 지표를 찾아낸다. 6시그마에서는 핵심 품질 지표를 CTQ(Critical To Quality)라고 부른다.
- 측정(Measure)은 CTQ의 현 수준을 측정한다. 먼저 CTQ의 개념 및 측정 기준, 평가 기준 등을 정의한다. 이것을 운용 정의라고 한다. 그 다음으로 운용 정의에 따라 현 품질 수준을 측정한다.
- 분석(Analyze)은 CTQ에 영향을 주는 원인을 분석한다. 먼저 예상 가능한 잠재 원인들을 모두 도출한 후, 데이터 분석을 통해 핵심 원인을 선정하게 된다. 이러한 핵심 원인을 Vital Few Xs라고 한다.
- 개선(Improve)은 Vital Few Xs에 대한 개선안을 수립하고 검증 작업을 실시한다.
- 관리(Contro)는 개선안을 현장에 적용하여 지속적으로 관리하고, 성과를 확인한다.

이러한 DMAIC 과정은 실질적 문제를 통계적 문제로 변환한 후, 이를 통계적으로 개선해 다시 실질적 해결안으로 변환하는 과정을 구체화한 것이다.

: SIPOC를 이용한 DMAIC

DMAIC 프로세스의 각 단계를 SIPOC를 이용하여 살펴보자. SIPOC는 업무 프로세스의 흐름에 따라 진행하지만 사고는 고객의 관점을 유지하는 것을 보여준다. 프로세스의 아웃풋은 고객의 요구 사항을 반영하는 데 의미가 있으며, 프로세스의 인풋은 프로세스의 요구 사항을 반영해야만 한다는 것이다.

〈6시그마 로드맵 – DMAIC 로드맵(1) : Define〉

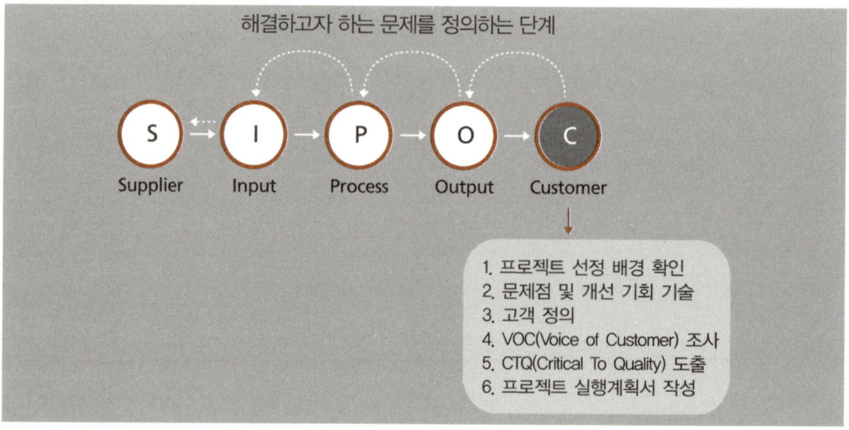

DMAIC 로드맵의 첫 번째 단계는 정의(Define)로 해결하고자 하는 문제를 정의한다. 그림에서 보는 바와 같이 프로세스를 Supplier–Input–Process–Output–Customer로 표현할 경우, 정의 단계는 주로 고객과 관계된 영역이다. Define 단계에서는 먼저 프로젝트 선정 배경을 확인하고, 문제점 및 개선 기회를 기술한다. 그런 다음 대상 고객을 정의하고 고객의 요구 사항(VOC, Voice Of Customer)을 조사한다. VOC로부터 문제의 핵심이 되는 CTQ(Critical To Quality)를 도출한다. 마지막으로 프로젝트 실행 계획서를 작성하여 챔피언에게 보고한 후 프로젝트를 시작한다.

〈관련 프로세스 성능에 대한 현 수준을 측정하는 단계〉

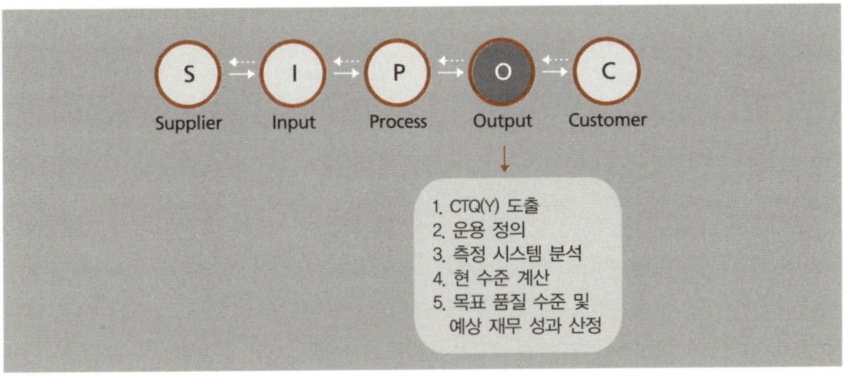

DMAIC 로드맵의 두 번째 단계는 측정(Measure)으로 관련 프로세스 성능에 대한 현 수준을 측정한다. 그림에서 보는 바와 같이 프로세스를 Supplier – Input – Process – Output – Customer로 표현할 경우 측정 단계는 주로 Output과 관계된 영역이다. 측정 단계에서는 먼저 CTQ를 측정할 수 있는 지표를 정의한다. 이것을 CTQY라고 한다. 그런 다음 CTQY의 개념 및 측정 방법, 판정 기준들을 명시한 운용 정의를 실시한다. CTQY를 측정하는 데 있어서 계측기가 사용된다면 측정 시스템 분석을 실시하여 측정 신뢰도를 먼저 확보한다. 이것은 신뢰성 있는 데이터를 확보하기 위한 활동이다. 측정 신뢰도가 확보되면, 운용 정의에 의거해 데이터를 수집하고 프로세스의 성능을 계산한다. 마지막으로 목표 품질 수준을 설정하고, 이에 따른 예상 재무 성과를 기술한다.

〈관련 프로세스 성능에 영향을 미치는 원인 인자를 분석하는 단계〉

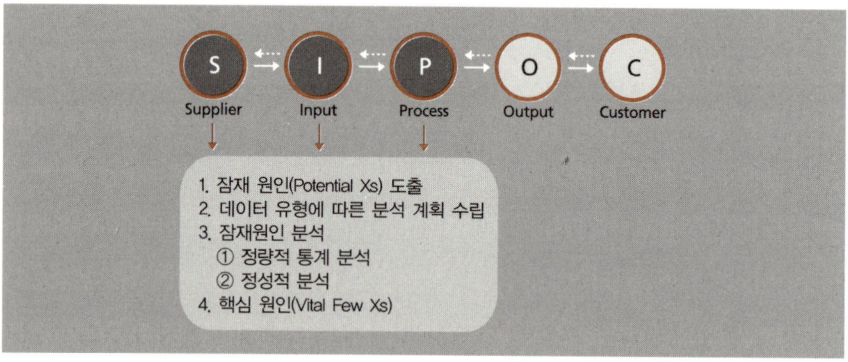

DMAIC 로드맵의 세 번째 단계는 분석(Analyze)으로 관련 프로세스 성능에 영향을 미치는 원인 인자를 분석한다. 그림에서 보는 바와 같이 프로세스를 Supplier - Input - Process - Output - Customer로 표현할 경우 분석 단계는 주로 Supplier - Input - Process와 관계된 영역이다. 분석 단계에서는 관련 프로세스 성능에 영향을 미치는 잠재 원인을 도출한다. 이것을 잠재 원인(Potential Xs)이라 부르는데 이것은 담당자들의 경험과 관련 자료를 통해 도출한다. 그런 다음 잠재 원인들의 데이터 확보가 가능한지 여부를 판단하고, 데이터 유형에 따른 분석 계획을 수립한다. 데이터 확보가 가능한 경우에는 데이터에 의한 정량적 통계 분석을 통해 잠재 원인을 분석하게 된다. 데이터 확보가 불가능한 경우에는 벤치마킹, 전문가 의견 등의 정성적 분석을 통해 잠재 원인을 분석한다. 마지막으로 분석한 결과를 바탕으로 핵심 원인을 선정한다. 이것을 핵심 원인(Vital Few Xs)이라고 한다.

〈핵심 원인에 대한 개선안 도출을 통해 관련 프로세스 성능을 개선하는 단계〉

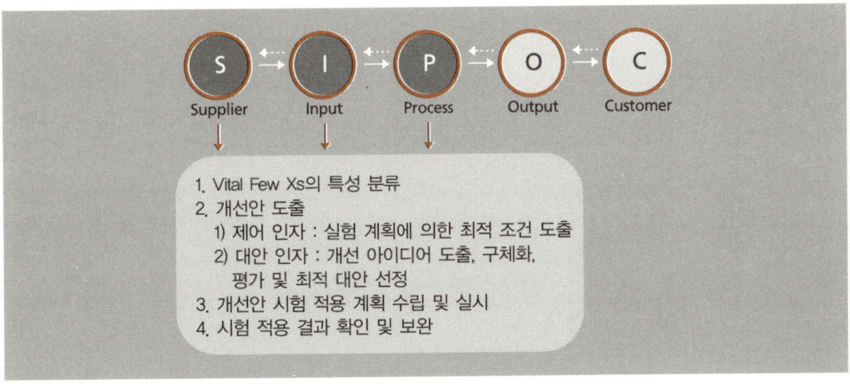

DMAIC 로드맵의 네 번째 단계는 개선(Improve)으로, 핵심 원인에 대한 개선안 도출을 통해 관련 프로세스 성능을 개선한다. 그림에서 보는 바와 같이 프로세스를 Supplier - Input - Process - Output - Customer로 표현할 경우 개선 단계는 주로 Supplier - Input - Process와 관계된 영역이다. 개선 단계에서는 분석 단계에서 도출한 핵심 원인(Vital Few Xs)의 특성을 분류한다. 여기서 특성 분류란 실험을 통해 최적 조건을 구할 것이냐, 아니면 개선안을 도출·선정하여 최적 대안을 구할 것이냐에 대한 것이다. 실험을 통해 최적 조건을 구하는 Vital Few Xs를 '제어 인자', 개선안을 도출·선정하여 최적 대안을 구하는 Vital Few Xs를 '대안 인자'라고 부른다. 그런 다음 특성 분류에 따라 개선안을 도출한다. 제어 인자로 분류된 Vital Few Xs는 실험 계획에 의해 최적 조건을 도출하게 된다. 대안 인자로 분류된 Vital Few Xs는 개선 아이디어를 도출 → 구체화 → 평가한 후 최종적으로 최적 대안을 선정하게 된다. 마지막으로 도출된 개선안은 적용 계획을 수립한 후 시험 적용을 통해 개선안의 유효성을 검증한다.

〈개선된 프로세스 성능을 지속적으로 유지·관리하는 단계〉

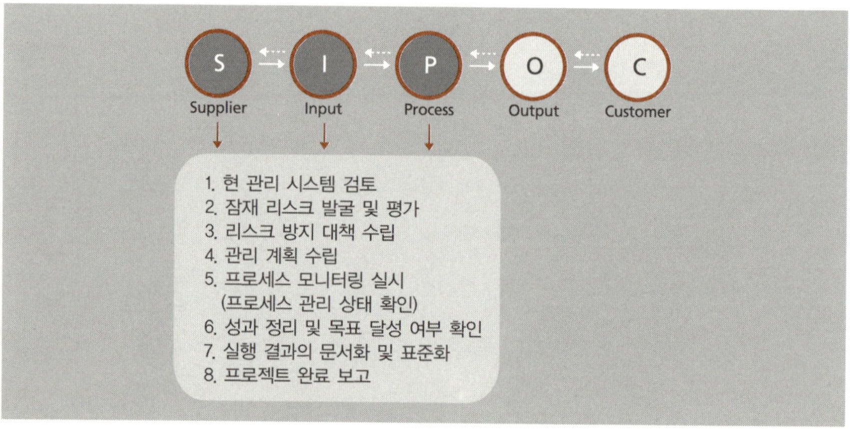

DMAIC 로드맵의 다섯 번째 단계는 관리(Control)로, 개선된 프로세스 성능을 지속적으로 유지·관리한다. 그림에서 보는 바와 같이 프로세스를 Supplier-Input-Process-Output-Customer로 표현할 경우 관리 단계는 주로 Supplier-Input-Process와 관계된 영역이다. 관리 단계에서는 먼저 현재의 관리 시스템을 검토하여 개선 단계에서 도출한 개선안을 현장에 적용할 때에 발생할 수 있는 리스크가 존재하는지를 확인한다. 예상되는 잠재 리스크들을 모두 발굴하여 우선순위를 평가한 후 리스크 방지 대책을 수립한다. 이러한 결과를 바탕으로 관리 계획을 수립하고, 프로세스 모니터링을 실시하여 개선안 적용 시의 프로세스 관리 상태를 확인한다. 프로세스에 이상 없이 개선안이 정상적으로 적용되고 있음을 확인한 후에는 성과를 정리하고 목표 달성 여부를 확인한다. 그런 다음 실행 결과를 문서화 및 표준화한 후 최종적으로 프로젝트 완료 보고를 실시하고 프로젝트를 종료한다.

〈통상의 문제 해결과 통계적 방법과 6시그마 방법론의 비교〉

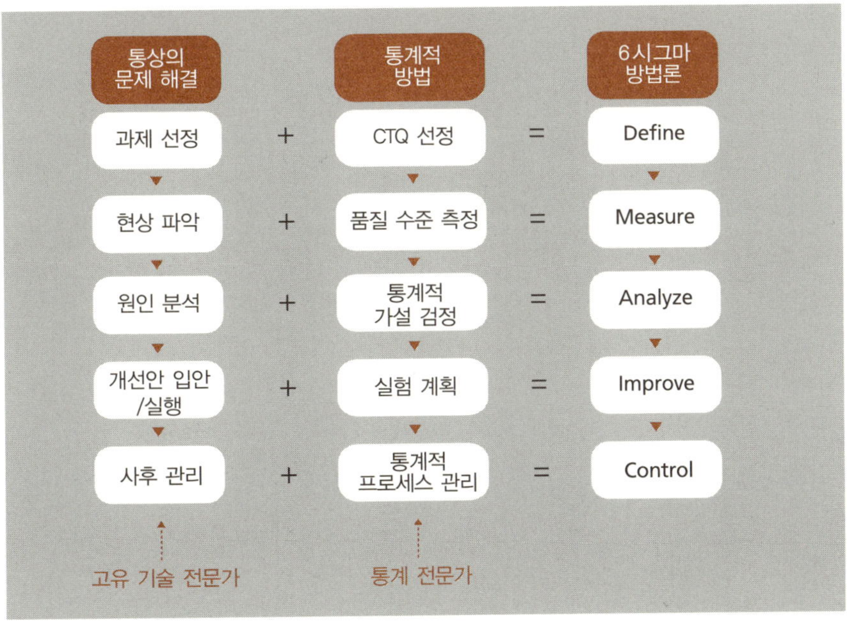

: 6시그마와 다른 문제 해결 방법의 차이점

그렇다면 6시그마는 통상의 문제 해결 방법과 무엇이 다를까?

통상의 문제 해결 방법은 과제를 선정하고, 현상을 파악한 후, 원인 분석을 실시한다. 이를 바탕으로 개선안을 입안 · 실행하고 사후 관리에 들어간다. 이러한 과정은 고유 기술 전문가의 전문 지식과 경험에 의해 이루어진다. 한편 6시그마는 이러한 고유 기술에 통계적 분석 기술을 접목하여 보다 객관적인 의사 결정을 지원한다. 즉, 과제 선정 시 과제의 핵심이라 할 수 있는 CTQ를 선정한다. 이것은 개선의 대상을 명확하게 정의하는 것이다.

현상 파악 시 품질 수준을 측정한다. 이것은 현재 상태를 명확하게 파악하고, 목표값과의 Gap 분석을 통해 문제의 난이도를 파악할 수 있게 한다. 원인 분석 시에는 신뢰성 있는 데이터에 근거한 통계 분석을 수행한다. 이것은 CTQY와 원인 인자 X와 관계를 객관적으로 파악할 수 있도록 한다. 개선안 입안 · 실행 시에는 실험 계획을 통해 최적의 해를 도출한다. 사후 관리 시에는 통계 기법을 활용하여 공정을 관리함으로써 일시적인 개선에 그치지 않도록 한다.

이렇듯 6시그마는 고유 기술을 기반으로 통계적 분석 기술을 활용하여 보다 과학적, 객관적, 논리적으로 문제를 해결하도록 지원한다.

M E M O

제 4 부

전략적 숫자 경영의 사례

제 14 장 한국도로공사의 전략적 숫자 경영 사례

Strategic Management By Numbers

"기업의 측정 기술 수준이 바로 그 기업의 기술 수준이다."

– 다구치 겐이치

"모든 것은 수치로 정량화할 수 있다는 것이 MBA 교육 과정의 출발점이다."

– 안철수

M E M O

제 14 장

한국도로공사의 전략적 숫자 경영 사례

제1절 계획 단계 - 전략 개발, 목표 및 지표 설정
제2절 실행, 모니터링, 분석, 대응
제3절 성과 평가와 보상

: 계획 단계 – 전략 개발, 목표 및 지표 설정

숫자 경영은 계량적 접근을 통해 전략의 구체적 실행을 돕는 경영 기법이다. 계량화를 통해 전략을 관리하는 전체 프로세스를 보다 명확하게 하고 전략적 지향점과 달성 수준을 모든 구성원 앞에 가시화하여 보여줌으로써 성과 달성을 위한 동기 부여를 할 수 있다.

앞 장들에서는 숫자 경영의 기반 사고와 도구, 실행을 위한 프로세스에 대한 이론적 고찰을 위주로 다루었다면, 여기에서는 숫자 경영의 이론적 프로세스가 실제 경영 현장에서 어떻게 구체화 되어 적용되었는지 한국도로공사의 사례를 통해 살펴본다.

전략 개발

숫자 경영에서 전략 개발은 구체적으로 미션, 비전 등으로 구성되는 가치 체계 정립과 그 가치 체계에 기반을 두고 기업 환경 분석을 종합하여 전략적 방향성을 설정하는 것으로 구성된다.

1. 가치 체계의 정립: 미션과 비전의 설정

기업의 전략 도출은 다음의 세 가지 전략적 질문에 대한 답이라고 할 수 있다.

- 우리는 누구인가? 우리 산업의 테두리는 무엇인가?
- 우리가 아무런 변화를 하지 않고 지금 이대로 계속해 나간다면 내년에, 5년 후에, 혹은 10년 후에 우리는 어디에 있을 것인가? 그때 우리의 모습을 어떨 것인가? 괜찮을 것인가?
- 만약 위의 질문에 대한 대답이 '아니오'라면 우리는 어떻게 변해야 할까? 그렇게 변하기 위해서 우리는 무엇을 어떻게 해야만 하는가? (Top을 위한 전략 경영 2.7, 김언수 pp.19~21)

결국 전략의 출발점은 우리는 누구인가, 무엇을 위하여 존재하는가에 대한 당위적 질문, 명분에 대한 답이다. 즉 기업의 미션, 기업 이념은 회사가 생존하는 한 어떤 사람을 영위하더라도 절대 변하지 않는 최고의 목적 내지 가치가 된다. 이러한 조직의 가치 체계는 조직의 방향을 설정하는 기준으로 작용한다. 한국도로공사의 가치 체계는 미션-비전-핵심 가치-경영 철학으로 구체화되어 정립되었다.

기업 이념

"우리는 길을 열어 사람과 문화를 연결하고 새로운 세상을 넓혀간다."

한국도로공사법은 제1조에서 공사의 설립 목적을 "도로의 설치, 관리와 그 밖에 이와 관련된 사업을 함으로써 도로의 정비를 촉진하고 도로 교통의 발달에 이바지한다."로 규정하고 있다. 공사의 기업 이념은 이를 근간으로 하여 작성되었다. 구체적으로 사업 영역을 '길'이라고 표현하여 포괄성을 부여하고 조직 구성원들의 업무에 중요성을 부과하고 상상력을 자극하는 상징적 문구를 사용하고 있다.

비전

"우리는 보유 자산과 전문성을 축적하여 최상의 도로 관련 서비스를 제공하는 으뜸 국민 기업이 된다. 이를 위하여 미래 지향적인 인재를 존중하고, 차별화된 기술을 창출하며 지속적으로 사업 구조를 혁신한다."

비전에는 공사의 최종 목표인 "으뜸 국민 기업 : 국민에게 사랑받는 행복, 기쁨을 주는 기업"을 포함하며, 이를 위하여 필요한 전략적 방향성으로 미래 지향적~사업 구조 혁신을 함께 내포하고 있다. 현재 공사의 비전은 2003년에 수립된 것이다.

핵심 가치

핵심 가치란 조직의 미션, 비전을 달성하기 위해 구성원들이 공유해야 할 가치이며 조직의 지속적 성장을 가능하게 하는 성공 DNA 역할을 한다. 한국도로공사는 다음의 4가지를 핵심 가치로 선정하고 있다.

행복의 길 우리가 만들어 가는 고객 행복
고객 중심의 마인드로 언제나 고객을 웃음짓게 하는 행복의 길을 갑니다.

믿음의 길 우리가 만들어 가는 열린 기업
서로 믿고 협력하는 조직 문화와 투명 경영을 통해 믿음의 길을 갑니다.

최고의 길 우리가 만들어 가는 으뜸 기업
맡은 분야에서 최고의 전문성을 길러 으뜸 기업으로 향하는 최고의 길을 갑니다.

변화의 길 우리가 만들어 가는 밝은 미래
창조적 사고와 열린 마음으로 새로운 미래 가치를 만들어 가는 변화의 길을 갑니다.

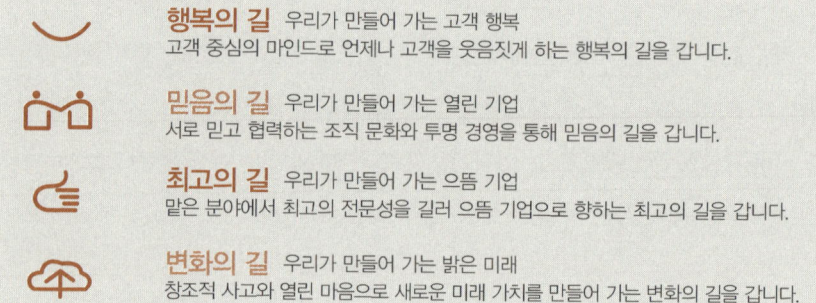

경영 철학

한국도로공사의 경영 철학은 사장의 경영 방침으로 '섬김 경영', '숫자 경영', '윤리 경영'을 표방하고 있다.

- 섬김 경영 : 한국도로공사의 존재 이유인 국민의 삶의 질을 높이기 위해 빠르고, 편하고, 안전한 고속도로 편의를 제공함은 물론 국민을 섬기는 자세로 일하는 경영. 기업의 생존을 결정하는 고객을 경영 활동의 최우선으로 설정하고 빠르게 변화하는 기대와 욕구의 충족과 미래의 고객 잠재 가치를 창출하는 경영.
- 숫자 경영 : 원가 절감, 수익성 제고, 고객 만족도 향상과 같은 추상적인 목표를 지양하고 구체적인 숫자로 경영 목표를 설정하여 가시적인 성과를 창출하는 경영. 조직의 리더가 구성원에게 명확한 목표와 역할을 부여하고 개인의 업무 몰입도를 높이는 경영.
- 윤리 경영 : 기업 경영 및 활동에 있어서 윤리를 최우선 가치로 생각하며 모든 업무 활동의 기준을 윤리 규범에 두고 투명하고 공정하며 합리적인 경영을 수행하는 것. 경제적, 법적, 사회적 책임을 다함으로써 고객, 협력 회사, 주주, 지역 사회 등 모든 이해관계자와 함께 성장과 발전을 추구하는 경영.

〈한국도로공사의 가치 체계도〉

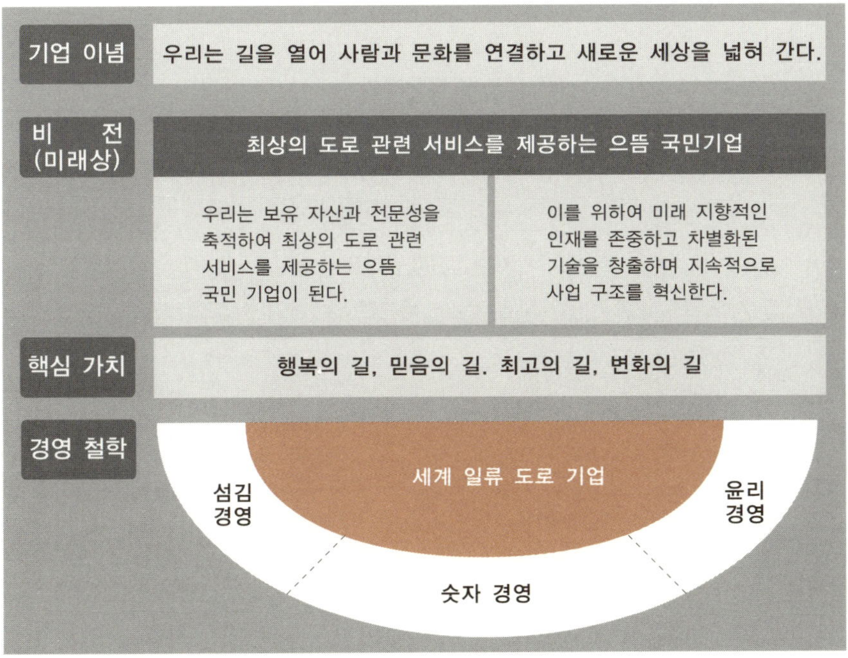

2. 전략 방향의 설정

기업의 전략적 방향 설정은 기업을 둘러싼 경영 환경과 기업 내부의 역량 분석에서 시작한다. 앞에서 제시한 숫자 경영의 프로세스를 기준으로 한국도로공사의 전략 방향 도출을 살펴보자.

〈전략 방향 설정 프로세스〉

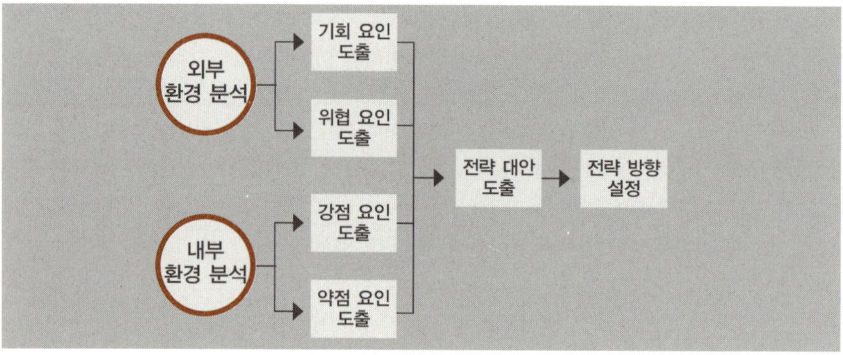

먼저 외부 환경 분석이다. 외부 환경 분석에는 거시 환경 분석, 산업 환경 분석, 산업 구조 분석(5 Forces Analysis : 경쟁자 분석, 고객 분석, 공급자 분석 등)이 쓰인다.

〈환경 분석 예시〉

구분	외부 여건	내부 여건(역량)
경제 환경	미국 금융 위기의 확산 세계 경기 침체	재원 조달의 불확실성 증가 절대적 부채 규모로 인한 리스크 상존
고객 환경	경기 침체로 인한 소비 위축 고객 욕구의 다양화·고급화	이용 차량 감소, 통행료 감면 확대 고품질의 도로 서비스 강화
정책 환경	'큰 시장, 작은 정부' 녹색 뉴딜 정책	공기업 선진화, 경영 효율 10% 향상 친환경, 저탄소 녹색 고속도로 실현
산업 구조	공공요금 인상 억제 철도, 민자 도로 경쟁 강화	통행료 위주의 취약한 사업 구조 교통수단 간 연계 체계 강화

〈전략 대안 도출〉

전략 대안 도출			전략 방향 설정
SWOT 분석 (내부 환경 / 외부 환경)	강점(S)	약점(W)	
	■ 준 독점형 수익 구조 ■ 대체 수단 대비 신속, 편리 ■ 민자 대비 통행료 등 저렴 ■ 재무 구조가 건전함 ■ 건설, 유지, 교통에 핵심 역량	■ 취약한 수익 구조 ■ 조직 내 기능 중복 문제 ■ 평균 연령이 높고 퇴직, 채용 수급 불균형 ■ 경영 일관성 부족	• 세계 최고의 도로 교통 편익 • 일류 기업 수준의 재무 안정성 • 경영 시스템 선진화 • 미래 역량 기반 강화
기회(O) ■ 저탄소 녹색 성장 ■ 경기 부양 SOC 증대 ■ 정부 차원 해외 투자 활성화 ■ 공기업 선진화를 위한 기능 조정	SO ■ 건설, 유지, 교통 효율화 ■ 역량에 맞는 해외 진출 ■ 선진화로 경영 효율화 ■ 역량에 맞는 녹색 성장 사업	WO ■ 해외 사업 등 수입 다변화 ■ 단순 반복 업무 아웃소싱 ■ SOC 고려 인력 불균형 해소 ■ 휴게소 등 수익 강화	
위협(T) ■ 민자 도로 시장 점유 증대 ■ 통행료가 비싸다고 고객 인식 ■ 유동성 위기 발생 가능 ■ 선진화로 기능, 인력 조정 ■ 공공 요금 인상 억제 ■ 정부 주도 개혁(타율성)	ST ■ 민자 대비 경쟁 우위 확보 ■ 핵심 역량 위주 조직 개편 ■ 저렴한 통행료 대국민 홍보 ■ 도로 환경 전문가 양성	WT ■ 유동성 등 재무 위험 관리 ■ SOC 투자 재무 건전성 검토 ■ 선진화로 조직 문화 침체 대비 ■ 선진화를 효율화 기회로	

분석을 바탕으로 전략 수립에 반영할 환경적 요소를 도출한다. 내부 여건 분석에서는 사업 구조의 변화 가능성, 재무 · 인력 구조 변화 방향을 도출한다. 내외부 경영 여건 분석과 내부 역량 분석을 바탕으로 기회, 위협, 강점, 약점 요인을 도출하여 전략 대안을 수립하고 구체적 전략 방향을 설정한다.

비전·전략 목표의 설정

숫자 경영의 두 번째 프로세스는 전략에 따른 세부 목표를 설정하는 단계이다. 앞서 목표는 조직이 구체적으로 달성해야 하는 목표를 의미하며, 숫자 경영에서 지향하는 목표는 구체적이고 계량적인 목표여야 한다고 말한 바 있다. 특히 공기업과 같이 측정하기 어려운 가치 요소가 많은 부문에서는 되도록 비계량적 요소를 줄이고 정성적 목표라 할지라도 구체적으로 상세히 정의해야 한다.

〈계량화된 비전 목표〉

비전 목표(7개)	계량화된 비전 목표(2013년)
1. 보유 자산 축적	고속도로 4000km 건설
2. 전문성 축적	지적 재산권 400건 보유, 전문 인력 20% 보유
3. 최상의 도로 관련 서비스 제공	30분 이내 고속도로 접근
4. 으뜸 국민 기업	국내 기업 중 고객 만족도 1위, 청렴도 1위
…	…

한국도로공사는 장문의 비전을 사용하고 있어 구성원들이 쉽게 공유하기 어려운 면이 있다. 때문에 비전을 계량화한 수치로 표현한 비전 목표를 별도로 수립하여 환경 변화에 따라 수정·운영한다. 계량화하여 비전 목표를 작성하면 비전과 전략과의 연계성을 더욱 높일 수 있다.

최종 목표를 성공적으로 달성하기 위해서는 목표에 대한 단계별 계획 수립과 단계별 목표에 대한 세부적 점검이 필요하다. 점검은 전략의 수정, 실행 방법의 변화 등을 포함한다. 한국도로공사는 내외부의 환경 변화에 대처하고 전략적 우선순위에 따라 합리적 의사 결정과 자원 배분을 통해 비전 목표(2013년)를 성공적으로 달성하기 위하여 중기 전략 목표를 별도로 수립해 수정 운영한다. 현재 전략 목표는 공사의 환경 변화에 맞추어 2008년 수정 수립된 것으로 3개년(2011년) 동안의 전략 목표에 해당한다.

〈4대 전략 목표(2011년)〉

세계 최고의 도로 교통 편익	일류 기업 수준의 재무 안정성	경영 시스템 선진화	미래 역량 기반 강화
· 고속도로 3,623km · 하이패스 이용률 65% · 공기업 고객 만족도 1위	· 통행료 수입 3조원 달성 · 이자 보상 비율 121% · 신용 등급 AAA 유지 · 부대 사업 수입 7%	· 공기업 경영 평가 1위 · 인당 관리 연장 0.913Km (일본 수준)	· 전문가 비율 10% 이상 · 지적재산권 410건 이상

전략 체계란 미래상(비전), 경영 방침, 전략 목표, 전사 전략의 구조적 결합물이다. 따라서 비전을 달성하기 위한 전략의 연계도라고 할 수 있다. 비전 달성을 위한 세부 전략을 수립, 수정할 때는 기관의 특성, 고객의 니즈를 반영하되 비전과 핵심 가치 및 경영 방침의 전략적 연계성에 초점을 두어야 한다. 이를 통해 경영 방향의 일관성을 유지하고 구성원이 공유하도록 함으로써 확산 효과를 높여 전략 실행력을 높일 수 있기 때문이다.

〈한국도로공사의 비전 가치 및 경영 방침의 전략적 연계〉

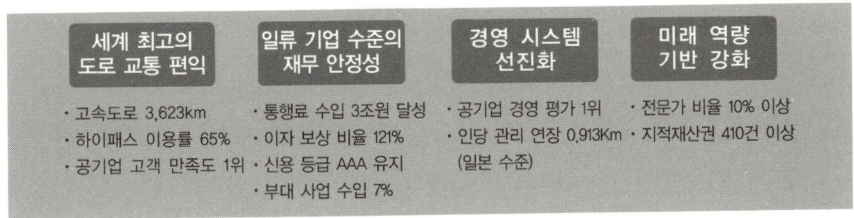

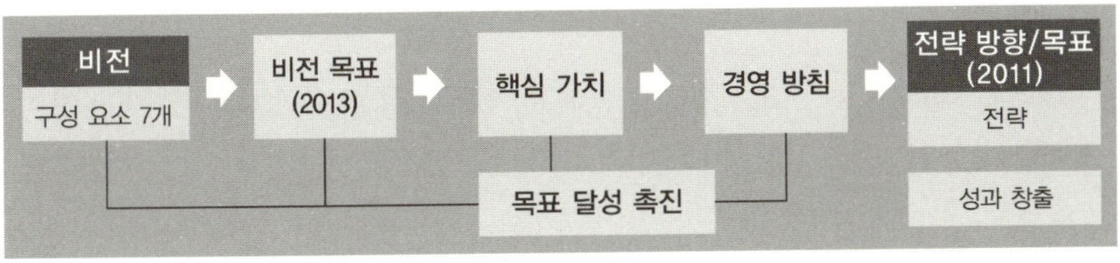

한국도로공사의 전략은 BSC의 4가지 균형 관점에서 도출되었으며 이를 바탕으로 다음과 같이 전략 맵을 구성하고 있다. 전략 맵은 비전과 중장기 전략의 인과 관계 분석을 통해 전략의 방향성과 정렬성을 확보하여 비전 구현을 위한 구성원들의 참여와 역량을 결집시킬 수 있도록 하였다.

전략 맵의 각 관점은 다음과 같은 의미를 지닌다.

미래 관점

미래 관점은 말 그대로 조직의 비전 달성을 위해 미래 지향적으로 준비해야 하는 기본적인 내용이다. 공사의 미션과 비전 달성을 위해서는 지식 기반 기술의 경쟁력을 강화하고 성과 중심 조직 문화를 반드시 갖추어야 한다는 것이다. 이러한 조직 운영의 기반이 되는 요소들이 준비되지 못하면 효율적 자원의 투입이나 재무 관점의 아웃풋이 제대로 나타나지 않을 것이다. 따라서 조직 구성원에 대한 지속적인 교육 훈련을 시행하고 구성원들 개개인은 맡은 직무의 고도화를 위한 기술 개발에 증진하여야 한다. 또한 성과 중심의 조직 문화는 숫자 경영 사고와 동일한 것이다. 계량화되고 수치화된 자료를 기반으로 성과를 측정하고, 성과가 낮다면 대책을 수립하고 성과가 목표보다 높다면 성공 요인을 분석하여 지속적인 성과 재현의 도구로 활용하여야 한다. 이러한 성과 중심의 조직 문화가 있어야만 한국도로공사의 경쟁력이 확보될 것이다.

활동 관점

활동 관점은 자원 투입에 따르는 효율성 향상에 대한 부분이다. 특히 경영 시스템의 선진화가 화두이다. 따라서 두 가지 측면이 강조된다. 하나는 투입 측면의 효율성 향상이고, 나머지 하나는 투입에 따르는 산출의 효율성이다. 비용을

〈한국도로공사 BSC 체계도〉

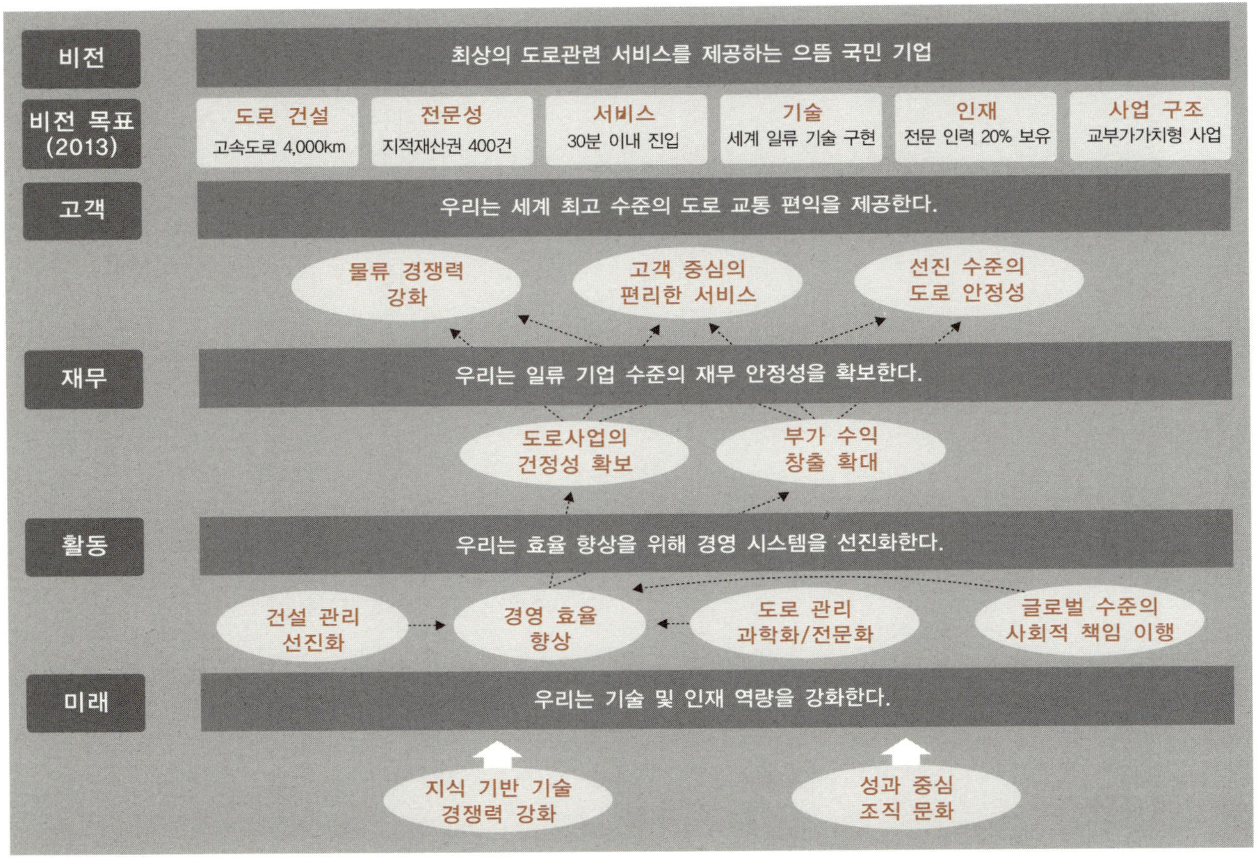

줄이거나 비용의 증가를 억제하면서 효과성과 효율성이 있는 산출물이 나오는 시스템이 필요한 것이다. 이러한 활동 관점의 성공 요인은 한국도로공사의 전체 영역에서 나타나는 것이므로 구성원들은 항상 효율성 확보에 매진하여야 한다.

재무 관점

재무 관점은 한국도로공사의 사업 수행 결과로 나타나는 기업 성적에 대한 부분이다. 주 사업인 도로 사업의 재무적 건전성과 부가 사업을 통한 부가 수익의 창출 확대가 주요 내용이다. 따라서 재무 관점은 활동 관점의 결과 지표들로 구성된다. 좋은 활동이 없이는 좋은 재무적 성과를 기대할 수 없다.

고객 관점

고객 관점 역시 재무 관점과 마찬가지로 결과 지표들로 구성된다. 특히나 도로공사가 공기업이므로 국민들과 기업에 좋은 물류 기반을 제공하여 물류 경쟁력을 확보하게 해주는 것, 고객 중심의 편리한 서비스를 제공하는 것, 그리고 선진 수준의 도로 안전성을 확보하는 것은 당연한 미션이라 할 수 있다.

고객 관점과 재무 관점은 상호 연관성이 있다. 고객 관점의 지표들이 좋아야 재무 관점의 지표들도 좋아지는 것이고, 재무 관점의 지표가 좋아 재무 건전성이 확보되어야 고객 관점의 지표들도 성과를 제대로 낼 수 있는 것이다. 고객 관점의 전략은 공사 BSC 맵의 가장 기본이 되는 것으로서 속도, 편리성, 안전성 등과 같은 고객이 중요하게 생각하는 요소에 대한 구체적인 전략 방향을 선정하고 이의 목표 수준을 설정한 후 지속적으로 모니터링하고 개선하여야 하는 부분이다.

전사 전략은 기능별 혹은 부서별, 개인별로 세부 목표를 설정하는 기준이 된다. 또한 선정된 목표는 성과 평가 기준의 기초적 자료로 쓰이게 된다. 성과 목표는 아웃풋에 초점을 맞추어 더욱 수치화되고, 조직 차원-부서 차원-개인

〈계층별 전략 Cascading〉

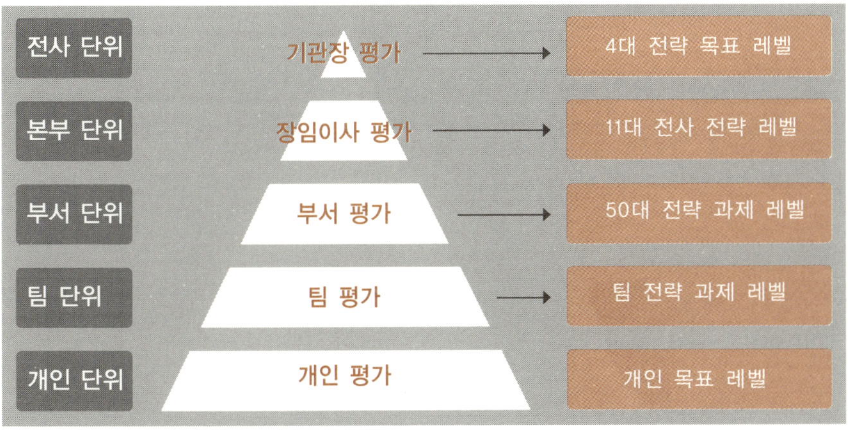

차원으로 세분화하여 평가 기준과의 연관성이 드러날 수 있도록 짜인다. 11대 전사 전략은 50개의 전략 과제로 세분한 뒤 단위 조직별로 할당하여 각 단위 조직이 책임을 가지고 전략 과제를 수행하게끔 구조화시켰다. 이러한 전략 체계는 구체적인 실행을 목표로 목표 수준에 따라 다음 그림과 같이 계층별로 연쇄(Cascading)하여 개인 수준까지 구조화된다.

이 과정에서 중요한 것은 전략 실행이 가능한 구조인지가 실행된 성과 결과에 의해서 검증되는가이다. 전략의 실천이 구체적인 성과로 나타나는 경우에 비로소 전략 체계의 연쇄가 적합하게 이루어진 것으로 평가할 수 있는 것이다. 전략 체계의 계층별 수직적 연쇄는 전략이 개인 수준의 목표로까지 연결되는가에 따라서 완성도가 결정된다. 조직의 전략은 결국 구성원 개개인의 업무 수행 결과에 의해서 나타나기 때문이다.

따라서 구조화된 전략 체계도가 전략 실행을 담보하는 것이 아님을 구성원들은 명심하여야 한다. 즉, 전략은 실천을 요구하며 실천된 결과로서의 성과만이 전략이 존재함을 방증하는 것이다.

2001년 BSC 체계 도입 이후 공사에 맞는 관점 도출을 위해 다양한 관점을 적용해 왔는데, 초기에는 영리 기업의 모델을 중심으로 공익 모델, 혼합 모델로 변천해 왔다. 현재의 관점 수정안은 모호한 '성과'보다는 '고객'을 공사의 사명이자 가치 명제로 명확히 하고 이를 실현해 나가기 위해 극복해 나가야 할 과제로 허용하는 범위 내에서 최대한의 이익 추구를 '재무' 관점으로 설정하고 있다.

〈전략의 변천〉

구분	장기 전략 수립(2001.1)	전략적 평가 체계 구축 (2001. 12)	전략 관리 모델 구축 (2002. 12)	장기 경영 전략 (2003. 12)	현재 (2008. 10)
관점 1	재무 관점	공익성 관점	성과 관점	성과 (재무, 공익)	고객 관점
관점 2	고객 관점	고객 관점	고객 관점	고객	재무 관점
관점 3	내부 프로세스 관점	프로세스 혁신 관점	활동 관점	활동	활동 관점
관점 4	학습과 성장 관점	미래 관점	미래 관점	미래	미래 관점
특징	영리 기업 모델	공조직 모델	혼합 모델	혼합 모델	혼합 모델

비전과 전사 전략이 연계되어야 한다는 원칙에도 불구하고 많은 조직들은 이를 제대로 지키지 못하고 있다. 실제로는 비전과 전사 전략 연계 매트릭스를 통하여 잘 정렬되어 있는지 확인하고 이를 반영하여 연계성을 강화하는 것이 필요하다. 다음에 예시한 비전-전사 전략 연계 매트릭스를 참고하라.

〈비전-전사 전략 연계 매트릭스〉

	1	2	3	4	5	6	7	8	9	10	11
	물류 경쟁력 강화	고객 중심 편리한 서비스	선진 수준의 도로 안전성	도로 사업의 건전성 확보	부대 수익 창출 확대	건설 관리 선진화	도로 관리 과학화, 전문화	경영 효율 향상	글로벌 수준의 사회 책임 이행	지식 기반 기술 경쟁력 강화	성과 중심 조직 문화 구축
보유 자산 축적	3			2		2	2			2	1
전문성 축적			1				3			2	2
최상의 도로 관련 서비스	3	3	3				2	2	1		
으뜸 국민 기업	2	2	1	1			1	3	3		
미래 지향적 인재 존중											3
차별화된 기술 창출					2	2				3	
지속적 사업 구조 혁신				1	3			2			
계	8	5	5	4	5	4	8	7	4	7	6

수립된 전사 전략은 부서별 또는 기능별로 연계되어야 한다. 이 경우에도 전사-부서별 전략 연계 매트릭스를 통하여 잘 정렬되어 있는지 확인하고 이를 반영하여 연계성을 강화하는 것이 필요하다. 다음에 예시한 전사-부서별 전략 연계 매트릭스를 참고하라.

〈전사-부서별 전략 연계 매트릭스〉

	감홍사보실실	직할본부	경영본부	영업본부	도로본부	건설본부	기술본부	도로교통연구원	교통정보센터	지역본부	사업단	지사	영업소
1. 물류 경쟁력 강화				◎	◎	◎				◎	◎	◎	◎
2. 고객 중심의 편리한 서비스				◎	◎				◎	◎		◎	◎
3. 선진 수준의 도로 안전성					◎					◎		◎	
4. 도로 사업의 건전성 확보		◎	◎	◎									
5. 부대 수익 창출 확대				◎			◎		◎				
6. 건설 관리 선진화						◎	◎				◎		
7. 도로 관리 과학화, 전문화				◎	◎					◎		◎	
8. 경영 효율 향상		◎		◎	◎					◎			
9. 글로벌 수준 사회 책임 실현	◎	◎								◎	◎	◎	◎
10. 지식 기반 기술 경쟁력 강화		◎						◎		◎	◎	◎	
11. 성과 중심 조직 문화 구축		◎	◎							◎	◎	◎	

지표 설정

두 번째 프로세스에서 설정한 기능별 혹은 부서별 전략적 목표는 핵심 성과 지표(Key Performance Indicator)를 통해서 구체화된다. 성과 지표는 구체적으로 어떻게 성과를 측정할 것인지, 어떤 시기에 성과를 측정해야 하는지, 성과의 책임은 어느 조직 누구에게 있는지, 관련된 데이터는 어디에서 생성되고 관리 책임은 누구에게 있는지, 성과 평가의 기준은 어떻게 설정되는지 등을 정의하게 된다. 따라서 지표의 설정은 성과를 견인하는 중요한 도구가 되며 조직 구성원들의 일하는 방식을 결정한다.

1. 핵심 성과 지표(KPI)의 관리

숫자 경영의 핵심은 성과 측정에 있다고 해도 과언이 아니다. 목표를 적합하게 수립하고 운영 과정이 좋더라도 성과를 제대로 측정하지 못하면 사업 수행 결과에 대한 시사점도 개선점도 도출하지 못하기 때문이다. 특히나 조직과 개인에 대한 성과 평가의 결과는 보상으로 이어지기 때문에 그 중요성이 더 크다.

성과 평가의 실질적 수단은 핵심 성과 지표이다. 그런데 핵심 성과 지표는 그 성격상 계량적이어서 목표 대비 달성도를 검증하기에 용이한 경우도 있지만 정성적 성격이 강하여 측정이 어려운 경우도 많다. 따라서 성과 지표를 어떻게 관리하고 운영할 것인가는 전략 실행의 성공 여부를 결정하는 중요한 부분이 된다.

한국도로공사는 다음의 그림과 같이 라이프 사이클을 관리하고 있다.

〈평가 지표 라이프 사이클 관리〉

지표의 관리를 위해서는 지표를 검증하여 지속 사용할 것인지, 지표가 전략을 잘 반영하지 못하여 퇴역시킬 것인지를 관리하는 절차가 잘 적용되어야 한다. 한국도로공사는 BSC를 기반으로 하여 관점별로 평가 지표를 구성하고 있고 논리 모델에 따라 투입, 과정, 산출, 결과 측면에서 지표를 검증하고 있다.

〈평가 지표의 타당성 검증 프로세스〉

1차 검증	2차 검증	3차 검증
·평가지표의 유형 분류 – 투입(Input) – 활동(Process) – 산출(Output) – 결과(Outcome)	·평가 지표의 형식 검증 ·평가 지표의 내용 검증	·검증 결과에 대한 아이젠하워 매트릭스 분석

1차 검증

1차 검증은 평가 지표가 산출·결과 위주로 구성되었는지를 검증하는 것이다.

〈평가 지표 유형〉

구분	내용
투입 (Input)	• 필요한 재원 및 인력이 계획대로 집행되었는지에 대한 평가 지표 • 투입 지표의 설정은 예산 집행과 사업 추진 과정에서의 문제점 발견이 목적임
활동 (Process)	• 사업 추진을 단계적으로 나누어 각 단계의 목표 달성 여부를 평가하는 지표 • 과정 지표는 사업 추진의 중간 점검이 목적이며 궁극적인 성과 지표는 될 수 없음
산출 (Output)	• 사업이 목표한 최종 산출을 달성했는지를 평가하는 지표 • 예산 및 인력 등의 투입에 비례하여 목표한 최종 산출이 이루어졌는가를 평가하는 것이 목적임
결과 (Outcome)	• 사업의 최종 산출을 통하여 궁극적으로 얻으려는 성과의 달성 여부에 대한 평가 지표 • 사업의 성과 목표뿐만 아니라 넓게는 전략 목표와도 연계되어야 함

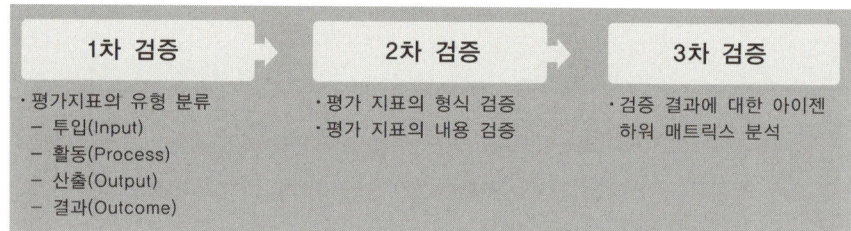

2차 검증

2차 검증은 지표의 형식과 내용을 검증하는 것이다. 지표의 형식 검증은 지표의 형식적 타당성을, 내용 검증은 평가 지표가 갖는 성과 창출 및 전략 실행 등과의 연계성 정도를 검증한다.

〈지표의 형식 검증〉

평가 항목	설명
측정 가능성	• 목표치 설정 및 측정과 관련하여 객관적으로 성과 측정이 가능한 정도 • 성과 지표는 주관적인 의견이 개입될 수 없도록 수치로 표현되어야 하며 목표치 설정이 객관적으로 가능해야 함
통제 가능성	• 선정된 평가 지표가 피평가자(관리자)의 노력만으로 목표 달성 가능한 지표인지 정도 • 성과 지표는 외부 환경 변화에 큰 영향을 받지 않아야 하며, 해당 조직이 영향력을 미칠 수 있는 성과를 측정해야 하며 성과 책임이 어디에 있는지 명확히 보여주어야 함
신뢰성	• KPI의 평가 결과를 신뢰할 수 있는지 정도 • 성과 지표가 적절한 과정을 거쳐 측정되었는지를 검증할 수 있도록 분명한 근거 자료 및 출처를 구비할 수 있어야 함
신속성	• KPI 관련 자료 수집 및 분석의 신속·용이성 정도 • 현실적이고 실용적인 성과 지표가 되기 위해서는 지표에 근거한 자료 수립과 분석이 신속·용이하게 이루어질 수 있어야 함
정보성	• KPI가 목표 달성 과정에서의 진행 정보 제공 정도 • 성과 지표는 성과 목표를 달성하는 과정에서 그 진척 정도를 나타낼 수 있어야 함

〈지표의 내용 검증〉

평가 항목	설명
대표성	• 평가 지표가 해당 부서의 업무를 어느 정도까지 포괄하는지 정도 • 성과 지표는 해당 부서의 핵심 업무를 대표할 수 있어야 함
전략 연계성	• 평가 지표가 전략, 경영 평가와 어느 정도의 연계성을 갖는지의 정도 • 성과 지표는 해당 조직이 궁극적으로 얻고자 하는 목적과 연관이 있어야 하며 이를 달성하고자 하는 전략과 달성 수단인 평가와 강한 연계성을 가져야 함

행동에 대한 영향력	• 평가 지표가 조직 구성원들의 바람직한 행동에 얼마나 영향을 미치는가의 정도 • 설정된 성과 지표에 의해 해당 부서의 구성원들에게 의도하지 않거나 불필요한 행동을 조장하지 않아야 함
타당성·정확성	• 평가 지표가 측정하고자 하는 것을 올바르게 측정하고 있는지의 정도 • 성과 지표가 측정 대상이 되고 있는 업무의 성과를 정확하게 측정하고 이를 통해 성과 지표와 성과 목표 간 인과관계를 파악할 수 있어야 함
이해 용이성	• 평가 지표의 의미를 쉽게 이해할 수 있는지 여부, 설정된 성과 지표가 의미하는 바를 실제 업무 수행자 및 관계자가 쉽게 이해할 수 있는지의 정도 • 성과 지표의 의미 및 목적을 이해하고 구체적으로 제시할 수 있어야 함

3차 검증

3차 검증은 2차 검증 결과를 활용하여 아이젠하워 매트릭스상에 각 성과 지표가 어떤 차원에 위치하는지를 확인함으로써 성과 지표를 지속 사용할 것인지, 개선해야 할 것인지, 퇴출시킬 것인지를 평가하는 단계이다.

〈성과 지표 검증 매트릭스〉

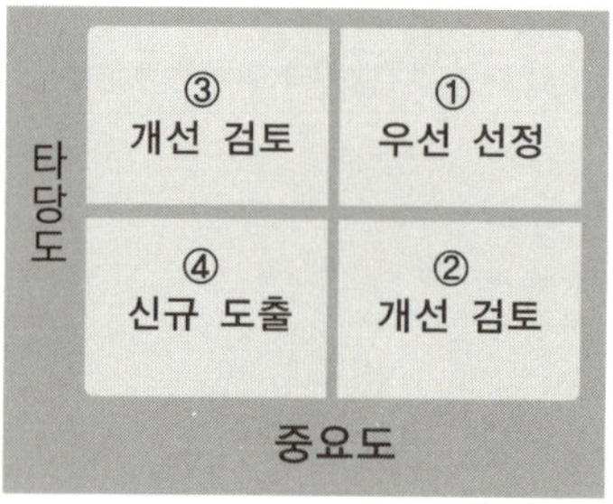

〈성과 지표 선정 기준〉

- 1분면 : 타당성과 중요도가 모두 확보된 양호한 평가 지표
- 2분면 : 중요도가 높지만 타당도가 낮아 개선 필요
- 3분면 : 타당도는 높지만 중요도가 낮아 개선 필요
- 4분면 : 중요도 타당도 모두 낮아 퇴출 대상 지표이며 신규 지표로 대체해야 함

지표 관리는 각 구성원들이 지표 관리 절차를 잘 이해하고 업무 수행을 담당하고 있는 구성원 각자가 스스로 지표 관리자라고 인식하고 있을 때 실질적으로 이루어질 수 있다.

반면에 경영진, 부서장과 팀장만이 지표를 관리하는 사람이라고 인식하고 팀원들은 지표 관리와 관계가 없다고 생각한다면 지표 관리 프로세스를 아무리 잘 구성하더라도 성과 지표 관리의 효과성 확보와 지표의 실질적인 개선은 기대하기 힘들다. 따라서 지표 관리 과정에 일반 팀원이 개입할 수 있는 절차를 공식·비공식적으로 부여하는 것이 필요하다.

핵심 성과 지표 도출

한국도로공사의 핵심 성과 지표 도출 방식은 크게 구분하면 전략 과제로부터 성과 지표 도출, 정부 경영 평가 지표로부터 성과 지표 도출, 부서 핵심 업무 및 경영 현안으로부터 성과 지표 도출 등으로 나누어 볼 수 있다.

〈성과 지표 도출 메커니즘〉

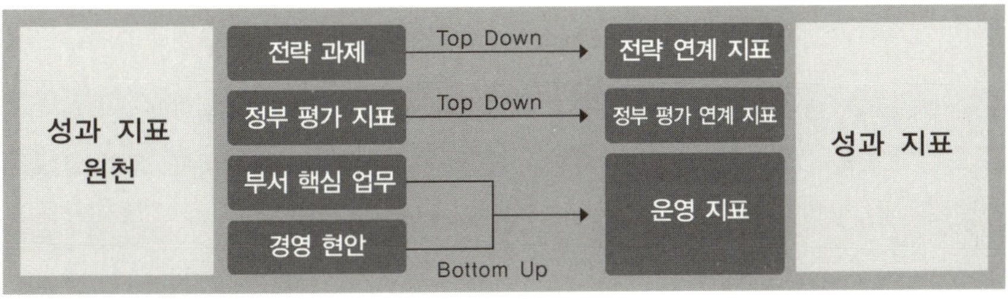

- 톱-다운 방식의 평가 지표 도출 : 전사 차원의 전략 과제 및 정부 경영 평가 지표를 의무적으로 성과 책임 부서의 평가 지표로 연계하는 방식
- 보텀-업 방식의 평가 지표 도출 : 부서 대표(핵심) 업무 및 경영 이슈를 해당 부서의 요청 · 건의에 따라 평가 지표로 연계하는 방식

전략 과제로부터 성과 지표 도출

11대 전사 전략의 실행력 증대를 위하여 부서별로 50대 전략 과제를 도출하고 이를 내부 평가 지표로 연계하여 성과 책임을 부여한다.

11대 전사 전략	50대 전략 과제	부서 평가 지표
1. 물류 경쟁력 강화	1-2. 하이패스 보급 확대	통행료 체계 첨단화(ITS처)
2. 고객 중심의 서비스	2-3. 서비스 품질 향상	고객 만족도(고객처)
3. 도로 안정성	3-1. 교통사고 사망자 감소	고속도로 안전 관리(교통처)

다음 그림과 같이 내부 평가 지표를 통하여 전사 전략을 개인에게까지 연계한다.

〈전략 과제로부터 성과 지표 도출 과정〉

정부 경영 평가 지표로부터 성과 지표 도출

정부 평가 지표를 내부 평가 지표로 연계함으로써 중복 평가로 인한 평가 업무의 부담을 감소한다.

〈정부 경영 평가 지표와 내부 평가 지표 연계〉

정부 경영 평가 지표		내부 평가 지표로 연계	
지표명	성과 책임	해당 부서	가중치
영업 및 시설 관리 효율성	도로 영업처 40%	도로 영업처	10점
	휴게 시설 운영실 40%	휴게 시설 운영실	10점
	하이패스 사업처 20%	하이패스 사업처	5점

부서 핵심 업무 및 경영 현안으로부터 성과 지표 도출

업무의 전 과정을 투입 → 활동 → 산출 → 결과의 논리적 흐름을 추적하여 궁극적으로 어떤 성과를 냈는지를 측정하는 논리 모델(Logic Model)을 활용하여 결과(Outcome) 지표 위주로 평가 지표를 도출한다.

〈논리 모델을 사용한 평가 지표 도출〉

	투입(Input)	활동(Process)	산출(Output)	결과(Outcome)
인간관계	하이패스 인프라를 확대하고 ⇨	단말기 보급을 늘리면 ⇨	하이패스 이용률이 증가하여 ⇨	결국 톨게이트 통과 시간이 단축될 것이다.
평가 지표	하이패스 차로 수	단말기 보급률	하이패스 이용률(√)	톨게이트 통과 시간(√)

상기의 사례에서는 산출 지표인 하이패스 이용률과 결과 지표인 톨게이트 통과 시간을 성과 지표로 선정한다.

: 실행, 모니터링, 분석, 대응

지금까지의 프로세스가 조직의 지속적 성장을 위해 무엇을 다룰 것인가에 대한 내용이었다면 이후의 프로세스는 실제 현장의 실행 관리에 보다 초점을 두고 있다. 실행, 모니터링, 분석, 대응에 이르는 일련의 과정은 이보다 앞선 단계인 목표 설정에도 영향을 주지만 기본적으로는 실행 결과에 대한 관찰, 결과 분석, 그에 따른 대응책 마련이라는 측면에서의 전략 성공을 위한 실행 프로세스의 하나로 생각해 볼 수 있다.

실행

전사 전략을 실제 부서 단위에서 세부적으로 실행하기 위해서는 그것을 구체적으로 쪼개어 볼 필요가 있다. 때문에 부서 단위에서는 전사 전략을 보다 구체화한 전략 과제 레벨을 다루게 되며 이를 위한 실행 전략의 개발이 필요하다. 세부 실행 전략은 사업 전략 – 재무·예산 – 사업 실행 간의 유기적인 연계를 바탕으로 개발해야 한다.

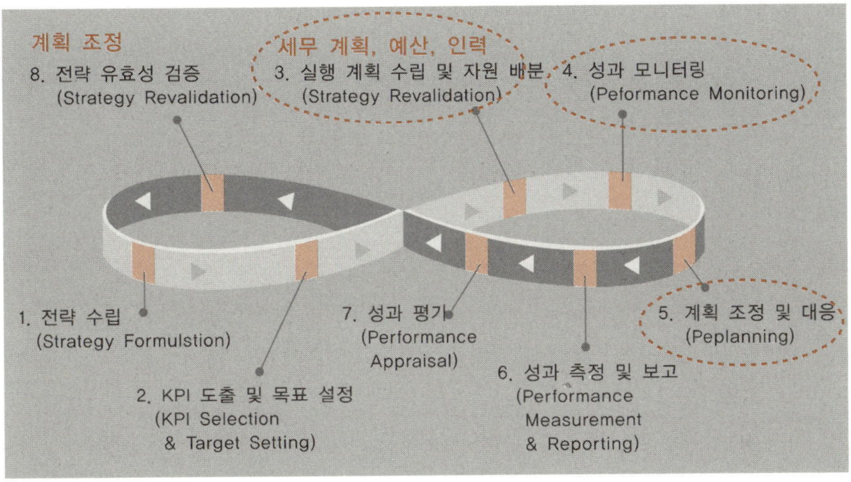

〈한국도로공사의 실행 전략 개발 프로세스〉

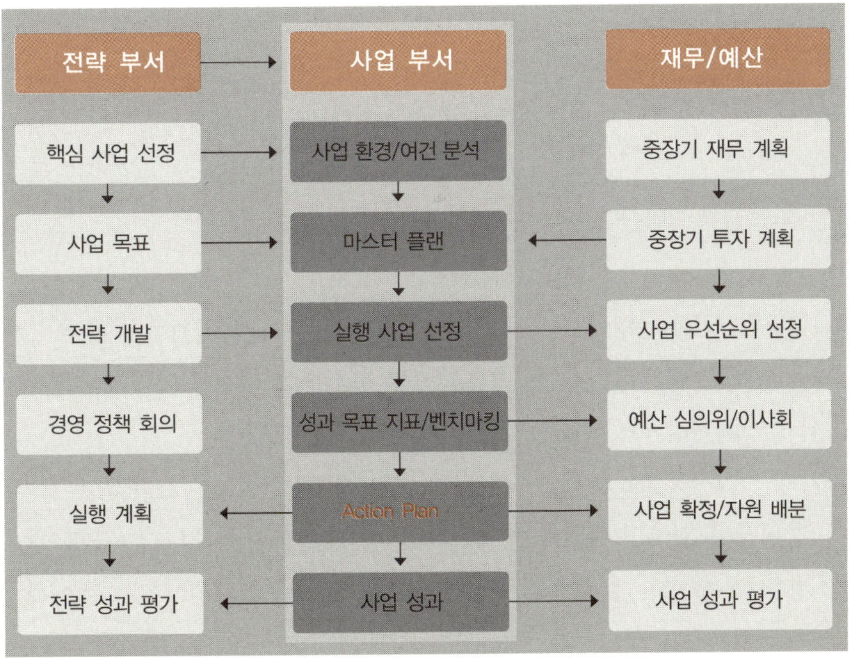

일반적으로 보다 많은 프로세스가 좋아지고 신속해지고 저렴해지면 회사에 큰 도움이 된다. 하지만 핵심이 빠진 지엽적 프로세스의 개선만으로는 회사의 성공을 보장해 주지는 못한다. 때문에 회사는 전략을 성공시키는 데 가장 큰 기여를 하는 핵심 프로세스를 향상하기 위해 힘을 기울여야 한다. 전략이라는 것은 결국 어떤 것을 포기하고 어떤 것을 취할 것인가의 문제이다. 이는 모든 실행 우선순위와 자원 배분의 기준이 된다. 따라서 세부 실행 전략은 전사 전략을 바탕으로 한 핵심 사업 혹은 핵심 프로세스에서 도출된다.

캐플란과 노튼은 『전략 실행 프리미엄』에서 프로세스 품질 진단과 BSC의 전략적 우선순위 간의 연결을 통해 핵심 프로세스를 선정하는 방법에 대해 설명하고 있다. 다음의 도표에서 종축은 조직의 현행 프로세스를 EFQM(유럽품질관리재단)이나 볼드리지 프로세스 탁월성 등의 품질 진단 기준(우리나라의 경우 고객만족도나 ISO 9000 등이 적용될 수 있을 것이다)에 의거해 탁월 또는 향상 필요로 분류한다. 그리고 횡축은 BSC상에서 회사 전략의 차별화에 기여하는 것으로 판단하는 프로세스, 즉 전략적 프로세스와 필수적 프로세스로 구분한다. 도표의 각 분면은 전략과 연계하여 해당 프로세스에 대한 전략적 자원 배분이 어떻게 이루어져야 하는지를 보여준다.

한국도로공사도 이와 비슷하게 전략 연계성(전략 정합성)과 환경 변화 요인(중요도, 시급성), 핵심 역량(고객 가치, 모방 불가능성, 성장 가능성)을 종합적으로 고려하여 핵심 사업을 선정하고 전략 자원의 배분 방향을 설정했다. 핵심 사업 선정은 ① 가치 활동(Value Chain) 분석 ② 사업별 핵심 역량 요소 도출 ③ 사업별로 계획, 실행, 검토, 평가 단계의 세부 활동을 도출하여 핵심 역량 요소에 의거한 경쟁 우위와 전략적 영향 평가 ④ 평가 결과에 따른 핵심 사업 선정의 단계로 이루어진다.

〈품질 진단과 BSC를 병용한 한국도로공사 핵심 사업 선정 모델〉

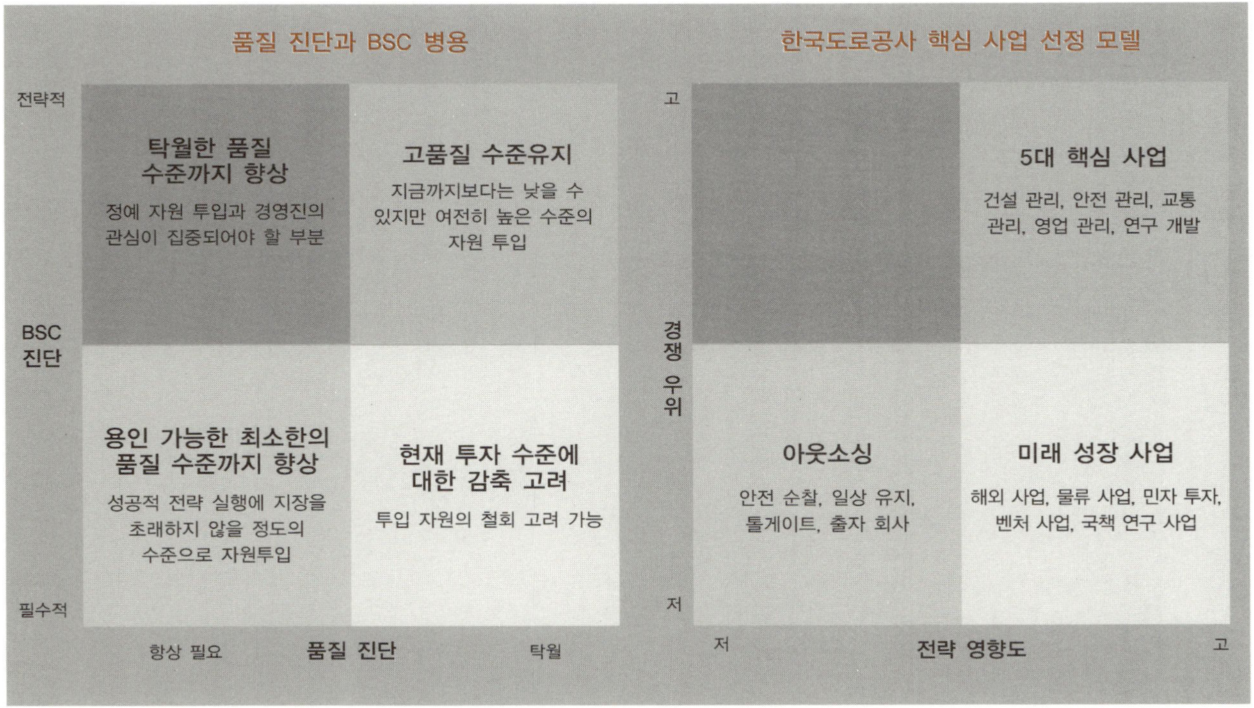

『전략 실행 프리미엄(Execution Premium)』 로버트 캐플란, 데이비드 노튼, 2008

〈실행 계획 도출 과정〉

핵심 사업

영업 관리

→

사업 환경 분석

- 톨게이트 지정체에 따른 고객 불만, 교통 혼잡 비용 발생
- 친환경 녹색 성장 요구

→

마스터 플랜

- 2000~2004 : 시범 도입, 이용률 1%
- 2005~2007 : 전국 확대, 이용률 15%
- 2008~2011 : 서비스 고도화, 이용률 65%

↓

실행 사업

단말기
보급

←

성과 목표/지표/벤치마킹

▶성과 목표

지표명	2008	2009	2010	2011
이용률	30%	50%	60%	65%
보급 대수	190만 대	270만 대	350만 대	430만 대

▶성과 지표(KPI)

- 하이패스 이용률 : 목표 대 실적
- 단말기 보급 대수 : 판매 실적 = 보급 수량

▶ 벤치마킹 : 일본 ETC(이용률 70%)의 93% 수준

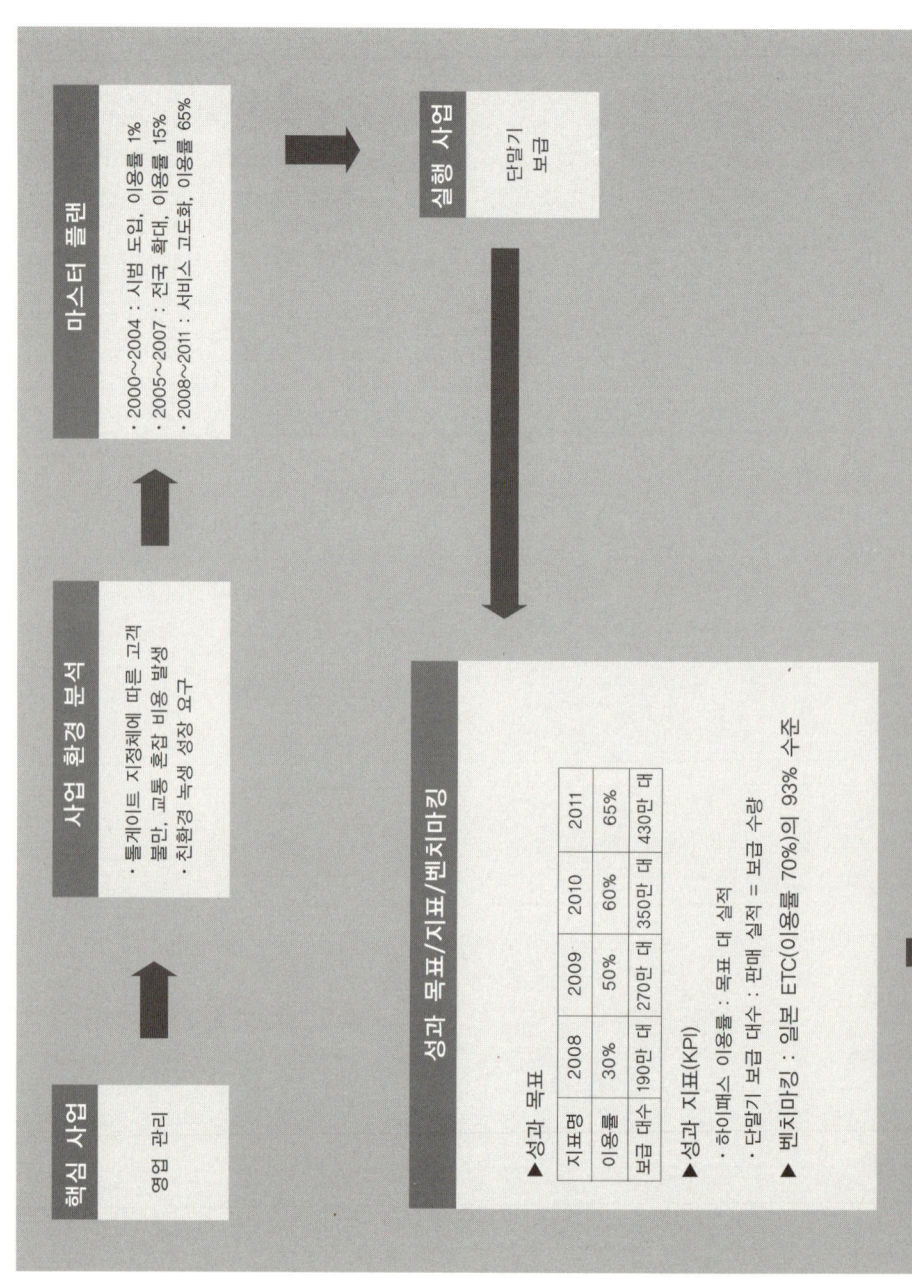

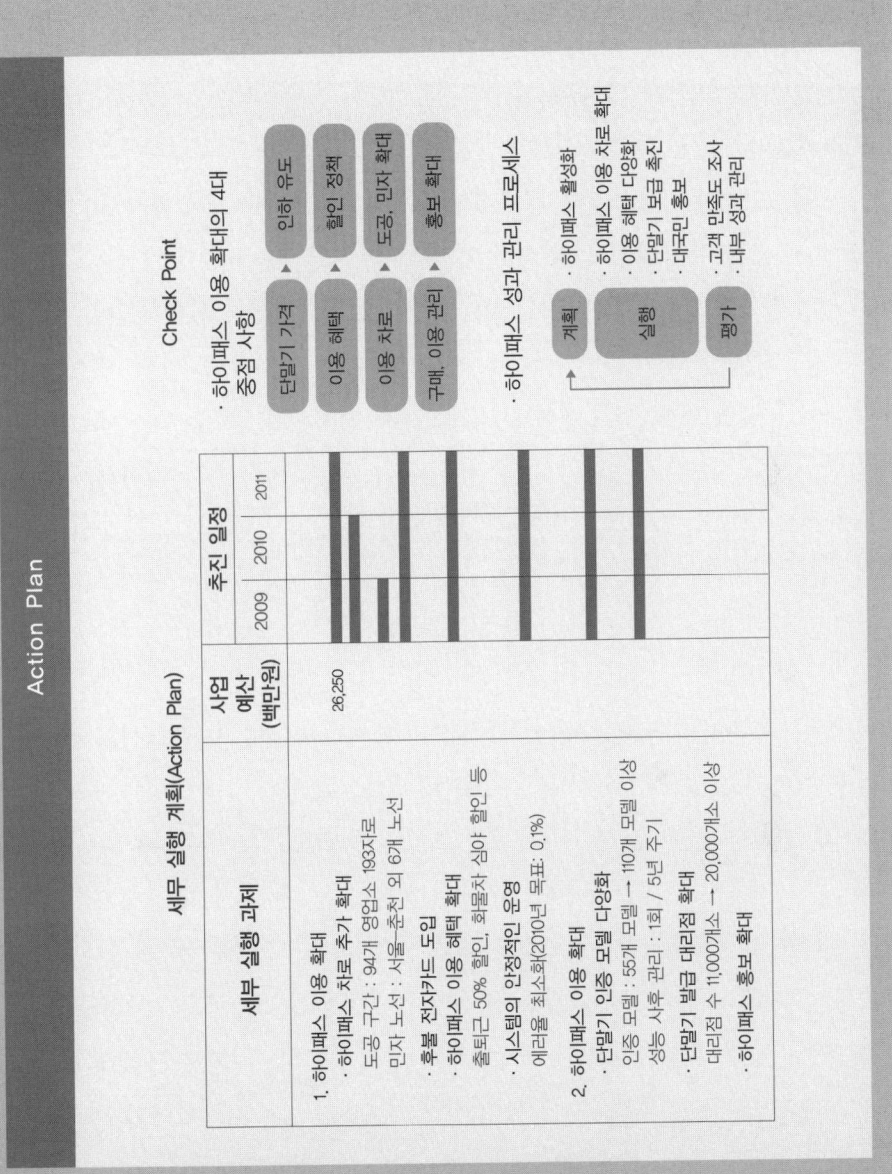

Action Plan

세무 실행 계획(Action Plan)

세부 실행 과제	사업 예산 (백만원)	추진 일정 2009	2010	2011
1. 하이패스 이용 확대	26,250			
· 하이패스 차로 추가 확대 도공 구간 : 94개 영업소 193차로 민자 노선 : 서울-춘천 외 6개 노선				
· 후불 전자카드 도입				
· 하이패스 이용 혜택 확대 출퇴근 50% 할인, 화물차 심야 할인 등				
· 시스템의 안정적인 운영 에러율 최소화(2010년 목표: 0.1%)				
2. 하이패스 이용 확대				
· 단말기 인증 모델 다양화 인증 모델 : 55개 모델 → 110개 모델 이상 성능 사후 관리 : 1회 / 5년 주기				
· 단말기 발급 대리점 확대 대리점 수 11,000개소 → 20,000개소 이상				
· 하이패스 홍보 확대				

Check Point

· 하이패스 이용 확대의 4대 중점 사항

- 단말기 가격 ▶ 인하 유도
- 이용 혜택 ▶ 할인 정책
- 이용 차로 ▶ 도공, 민자 확대
- 구매, 이용 관리 ▶ 홍보 확대

· 하이패스 성과 관리 프로세스

- 계획
  - · 하이패스 활성화
- 실행
  - · 하이패스 이용 차로 확대
  - · 이용 혜택 다양화
  - · 단말기 보급 촉진
  - · 대국민 홍보
- 평가
  - · 고객 만족도 조사
  - · 내부 성과 관리

핵심 사업이 선정되면 이를 바탕으로 사업 환경 분석을 통해 공사 실행 역량이 높은 사업을 중심으로 구체적 마스터플랜을 작성하고 세부 실행 사업을 선정하게 된다. 영업 관리 부문의 경우를 예로 들어 실행 계획 도출 과정의 흐름을 살펴본다.

한국도로공사는 영업 관리 부문에서 먼저 톨게이트 지정체에 따른 고객 불만, 교통 혼잡 비용 발생 등의 환경 분석을 바탕으로 하이패스 이용률 65%라는 사업 목표를 수립하였다. 이후 하이패스 시범 도입 – 전국 확대 – 서비스 고도화에 이르는 2011년까지의 마스터플랜을 계획하고 세부 실행 사업으로 단말기 보급 확대를 선정, 일본의 ETC 사례를 벤치마킹 타깃으로 하여 단계별 보급 목표를 연도별로 설정한다. 이를 근거로 하이패스 차로 추가 확대, 단말기 인증 모델 다양화 등의 세부 실행 과제에 대한 추진 계획(Action Plan)을 수립하게 된다. 세부 추진 목표, 추진 일정 등 추진 계획의 목표치 역시 수치로 표현될 수 있어야 하며 흐름을 정리하면 다음과 같다.

한국도로공사의 전략 실행이 가진 특징 중 하나는 전략과 연계한 문제 해결 학습 조직(Cop)의 운영이다. 학습 조직의 의미는 조직에 따라 다양하게 해석되기도 하지만 한국도로공사에서 학습 조직은 지식의 공유와 활용에 보다 초점을 두고 현장 프로세스 개선을 위한 실천적 학습을 하는 지식 공동체의 의미가 강하나. 한국도로공사는 일반적인 학습 중심의 학습 조직 운영과는 달리 기본적으로 BSC에 의해 팀별로 할당된 전략 과제를 중심으로 6시그마나 이노미팅(GE의 타운미팅을 근간으로 한 한국도로공사의 문제 해결형 회의 방식) 문제 해결 방법론 등을 사용하여 핵심 프로세스 향상을 위한 실행 아이디어를 발굴하고 개선하는 전략 집중형 활동으로 전개한다. 다음 그림은 한국도로공사의 학습 조직 운영을 도표화한 것이다.

〈한국도로공사의 학습 조직 운영〉

전략 집중형 학습 조직

기관 구분	조직 명칭	개선 과제	활용 기법	과제 선정 방식 (전략 연계성)
본사	전략 T/F	전사적 차원의 구조적 현안 과제	전략적 판단 변화 관리, 장애 해결	Top-down (강)
지역본부 (사업단 포함)	현장 T/F	지역 현안 과제 프로세스 개선 과제	통계 및 토론 기법 (6시그마, 이노미팅)	
영업소 휴게소	서비스 T/F	서비스 품질 개선 과제	통계 및 토론 기법 (퀵시그마, 이노미팅)	Bottom-up (강)

모니터링, 분석, 대응

세부 실행 계획이 수립되었다면 이후는 그 실행 결과를 관찰하고 분석하여 대응 방안을 설정하는 단계이다. 그 시작은 모니터링이다. 모니터링은 최종 실행 결과를 정리하고 애초에 설정한 목표대로 진행되었는지를 검증하는 것이다. 모니터링 결과를 바탕으로 목표 대비 달성도의 분석, 진척도의 분석, 성과 갭의 원인 분석, 성공 사례 분석, 실패 사례 분석을 통하여 그에 따른 대응책을 수립하게 된다. 대응의 방식은 목표 자체를 수정하는 것, 실행 방법을 수정하는 것, 실행 일정을 조정하는 것과 같은 다양한 접근 방식이 포함된다. 이러한 일련의 단계는 작은 실행 전략에서부터 전사 전략에 이르기까지 공통적으로 적용되는 것이다.

2008년 한국도로공사의 대표 사업으로 추진되었던 하이패스 보급 확대의 경우 사내 게시판을 통해 구성원 전체에 정기적으로 달성 수준을 공지하고 진척도를 관리하는 방식으로 성과를 관리하였다. 동일한 지표로 평가받는 경쟁 체제하에서 공식적인 모니터링 결과의 공개는 구성원들로 하여금 목표를 향해 스스로 나아가게 하는 동기 부여 장치로서 큰 효과를 발휘한다. 또한 지속적으로 고객 민원 분석과 고객 아이디어 공모, 이노미팅 등을 통해 하이패스 전용차로 확대, 단말기 보급의 시장 경쟁 체제 전환, 발급 절차의 간소화, 시스템 소프트웨어 개선, 홍보 방법 개선 등의 다양한 노력을 기울였다.

그 결과 2008년 연말 기준 하이패스 이용률은 33%로 나타났다. 이는 목표치 30%를 상회하는 수준으로 2007년 대비 120% 향상된 것이며, 벤치마킹 타깃인 일본의 ETC와 비교해도 전국 구축 1년 시점에서 5% 이상 높은 수치였다. 공사는 이를 다시 목표 수준에 반영하여 2009년 하이패스 이용 확대 목표를 기존 40%에서 50%로 상향 조정하였다. 그리고 이를 위한 법적, 제도적 개선 노력 확대와 다양한 마케팅 기법 도입, 하이패스 통신 품질 개선의 세부 대응 계획을 수립하였다.

그러나 실제로 한국도로공사의 경우 업무 특성상 성과 산출물이 대부분 연 단위로 도출되는 경우가 많아 모니터링 기능이 취약하다는 문제점을 안고 있다. 때문에 연쇄적으로 실행 성과에 대한 분석 및 대응 또한 기민하게 이루어지기 어렵다. 실행 관리가 효과적으로 이루어질 수 있기 위해서는 모니터링 방법의 개선 등 앞으로도 이 부분에 대한 지속적 개선 노력이 병행되어야 할 것이다.

: 성과 평가와 보상

성과 평가

이 단계는 핵심 성과 지표의 평가 기준에 따라 성과를 평가하는 단계로서 객관적이고 공정한 평가를 진행하기 위한 제반 여건을 사전에 조성하여야 한다. 성과 평가에 대한 조직 구성원의 수용 정도는 그 조직의 평가 시스템의 공정성뿐 아니라 평가 체계에 대한 이해와 공유를 바탕으로 한다. 때문에 성과 평가에 있어 무엇보다 중요한 것은 평가 지표의 타당성 확보를 통해 평가에 대한 구성원들의 신뢰를 조성하는 것이다.

1. 성과 평가에 대한 구성원의 신뢰 조성

이전에는 많은 기관에서 지표에 대한 엄격한 검증 없이 기획 부서나 평가 부서 등의 특정 부서에서 도출한 지표들을 그대로 평가의 잣대로 사용하는 경향이 있었다. 그리고 평가 지표의 도출 과정 또한 현업 부서의 의견을 반영하지 못하고 톱-다운 방식의 일방적 통보로 끝나는 경우가 많았다. 이 경우 평가 목표에 대한 구성원들의 몰입도와 이해도는 현저히 떨어질 수밖에 없다. 또한 평가 지표에 대해 보다 많은 구성원들의 합의와 이해를 이끌어 내기 위해서는 평가 자체와 지표 도출 과정에 대한 구성원들의 관심을 유도하는 것이 필수적이다.

한국도로공사는 운용 중인 모든 평가 지표에 대해서 타당성 검증을 마치고 전략과 성과 지표를 연계하여 평가 지표를 고도화하였다. 평가 지표의 세부 도출 과정에 대해서는 지표 설정 단계에서 이미 살펴본 바 있다. 평가 지표는 전 직원을 대상으로 하는 설문 조사와 피평가 부서의 의견 조회, 평가 실무자들의 워크숍을 통해 개발하였으며, 지표 중 쟁점 사항에 대해서는 사전에 노동조합과의 협의와 산하 기관 현장 설명회를 통해 적극적으로 홍보하여 이해를 돕고자 하였다.

평가에서 또한 중요한 것은 누구와 평가할 것인가에 대한 문제이다. 이 역시 평가 수용도의 측면에서는 문제적 요소 중 하나이다. 서로 체급이 비슷한 선수를 경쟁시키고 평가해야 공정한 평가가 이루어질 수 있기 때문이다. 평가 지표 도출에 앞서 먼저 평가의 실익이 없는 부서와 특수 기능 수행 부서 등을 제외하고 평가 대상 부서를 확정한다. 다시 이를 기능별로 분류하여 평가군으로 나누고 해당 평가군 내에서 비교 평가할 수 있도록 하였다.

평가에 대한 구성원들의 합의를 이끌어 내고 이해시키는 이러한 과정은 투자 시간과 효과성 측면에서 많은 조직에서 간과하거나 의문을 제시하기 쉬운 부분이지만 조직 구성원들의 평가에 대한 일반적인 이해도와 수용도를 높인다는 면에서는 상당히 유용한 방법이 될 수 있다.

2. 성과 평가 방법의 적정성에 대한 고민

앞에서 설명한 개인 성과 평가 시 발생하는 목표 관리 과정의 오류들은 완벽히 제거하기 어려우며 통제하기도 어렵다. 열번 양보하여 MBO 과정 전체 혹은 목표 설정에서 점검 단계의 이르는 장애 요인은 차치하고서라도 성과 측정 단계에서의 오류는 평가 결과에 대한 피평가자들의 평가에 대한 불신을 초래할 수 있다는 측면에서 조직의 목표 관리 시스템 그 자체에 위협으로 작용할 수 있다. 많은 조직이 성과 평가 방법의 적정성에 대해 고민하는 이유가 바로 여기에 있다. 특히 공공 조직의 경우 통제 불가능한 많은 외부 요인의 영향과 무형의 가치라는 측정 자체의 어려움 때문에 더욱 그렇다.

순순하게 '성과 평가' 자체만을 놓고 볼 때 목표 달성에서 개인의 노력이 아닌 우연이 만들어 낸 외부 효과(외부 환경 요인, 타 부서의 요인)를 어떻게 구분할 것이며 목표 달성 여부만으로 개인의 성과를 판단할 수 있을 것인가에 대한 답은 쉽게 내리기 어렵다. 때문에 실제로 평가, 즉 성과 측정을 완벽히 한다는 의미는 말 그대로 결점 없는 완벽한 성과의 측정이기보다는 성과 측정의 문제점들을 최소한으로 줄여나가 조직 구성원들의 평가 수용도를 높이기 위한 무결점 노력을 말하는 것에 가깝다고 할 수 있다.

한국도로공사 역시 다른 공공 기관이 겪는 문제점 중의 하나로 평가 측정에 대한 내부적 갈등을 겪어 왔다. 공사는 이를 해결하기 위해 조직-개인 업적 평가 제도 개선, 목표치 난이도 평가제, 현장 부서 평가 체계 표준화를 실시하였다.

조직-개인 업적 평가 제도 개선

첫 번째 문제는 성과 측정에 있어 지속적으로 문제 제기가 되고 있는 부분으로서 개인의 성과를 외부 효과(다른 팀원의 공헌도)를 배제하고 어떻게 측정할 것인가에 관한 문제이다. 이는 평가에 있어 기술적으로 가장 어려운 부분으로 사실상 완벽히 외부 효과를 배제하고 개인의 성과만을 평가하는 것은 불가능에 가깝다고 할 수 있다. 때문에 최대한 외부 효과를 배제하고 외부 효과가 실질적 개인의 성과에 희석될 수 있도록 평가 기준을 가져가는 것이 바람직하다고 할 수 있다.

한국도로공사는 조직 전체의 성과를 평가하는 BSC 기반의 조직 평가와 개인의 업무 성과와 태도를 평가하는 개인 근무 평정과는 별개로 MBO를 근간으로 하는 개인 업적 평가를 일정 비율 반영하여 개인 성과를 최종적으로 측정함으로써 성과 측정에 따른 외부 효과와 목표 관리 과정의 장애 요인들을 최대한 극복하고자 하였다.

조직 평가만으로 성과 측정을 하는 경우 조직 성과에 기여하지 않은, 이른바 무임 승차자가 발생할 우려가 높고 개인의 근무 평정만으로 성과 평가를 할 경우 조직 목표와 연계하여 업무의 중요도와 난이도를 고려한 평가를 할 수 없다는 문제점이 있다. 개인 업적 평가의 경우 이를 보완하여 조직 목표를 직원 개개인에게 Cascading하여 목표를 설정하고 실행토록 함으로써 전략 체계와 전략 실행을 구체적으로 연결시켜 개인의 성과 평가를 평가한다.

〈개인 목표와 전략의 계층별 Cascading〉

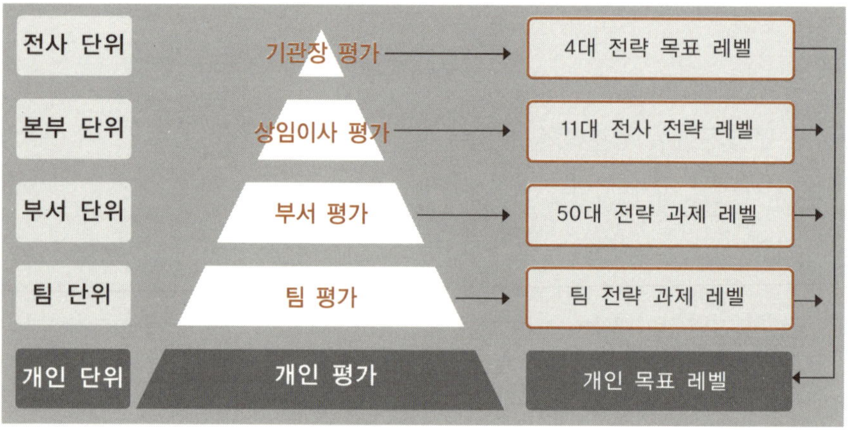

〈개인 업적 평가 목표 산정 기준〉

직급이 높을수록 전략 과제에 대한 평가 가중치를 크게 반영하는 구조

개인 평가 지표	평가 내용	가중치(%)			
		부서장	팀장	차장	대리
전략 과제	전략, 경영 방침 등 전사 목표	70	60	50	30
중점 과제	부서 목표	20	30	20	20
운영 과제	업무 분장상 부여된 개인 목표	–	–	20	40
개인 과제	자기 개발 목표	10	10	10	10

조직의 전략은 결국 구성원 개개인의 업무 수행 결과에 의해서 나타난다. 앞서 설명한 바와 같이 전략 체계는 구체적인 실행을 목표로 개인 수준까지 연쇄하여 구조화된다. 개인 업적 평가는 계층별 전략이 실질적으로 어떻게 개인의 업무에 적용된 형태로 실천되고 관리될 수 있는지를 보여주는 일련의 예로서 조직 전략의 계층 요소를 모두 포함하고 있다.

이러한 개인 업적 평가와 조직 평가의 조화는 다른 팀원에 의한 성과 향상을 최대한 희석시키면서 업무의 중요성과 난이도를 함께 고려하여 개인의 성과를 평가할 수 있다는 장점을 지닌다.

목표치 난이도 평가제

피평가 부서 입장에서는 되도록이면 달성하기 쉬운 목표치를 설정하여 평가를 잘 받고 싶어 하는 것이 당연하다. 그러나 실제로 평가 부서는 그 목표치가 적정한지 검증하기 어려운 문제점이 있다. 목표치 난이도 평가제란 목표치에 난이도를 부여하여 피평가 부서가 목표치 풀(pool)로부터 자율적으로 1개의

목표치를 선택하되, 선택한 목표치의 달성 난이도에 따라 인센티브를 부여하는 제도이다.

목표치 풀은 다음과 같이 구성된다.

〈목표치와 산출식〉

목표치	산출식
1. 향상도(표준 편차) 목표치	전년도 실적 ± 5개년 표준 편차
2. 3개년 가중 평균 목표치	최근 3개년 가중 평균(50% + 30% + 20%)
3. β 분포 목표치	(최고 실적 + 최저 실적 + 전년도 실적 × 4) / 6
4. 전년도 수준 목표치	전년도와 동일(또는 유사)한 실적치
5. 자율 목표치	피평가 부서에서 자율적으로 설정한 수치

5가지 목표치 중 달성 난이도(목표치 점수)에 따라 난이도 조정 계수를 부여하면 피평가 부서의 자의적 선택에 의한 목표치에 대한 검증이 가능할 뿐 아니라 목표 달성을 위한 안정적 목표를 도전적이고 타당한 목표 수준으로 설정토록 유도할 수 있다는 장점을 지닌다.

〈고객 만족도 목표치 난이도 평가 예시〉

구분	목표치	순위	가중치(조정 계수)
1	87점	1st	1.02
2	80점	4th	0.99
3	81점	3rd	1.00
4	83점	2nd	1.01
5	78점	5th	0.98

* 피평가 부서의 목표 달성률에 조정 계수를 곱해 최종 득점 산출

– 98% 목표 달성한 甲부서의 최종 평점?

→ 1st선택 시 : 98% × 1.02 = 99.96점

→ 5th선택 시 : 98% × 0.98 = 96.04점

현장 부서 평가 체계 표준화

한국도로공사의 성과 평가에 있어 또 하나의 문제로 지적된 것은 현장 부서 평가 체계가 지나치게 복잡하다는 점이다. 이는 기본적으로 현장 부서에 대한 평가를 본사에서 직접 실시하지 않고 산하 기관(해당 지역 본부)에 위임하여 실시하기 때문에 발생한 문제였다.

산하 기관에서 본사 평가를 잘 받기 위해 현장 기관 평가와 본사 평가를 연계하여 평가했고 이로 인해 현장 부서에 대한 평가 지표가 핵심 업무 외에 본사 평가를 위한 다수의 지표를 포함하면서 지표 수가 많아지고 복잡해졌다. 현장과 고객 업무에 집중해야 할 기관이 평가를 위한 비핵심 업무를 병행하여 수행하게 되면서 지나친 수검 부담을 느끼게 되고 이는 곧 현장의 불만으로 이어졌다.

이를 개선하기 위해서는 비핵심 업무를 덜어주는 일이 시급했다. 우선적으로 현장 부서 평가 체계를 표준화하고 평가 지표도 현장과 고객 업무 위주로 단순화하는 작업을 실시했다. 20개에 이르던 지표 수를 5개로 대폭 줄이고 비핵심 업무였던 언론 보도 건수, 사회 공헌 활동 횟수, 학습 조직 운영 건수 등의 지표는 퇴출 지표로 결정돼 사라지게 되었다.

성과 보상

성과 평가 결과에 따라 보상을 실시하는 단계이다. 성과 보상은 구성원들로 하여금 자신의 직무에 몰입하게 하여 궁극적으로 조직의 성과 향상을 만들어 내는 강력한 동기 부여 수단으로 작용한다. 성과 관리의 기본적 요소로서 본문에서는 성과 지향적 조직 문화 구축과 보상제도에 대해 설명하고 있다.

성과 지향적 조직 문화 구축은 먼저 성과와 보상 간의 명확하고 객관적이며 신뢰할 수 있는 연결 고리가 존재하고, 그것을 구성원들이 인식하고 공감대를 형성할 수 있을 때 가능하다. 효과적인 성과 보상이 이루어지기 위해서는 조직 구성원들이 자신들이 거둔 성과에 대해 얼마만큼의 보상이 주어지는지 분명하게 알 수 있어야 하며, 이를 위해서는 성과와 보상 간에 인과 관계가 사전에 명확하게 정의되고 일관성을 가져야 한다. 때문에 지금까지 살펴본 전략－실행－성과 측정에 이르는 숫자 경영의 일련의 흐름은 기본적으로 마지막 단계인 보상과 연계될 수 있도록 설계된 것이다.

〈성과 보상 프로세스〉

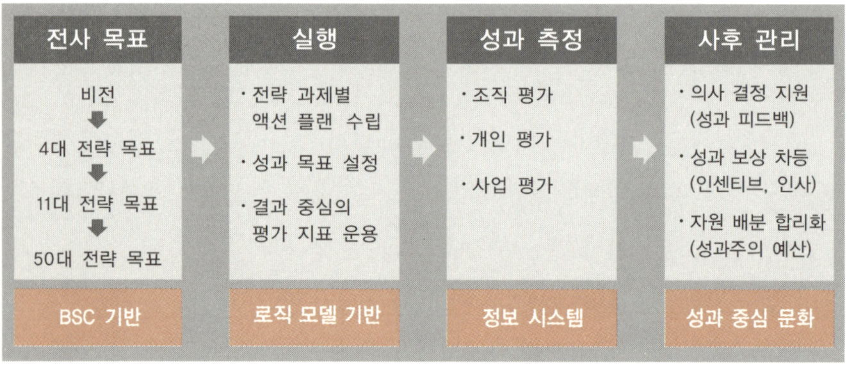

공공 부문을 대상으로 한 성과 지향적 조직 문화와 조직 효과성에 대한 연구에 따르면 실적주의, 즉 성과주의는 직무 만족, 직무 몰입, 조직 몰입에 긍정적 영향을 주고 그 영향도 상당히 높은 것으로 나타났다. 그러나 일반적으로 성과 지향적 문화와 유사한 의미로 해석되는 경쟁 지향적 문화는 그와 반대로 부정적 영향을 끼치는 것으로 나타났다. 따라서 본문에서 설명한 것처럼 성과 측정과 이로 인한 보수 지급의 공정성에 대한 내부 이견이 발생하지 않도록 명확한 실적 측정이 가능한 분야부터 시작해 점차 보상 차별을 확대해 나가는 등의 방법을 모색해야 한다.

한국도로공사는 다양한 보수 제도의 운영을 통해 지나친 경쟁에 따른 조직 효과성 저해 요인을 극복하고 동시에 성과 지향형 조직 문화를 구축하는 방법을 모색하고 있다.

3급 이상의 직원들은 해당 업무의 성과에 책임을 지는 관리자로서 명확한 성과 측정이 가능한 반면, 4급 이하의 직원들은 교대 근무자와 통상 근무자 간의 순환 근무와 직급 공유로 명확한 성과 측정이 어렵다는 특징을 지닌다. 공사는 이를 반영하여 성과 평가에 근거한 연봉제와 호봉제를 함께 운영한다. 하지만 두 제도 모두 100% 연봉, 호봉의 개념은 아니다. 연봉제의 경우 표준 직무급이 존재하며 호봉제는 근속 연수와 직급에 따른 기본급 외의 성과급에 대해서는 성과 평가(조직 업적 평가 + 개인 업적 평가 = 개인 성과 점수)의 결과를 반영하여 차등 지급이 이루어지게 한다.

또한 2007년부터는 직무별 특성을 반영하기 위한 직무급제를 새로 도입하여 운영하고 있다. 실제 같은 직급에 있다 하더라도 직무에 따라 수행 난이도나 전략적 중요성은 다르게 나타날 수 있으므로 직무의 전문성과 조직 기여도에 따라 합당한 성과 보상을 하자는 취지이다. 부가적으로 표준화된 직무 기술서를 활용하여 직무 등급을 3등급으로 구분하고 직무 가치에 따라 직급의 통합 운영을 가능케 함으로써 인력 운영의 유연성을 확보할 수 있다는 장점도 있다. 예를 들어 직무 난이도나 조직 기여도가 높지 않은 2급의 직무에 대해서 3급 보직이 가능하게 함으로써 인력 자원을 효율적으로 배분할 수 있게 된다. 보수제도 외에도 성과 향상을 위한 강력한 동기 부여 요인으로 작용할 수 있는 것이 인사제도이다. 보수와 승진의 상호 연계를 통해 부문별 시너지 효과를 높이고 전략 실행을 위한 성과 보상을 강화할 수 있다.

〈성과와 보상〉

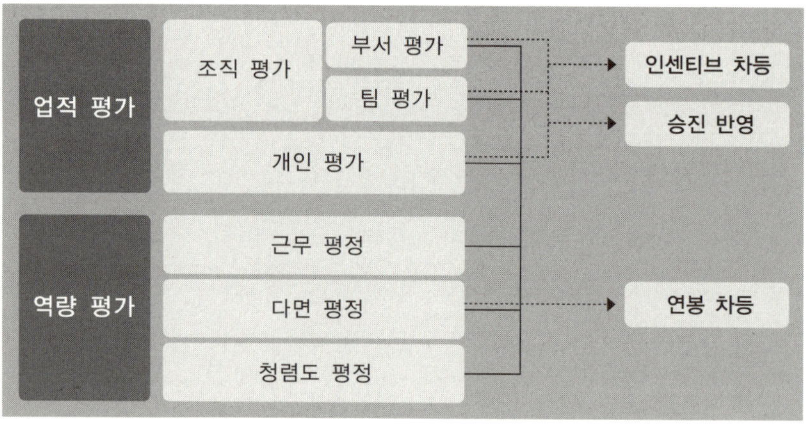

그러나 전략 성과가 이러한 업적·인사 평가와 실질적으로 연계되기 위해서는 리더십, 문화 등 조직 전반의 지속적 개선이 필요하다. GE의 잭 웰치(Jack Welch)가 지적했듯이, 변화에 대한 신속한 적응 능력, 이것이 향후 급변하는 환경 속에서도 변하지 않는 기업의 핵심 역량이다. 존 코터 역시 변화 8단계 모델에서 변화 관리의 최종 단계인 7, 8단계에서 변화의 속도를 늦추지 않고 조직에 변화를 정착시키는 지속적인 변화 관리를 강조하고 있다.

일반적으로 공공 부문의 변화와 혁신은 사기업에 비해 훨씬 더디고 힘들다. 수직적 위계 질서와 규정을 기본으로 한 공공 부문의 조직 특성상 구성원들이 공감하여 스스로 변화의 속도에 맞추어 가기를 기대하는 것은 현실적으로 어려운 일이다. 따라서 전략 과제의 실행 책임을 맡고 있는 부서장의 리더십과 실행을 위한 팀원 간의 커뮤니케이션, 혹은 전략-실행-평가에 대한 조직 구성원의 커뮤니케이션 활성화, 평가자의 평가 역량, 성과 면담 및 코칭 스킬 등의 구체적 변화 관리 프로그램을 가동시켜 조직의 변화에 대한 구성원의 이해를 높이고 변화를 일상화시키는 노력이 지속되어야 할 것이다.

인 | 덱 | 스

1~9

1차 검증 346
2차 검증 347
3C 048
3C 분석 218
6시그마 306
6시그마 로드맵 314
6시그마의 개념 308
6시그마의 목표 309
6시그마의 특징 310
6시그마 프로세스 316
7S 프레임워크 228

B

BCG 매트릭스 213
BSC 관점 114
BSC 관점의 변형 117
BSC 인과 관계 092

C

CTQ 319
CTQY 319
CVP 분석 263

D

DIDOV 316
DMADV 316
DMAIC 316

E~P

EVA 280
GE의 비즈니스 스크린 216
Kano 모델 239
KPI 선정 원칙 127
LISS 206
PBR 279
PER 279

S

Shared Values 231
SIPOC 318
Skil 231
SMART 107
Staff 231
Strategy 229
Structure 230
Style 230
SWOT 매트릭스 구성 086
SWOT 분석 220
Systems 230

T~V

TSR 281
VOC 319

ㄱ

가격 048
가능한 결과 103
가설 검정 297
가설 검정 단계 295
가설 사고 043
가설의 편향성 061
가용 자원 045
가정 경영 016
가중되는 투입 061
가치 048
가치 공학 017, 270
가치 변화 143
가치 분석 017
가치 사슬 226
가치 함수 056
감동 요인 242
감정 추단 055
강점 047, 221
개발형 문제 161
개선 의지 099
개인 전략 068
객관성 158
결과 120
결과 평가 177
경영 016
경영 관리 기능 250
경영 기법 019
경영 이념 070
경영 철학 332
경쟁 · 고객 분석 164
경쟁사 048
경쟁자 219
경쟁 전략 068, 076
경제적 부가가치 280

경험 의존형 의사 결정 027
계량화 023
계획 047
고객 048
고객 관점 114, 340
고객 만족 모델 239
고객 분석 098
고객 중심 310
고객 지표 124
공공 부문 BSC 모델 117
공급자의 협상력 048
공유 가치 048
공헌 이익법 264
과거를 흘려 보내기 063
과거 사례 분석 108
과도한 낙관주의 053
과신 052
과정 평가 177
관계 168
관리도 152
관리 장벽 141
관리 중요성 127
관리 회계 250
관점 047
관측 155
구매자의 협상력 048
구조 048
구조화 효과 059
국가 전략 068
국부론 051
균형 성과 지표 024
그룹핑 087
근본 대책 162
근시안적 마케팅 046
기능 가치 074
기능별 전략 068
기능 전략 076
기본 요인 240
기술 048
기술 통계 287
기업 이념 331
기업 전략 076
기회 047, 221
기획 단계 271
김근배 048

ㄴ

내부 공정성 199
내부 분석 150
내부 역량 분석 083
내부 프로세스 지표 125
녹색 경영 016
논리적 사고 042
논리적 사고 도구 034

ㄷ

다섯 가지 힘 224
단기 지급 능력 274
달성도의 분석 033
당면 대책 162
닻 내림 효과 및 조정 055
대니얼 카너먼 056
대안 인자 321
대응 024, 033, 171, 359
대체 048
대표 측정 지표 025
데이터 계산 155
데이터 수집 153
도구 029
도덕감정론 051
도전적 목표 108
듀퐁 셰어링 프로그램 193
등식법 263

ㄹ

로버트 캐플란 024
로직 모델 관점 119
로직 역량 049
로직 트리 204
리처드 H. 세일러 060

ㅁ

마지노선 스타일 171
만족 요인 240
모니터링 024, 359
모형 163
모형의 구성 요소 163
모형의 종류 163
모형화의 과정 163

목적의 확인 182
목표 설정 024, 031
목표 지향 분석 161
목표치 난이도 평가제 365
무결점 017
문제 기피형 040
문제 정의 160
문제 집착형 039
문제 해결형 040
문화적 변화 동인 143
미래 경제적 효익 254
미래 관점 338
미래 지향성 158
미션 031, 073
미션의 의의 072
민간 기업 BSC 모델 117
민감도 분석 266
민감도 차감성 057

ㅂ
배분 공정성 198
벤치마킹 243
　벤치마킹의 4단계 244
변수 168
변화 동인 143
변화 리더 019
보고 171
보텀-업 132
부존 효과 058
부채 255
분석 024, 033, 157, 359
분석의 도구 164
분석의 함정 060
불가항력적 원인 162
비영리 기관 BSC 모델 118
비용 258
비전 031, 070, 076, 332
비전 목표 102
비전 목표 선언 102
비전 장벽 141
비전화된 미래 077
빈 스톡 193

ㅅ
사건 149
사건 목록 150
사건 발견 기법 150
사고 029
사업 전략 068
사용 가치 074
사이토 요시노리 046
사전 분석 168
사전 평가 181
사회 통계학 287
사후 분석 168
사후 평가 181
산업 전략 068
산출 120
상품 048
선행 사건 지표 152
선행 지표 118
설계 단계 292, 296
설득 048
성공 사례 분석 033
성과 갭의 원인 분석 033
성과 관리 제도 187
성과 기획 단계 178
성과 보상 033, 187, 367
성과 연동 변동 이자율 차입금 277
성과 지표 123
성과 측정 183
성과 측정 매트릭스 185, 186
성과 평가 177, 361
성과 평가 단계 179
성과 평가 및 보상 024
성과 평가 절차 178
성과 평가 점검 180
성장성 분석 278
성장 전략 068
세무 회계 252
손실 사건 자료 방법론 152
손실 회피 058
손익 분기점 263
수리 통계학 287
수요 분석 169
수익 257
수익성 272
수익성 분석 272
수집한 자료의 분석과 종합 099
수치화 020, 023
순자산 수익률 273
순현재 가치 기법 055
숫자 사고 022
스타일 048

시스템 048
시의 적절성 158
시장 고객 219
신규 진입자 048
실패 사례 분석 033
실행 352
실행 계획서 139
실행과 관찰 024
실행과 모니터링 032
실행 단계 179, 271
실행의 관찰 148
실행 전략 069
심리 모델 050
심적 회계 060
심화 비전 106

ㅇ

아모스 트버스키 056
안정성 분석 274
애덤 스미스 051
앤소프의 전략 성공 가설 081
약점 047, 221
언어 048
업계 내 경쟁사 048
업무 표준에 따른 의사 결정 027
역장 분석 082
연쇄 108
연차별 성과 목표 110
연차별 실행 목표 102
영향 모형의 구성 182
예측 291
외부 공정성 198
외부 환경 분석 082
우선 과제 도출 162
운영 검토 회의 172
운영 모델 145
워크숍 151
워크아웃 144
원가 동인 227
원인 지향 분석 161
위치 선정 047
위협 047, 221
유용성 158
유추 244
유추에 의한 추론 062
윤리 경영 016
의사 결정 오류의 극복 062
이용 가능성 추단 054
이익 258
이익 측정 기능 249
이해 048
이후 확률 295
인과 관계에 따른 분석 165
인과 관계의 연결 방법 091
인과 관계 파악 290
인과 다이어그램 165
인과 루프 다이어그램 167
인력 개발 146
인센티브 146
인적 장벽 142
인터뷰 151
일관된 사고 030
임계치 150

ㅈ

자기 자본 순이익률 273
자기 평가 156
자료의 분석과 해석 182
자료의 수집 182
자료의 요약 290
자본 255
자사 048, 219
자사 측면 209
자산 254
자산 수익율 273
자산 회전율 277
자원 장벽 142
자원 효율성 158
잠재 원인 320
장기 계획 수립 및 실행 062
장기적인 지급 능력 275
장소 048
재무 관점 114, 340
재무 분석 164
재무 상태표 254
재무 약정 277
재무제표 253
재무 지표 124
재무 회계 251
적합성 172
전략 048, 068
전략 개발 024, 031, 330
전략 검증 및 조정 회의 172
전략 검토 회의 172
전략 맵 089
전략 목표 102

전략 방향 대안 도출 087
전략 방향 도출 088
전략 분석 164
전략 성공 가설 081
전략의 실행 137
전략적 방향 설정 081
전략적 성과 측정 183
전략적 숫자 경영 018
전략적 숫자 경영의 프레임워크 029
전략 체계도 089
전사적 품질 관리 017
전사 전략 068
전술 069
전통적인 관점 113
점유율 분석 232
정교한 계획 069
정보 수집 단계 271
정보 전달 기능 250
정부 부처 BSC 모델 118
정서 가치 074
정성적 목표 031
정책 사업 분석 도구 168
정책 평가 177, 181
정책 평가의 유형 181
정책 평가의 절차 182
정체성 073
정확성 158
제도 회계 251
제시 145
제약 이론 270
제약 조건의 원인 162
제어 인자 321
제프 베조스 021
조직-개인 업적 평가제도 개선 363
조직 구조 145
조직 내외부의 환경 분석 098
조직의 7S 048
조직의 구조 145
조직의 목표와 일치 098
조직 전략 068
종업원 048
주가 수익 비율 279
주가 순자산 비율 279
주도적 관점 119
주제에 따른 분석 164
준거 가치 056
준거 집단의 선택 062
지식 경영 016
지연 168
지원 145
지표 설정 024, 032
지표 설정 관점 113
지표의 개수 및 균형 133
지표의 연계성 124
지표 차별화 134
지표 측정 주기 134
진척도의 분석 033
진화적 분석 164
집단적 사고 061

ㅊ

창의적 가설 사고 043
창조적 긴장 109
창조적 설계 단계 271
창조형 문제 160
창조형 문제 인식 039
체계적 접근 방식 310
촉진 048
총자산 회전율 278
총주주 수익률) 281
추단 054
추론 304
추론 통계 287
추정 단계 295, 296
측정 024, 157, 244
측정 구조 184

ㅋ

카를로스 곤 021
커뮤니케이션 146
콘셉트 역량 048
콘셉트의 5요소 048

ㅌ

타당성 244
탐색 단계 294, 296
탐색 문제 인식 038
테오도르 레빗 046
토론형 174, 179, 180, 181, 182
톱-다운 108
통계 분석 164
통계 요약 계산 156
통계적 왜곡 304

통적인 성과 측정 183
통제 가능성 128
통제에 대한 환상 061
통합 048
투명 경영 016
투입 120
특별 보상 프로그램 192

ㅍ

파레토 법칙 154
파워 047
패턴 047
편견 없는 사고 030
편견 줄이기 063
편향 052
평가 177
평가 기준 변수 163
평가 단계 271
평가 목적에 따른 분류 181
평가 시점에 따른 분류 181
평가자 181
포괄 손익 계산서 257
포지셔닝 역량 049
표본 조사 290, 293
표준 분포 295
품질 관리 017
프레임워크 029
프레임워크 역량 045
프로세스 029
프로세스적 사고 방식 310
프로세스 흐름 분석 151
피드백 145
피타고라스 016
필드 오브 드림 194
필터링 087

ㅎ

하이 퍼포머 022
학습과 성장 관점 115
학습과 성장 지표 126
학습 조직 173
학습 조직의 효과 174
해결안 도출 162
핵심 가치 031, 332
핵심 성과 지표 032, 123
핵심 성과 지표 개발 원칙 131
핵심 성과 지표 개발 접근 방법 131
핵심 성과 지표 도출 349
핵심 역량 071
핵심 원인 321
핵심 이념 077
행동 규범 031
행동 변화 143
현금 흐름표 260
현상 유지 바이어스 058
호혜성 244
확률 분포 295
확률 통계 288
확정의 편견 053
환경 분석 164
활동 120
활동 기준 원가 266
활동성 분석 277
회계 249
회계 정보 분석 272
회의 172
회피형 문제 161
효과적인 사고 030